기업의 생존을 위한
시스템 콘셉트 개발 방법론

기업의 생존을 위한 시스템 콘셉트 개발 방법론

발행일   2020년 5월 27일

지은이   변보석
펴낸이   손형국
펴낸곳   (주)북랩
편집인   선일영   편집   강대건, 최예은, 최승헌, 김경무, 이예지
디자인   이현수, 김민하, 한수희, 김윤주, 허지혜   제작   박기성, 황동현, 구성우, 장홍석
마케팅   김회란, 박진관, 장은별
출판등록 2004. 12. 1(제2012-000051호)
주소   서울특별시 금천구 가산디지털 1로 168, 우림라이온스밸리 B동 B113~114호, C동 B101호
홈페이지   www.book.co.kr
전화번호   (02)2026-5777   팩스   (02)2026-5747

ISBN   979-11-6539-230-7 93000 (종이책)   979-11-6539-231-4 95000 (전자책)

이 도서의 국립중앙도서관 출판예정도서목록(CIP)은 서지정보유통지원시스템 홈페이지(http://seoji.nl.go.kr)와
국가자료공동목록시스템(http://www.nl.go.kr/kolisnet)에서 이용하실 수 있습니다.
(CIP제어번호: CIP2020021204)

(주)북랩 성공출판의 파트너

북랩 홈페이지와 패밀리 사이트에서 다양한 출판 솔루션을 만나 보세요!

홈페이지 book.co.kr   •   **블로그** blog.naver.com/essaybook   •   **출판문의** book@book.co.kr

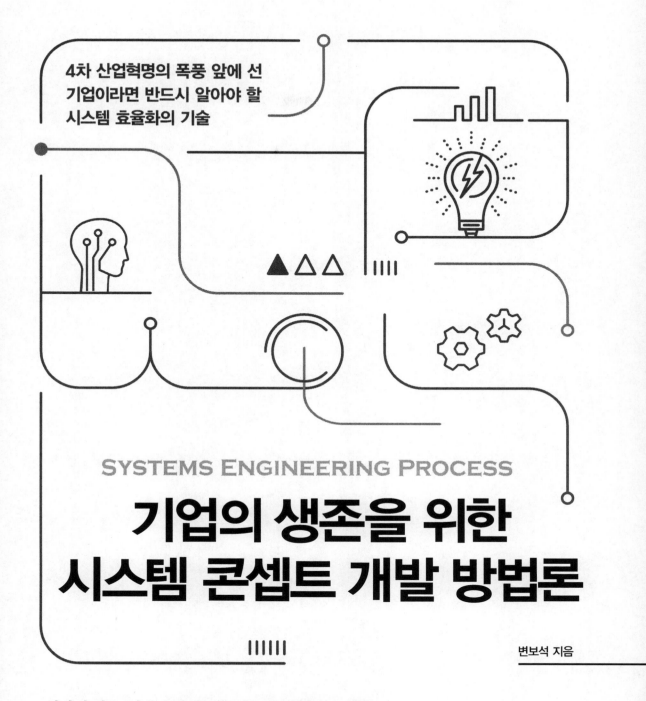

4차 산업혁명의 폭풍 앞에 선
기업이라면 반드시 알아야 할
시스템 효율화의 기술

SYSTEMS ENGINEERING PROCESS

기업의 생존을 위한
시스템 콘셉트 개발 방법론

변보석 지음

사람이 하는 일을 로봇과 인공지능이 대체하는 시대,
기업을 근본적으로 재설계하지 않으면 살아남을 수 없다!
생산비와 리스크를 동시에 줄이면서 경영효율성을 높이는 기업 서바이벌 가이드북.

북랩 book Lab

전 세계적으로 4차 산업혁명이 급격하게 확산되면서, 빅 데이터(Big Data Statistical Analysis), 인공지능(Artificial Intelligence), 로봇공학(Robot Technology), 사물인터넷 (IOT), 3D 프린팅 등을 개발하고 핵심기술 요소들 간의 긴밀한 상호작용으로 연결성을 극대화하면서 기업은 '최소한의 비용으로 최대 수익을 얻는 방법'을 시도하면서 디지털 트랜스포메이션(Digital Transformation)의 세상을 만들어가고 있습니다.

 저성장 시대에 기업은 4차 산업혁명을 대비하여 경영효율성을 높이기 위한 다양한 수단과 생존을 위한 방법으로 사람, 시설과 장비, 각종 제도, 조직의 규범 및 문화에 이르기까지 조직의 형태를 결정짓는 것을 변화시키고, 조직의 효율적 관리와 비용 절감, R&D 투자 축소로 이어지고 있으며, 이로 인해 고용불안 문제, 소득양극화 불평등 문제, 저출산 초고령화 문제, 삶의 불안정성 문제, 사이버 범죄 문제, 경제 저성장 문제, 산업구조 양극화 문제 등 다양한 이슈가 발생하고 있습니다.

 본서를 집필하면서 염두에 둔 목표는 제4차 산업혁명 시대 기업의 생존을 해결하고자 한 방법론으로 시스템 콘셉트 개발 방법론인 James N. Martin의 Systems Engineering Process를 최대한 알기 쉽게 풀어서 설명하겠습니다.

 ○ 본서는 완벽한 시스템 콘셉트 개발 방법론을 제시하는 책이 아닙니다. 다만 고객의 요구사항 및 자체 제품을 개발할 시에 초기 콘셉트 청사진 엔지니어링 활

동을 제시함으로써 향후 설계, 제작, 생산의 비용을 절감시키고 일정을 줄임과 동시에 리스크를 관리하는 방안을 제시합니다.

○ 본서는 시스템 콘셉트 개발 시 새로운 전략 및 해법, 이해관계에 있는 엔지니어가 무엇을 해야 하고(What to do), 어떻게 해야 하는지(How to do)에 대하여 다룹니다.

○ 본서는 시스템 콘셉트 개발 방법론을 제시하기 이전에 우리가 개발해야 할 시스템에 대한 구조적인 문제가 무엇이며, 이러한 문제를 해결할 수 있는 원리를 제시합니다.

○ 본서는 다학제공학(기계공학, 전기공학, 토목공학, 통신공학, 산업공학 등)과 다른 분야를 말하고자 하는 것이 아니라, 초기 개발 시 시스템 접근방식(Systems Approach)을 통한 시스템 통합의 청사진을 사전에 아키텍처화함으로써 복잡하고 어려운 융합 문제를 쉽게 풀어 계획(plan)하고 구성(organize)하며 통제(control) 및 관리(manage)하도록 제시합니다.

조직은 하나의 시스템이고, 이러한 시스템은 모두가 추구하는 목표와 목적이 있고 동적(動的)인 인간이 그 주축을 이루며, 동적(動的)인 시스템을 구성하는 요소의 종류와 개수가 많을수록 시스템의 효율적 관리는 복잡해지고 어려워질 수밖에 없으며, 결과적으로 그 관리 기법에 대한 연구의 필요성이 높아질 수밖에 없습니다.

특히 4차 산업혁명 시대에서의 무한경쟁을 생각하면 판매를 목적으로 재화를 생산하는 기업들은 제품의 생산원가를 낮추기 위한 끊임없는 노력을 기울여야만 생존할 수 있는데, 생산원가를 낮추기 위한 가장 체계적이고 시간 절약적이며, 비용이 적게 드는 방법을 탐색할 수 있는 방법을 절실히 요구하고 있습니다. 이러한 문제는 항공기, 자동차, 철도, 원자력, 방산무기 등 제조업에서 수만, 수십만, 수백만 개의 부품으로 구성되며, 신모델 개발에 많은 비용과 시간이 소요되는 제품을 생산하는 기업일수록 더욱더 심각할 것입니다.

본서는 제품 개발에 비용을 최소화하고자 시스템 콘셉트 개발에 대한 프로세스 방법론을 모색하고 해석한 것으로 엔지니어링의 활동인 기획, 설계, 생산, 운영, 폐기와 관련된 산업기술에 전반적으로 조율(Tailoring)하여 적용할 수 있습니다.

개인적으로 존경하는 제 지도교수님이신 박영택 교수님께서는 '품질에 Best란 없다. 다만 Better만 있을 뿐이다.'라는 말씀을 하십니다. 본서에 많은 노력을 기울여 작성한 책이지만 많이 부족하고 끊임없이 개선해야 할 것들이 보입니다. 우선 첫 작으로 보이고서 많은 조언과 검토를 받아 가며 지속적으로 개선토록 하겠습니다.

이 책을 낼 수 있도록 허락해주시고 든든한 울타리와 연구환경이 되어준 LS ELEC-TRIC㈜에 감사드리며, 특히 항상 옆에서 멘토로서 아낌없는 조언과 가르침을 주신 이종찬 사업부장님, 홍의동 실장님, 김학진 팀장님께 깊은 감사의 말씀 전합니다.

2020년 4월
저자 변보석

차 례

경북 상주지역의
바위구멍 유적

경북 상주지역의 바위구멍 유적

발행일   2022년 6월 9일

지은이   김상호
펴낸이   손형국
펴낸곳   (주)북랩
편집인   선일영   편집   정두철, 배진용, 김현아, 박준, 장하영
디자인   이현수, 김민하, 김영주, 안유경, 한수희   제작   박기성, 황동현, 구성우, 권태련
마케팅   김회란, 박진관
출판등록 2004. 12. 1(제2012-000051호.)
주소   서울특별시 금천구 가산디지털 1로 168, 우림라이온스밸리 B동 B113~114호, C동 B101호
홈페이지 www.book.co.kr
전화번호 (02)2026-5777   팩스   (02)2026-5747

ISBN   979-11-6836-333-5 03910 (종이책)   979-11-6836-334-2 05910 (전자책)

(주)북랩 성공출판의 파트너
북랩 홈페이지와 패밀리 사이트에서 다양한 출판 솔루션을 만나 보세요!
홈페이지 book.co.kr   •   **블로그** blog.naver.com/essaybook   •   **출판문의** book@book.co.kr

작가 연락처 문의 ▸ ask.book.co.kr
작가 연락처는 개인정보이므로 북랩에서 알려드릴 수 없습니다.

제1장

시스템 콘셉트의 개요

1.
시스템 콘셉트란 무엇인가?

시스템 콘셉트(Systems Concept)에 대해서 모두가 수긍할 수 있는 일반화된 개념은 아직 존재하지 않는다. 시스템 콘셉트는 우리가 어릴 때부터 배우고 학습해 온 과학이나 수학에 근거를 두고 있지 않다.

제품을 개발하거나 프로젝트를 시작할 때 시스템 콘셉트가 기술 분야인지 관리 분야인지 아니면 양자 모두에 해당하는지도 결정된 바가 없다. 다만 시스템 콘셉트는 초기 프로젝트 개발 때 여러 가지 요소가 복합되어 상호작용을 일으키는 복잡한 문제를 풀고 프로젝트의 성공을 결정짓는 데 상당히 유용하다는 사실에 대해서는 어느 정도 공감대가 형성되어 있다. 실제 시스템 콘셉트 방법을 현장에 적용한 바 있는 해외 유수 기업들 중 많은 수가 이 방법에 만족도가 높은 것으로 확인된다. 즉, 시스템 콘셉트의 중요성을 주장한 바 있는 서울대학교 이정동 교수는 『축적의 시간』이란 책을 통하여 우리나라의 개념설계의 부족성을 언급하였다.

산업계가 시스템 콘셉트를 성공적으로 적용하는 것이 어려운 현실적인 이유는 한 분야에 대해서 전문성을 강화하는 것이 두 사람 이상이 하는 일의 결과를 통합(Integration)하고, 조정(Tailroing) 하며 합성(Synthesis)하는 것보다 상대적으로 쉽기 때문이다. 전자의 경우 한 분야의 전문성이 있는 사람의 경우 각 기업이 주체가 되어 일방적으로 이를 추진, 달성할 수 있는 반면 후자의 경우 두 명 이상의 사람 사이에 협업과 조율이 필요한데, 협업와 조율에는 통제 가능한 일반적인 기준이 이 세상에 존재하지 않기 때문이다.

따라서 시스템 콘셉트라는 정의를 시스템엔지니어링에서는 엔지니어링 수행에서 발생하는 사람 간의 이해관계를 기반으로 명확히 이해하는데서 시작된다고 국제시스템공학회 설립팀(INCOSE Foudation Team)은 결론짓고 있다. 그러므로 먼저 이러한 근본적인 프로젝트 문제들을 이해하고, 효과적인 시스템 컨셉에 대해 이해하기 쉬우며 누구나 수용하고 받아들일 수 있는 설명을 찾는 방법이 필요하다.

에너지와 질량이 상호 넘나드는 경계를 연속의 관점에서 보면 개체란 개념 자체가 사실상 존재하지 않는 비물질계로까지 그 영역은 확대될 수 있고 여기에 인간의 정신적인 면까지 포함시킨다면 사실은 세상에 존재하는 모든 것은 시스템(Systems)이라 할 수 있을 것이다.

시스템엔지니어링이란 이러한 시스템을 대상으로 공학을 적용하는 한 분야이다. 즉, 시스템에 대해 엔지니어링을 수행하는 방법을 다루는 분야라 할 수 있다. 엔지니어링이란 "과학적인 지식을 실질적으로 사용할 수 있게 하거나 또는 기술제품을 계획, 설계, 생산 및/또는 관리하는 활동"이라고 일반적으로 정의하고 있다. 그렇다면 시스템엔지니어링이란 '시스템을 실질적으로 사용할 수 있도록 하거나 또는 시스템을 계획, 설계, 생산 및/또는 관리하는 활동'이라 할 수 있을 것이다. 여기서 한 가지 유념해야 할 것은 엔지니어링이란 항상 입증된 기술(proven technology)을 사용해야 하고 또 그 대상을 형상화함에 있어서 경제적이어야 한다는 점이다. 즉, 항상 경제성을 고려하여 최소한의 비용으로 그리고 입증된 방법에 의해 대상을 구현할 수 있도록 해야 한다.

엔지니어링이 과학적인 지식과 입증된 기술을 바탕으로 인간이 필요로 하는 무엇인가를 경제적으로 생산하는 활동이라면 시스템엔지니어링에서의 시스템은 이러한 생산활동의 대상이 되는 재화(물리적인 형상을 갖는 제품 혹은 무형의 서비스나 소프트웨어 모두를 말한다)를 중심으로 하는 시스템으로 한정할 수 있다.

인간의 생활은 문명의 발달에 비례하여 점점 더 복잡해지고 있으며, 그 지식의 보유량도 폭발적으로 늘고 있다. 한 개인이 매일 다루는 정보의 양 또한 무한하다. 수십, 수백만 개의 부품으로 구성되는 기계들의 생산이나 대형 사회간접자본 시설의 건설 프로젝트에는 수천, 수만 명의 사람들이 참여하여 끊임없이 정보와 물자를 교환하고 상호 교류를 한다. 이러한 프로젝트일수록 각 구성 요소들을 최적의 상태 즉, 생산성이 최대화될 수 있는 방향으로 계획, 운영, 유지하는 것이 어렵고 복잡하게 되는데 이러한 문제를 해결하는 것이 즉, 시스템엔지니어링이라 할 것이다.

시스템엔지니어링은 어떤 시스템의 요건(requirement)이나 아키텍처(architecture)를 단순히 정의하는 것보다는 시스템을 엔지니어링하는데 관심을 더 기울인다. 또한 시스템엔지니어링은 시스템 계층구조(hierarchy)로 대표되는 '시스템 레벨(system level)'에서의 성능 및 효율 분석에만 집착하지는 않는다. 시스템엔지니어링은 한마디로 말해 상식을 다루는 과업(Task)이다.

우리가 시스템엔지니어링이라고 부르는 과정은 시스템엔지니어링 수행조직에 의해서만 수행되는 것은 아니다. 실제로 시스템엔지니어링 프로세스는 다분야 협동팀 활동에 가장 성공적으로 적용할 수가 있다.

이 장에서 논하는 일반적인 시스템엔지니어링 프로세스는 사용 목적에 알맞게 조정하고(tailoring), 이를 조직의 경영진이 승인하면 모든 프로젝트에 적용할 수가 있을 것이다. 효과적인 프로세스 조정을 위해서는 일반적 프로세스의 생략이나 대폭적인 개정보다는 각 역무(task)의 범위를 줄이는 데 초점을 맞추어야 한다. 즉, 각 역무 수행에 필요한 노력 정도를 프로세스의 실패 가능성을 감안하여 조정해야 한다.

특히 조정 프로세스에서 가장 피해야 할 것은 시스템엔지니어링의 결과물인 프로세스를 직접 사용하게 될 조직의 능력 및 환경을 고려하지 않고 프로세스 자체에만 집착하여 현실과 동떨어진 이상적인 프로세스를 만드는 것인데, 시스템엔지니어링 적용의 실패 사례들은 대부분이 이와 같은 오류를 범한 데서 비롯되었다. 즉, 이상적인 프로세스의 적용은 미래의 어떤 시점에서 도달할 수 있는 목표로 이해하고 시스템엔지니어링을 수행한 시점에서의 해당 조직이 수용할 수 있는 적합한 수준의 프로세스를 수립, 적용하는 것이 가장 중요하다.

2.
시스템엔지니어링의 정의

1992년 미국에서 국제시스템공학회(INCOSE: International Council on Systems Engineering)의 전신이었던 전국시스템공학회(NCOSE: National Council on Systems Engineering)가 설립된 이래로 시스템엔지니어링과 관련된 용어들에 대한 끊임없는 논란이 계속되어 왔다. NCOSE가 설립되기 전에는 사실 각자 나름대로 또는 편의에 따라 시스템 및 시스템엔지니어링이란 용어를 이해하고 사용해 왔기 때문에 사용자의 이해관계가 대립될 일이 없는 이상 별다른 논란이 없었다.

시스템엔지니어링의 정의는 INCOSE에서 다음 아래와 같이 정의하고 있다.

"복잡한 시스템 개발 문제 해결과 이해 당사자들의 요구사항을 달성하기 위한 학제간 기술적, 총체적 접근 방법"

"Systems engineering is an interdisciplinary, comprehensive approach to solving complex system problems and satisfying stakeholder requirements."

- Pres. of INCOSE, J. G. Lake

이 절에서는 시스템엔지니어링의 정의와 관련하여 그 기원 및 문제점들을 살펴보았다. 먼저 시스템엔지니어링이 무엇인가와 시스템엔지니어링이 무엇을 하는가에 대해서는 INCOSE가 시스템엔지니어링적인 접근법으로 정의한 과정 및 결과를 살펴보고 다른 정의들에 대해서 논하였다. 단, 유념할 점은 비록 INCOSE라 하더라도 그들이 내린 정의들이 최종적이며 완전한 것은 아니며, 앞으로도 더 많은 논의와 연구가 필요하다는 사실이다.

1) 시스템엔지니어링의 배경

시스템엔지니어링은 사실 새로운 개념이 아니다. 여러 논문들(e.g., Woods 1993; Alessi et al. 1995)과 책들(e.g., Chase 1974; Goode and Machol 1959)에서 2차 세계대전 이후의 시스템엔지니어링 개념들을 정리하고 있다. 기업에서의 시스템엔지니어링은 2차 세계대전 후 특히 미국 국방부(DOD: Department of Defense)와 함께 일하던 기업들에 많이 적용되었다. 시스템엔지니어링의 역사는 4절(4. 시스템엔지니어링의 약사)에 상세히 정리하였으므로 여기서는 별도로 언급하지 않는다. 그동안 오랜 세월에 걸쳐 발달해 온 시스템엔지니어링이 무엇이고 무엇을 하는가에 대한 논의를 이 절에서 주로 다루며, 독자들과 이야기 나누고자 한다.

초기의 시스템엔지니어들은 시스템엔지니어링과 관련된 학위를 받은 사람들이 아니라 수학자, 전기공학, 우주항공과 다른 특별한 전공을 갖고 있는 엔지니어들이었다. 이들 초기 시스템엔지니어링 개척자들의 공통된 특징은 '전체 청사진(big picture)'을 통찰하는 경향과 여러 분야를 통합하는 프로젝트를 완수할 수 있는 능력, 그리고 복잡한 문제를 다루는 능력과 투입의 효과성 연구, OR(Operation Research) 및 요건 분석 등을 수행할 수 있는 능력을 보유한 사람들이었다.

개념의 중요성 때문에 시스템엔지니어링 활동을 수행할 수 있는 능력을 배양하는 대학 및 대학원의 과정들이 생겨나게 되었고, 기업은 시스템엔지니어의 자격을 가진 사람들로 구성된 시스템엔지니어링 조직을 만들었다.

여러 학자 및 전문가들이 개념의 정리와 복잡해만 가는 엔지니어링 시스템의 문제를 효율적으로 풀고자 많은 책을 저술했다. INCOSE의 창립 목적 중 하나는 총체적인 시스템이라는 용어를 이해할 수 있거나 초창기 시스템엔지니어의 속성을 갖춘 창조적인 엔지니어들을 양성하는 프로그램의 개발에 있었다.

시스템엔지니어링의 가치에 대한 인정과 개념에 대한 이해가 부족한 원인을 살펴보고, 시스템엔지니어링이 의미하는 바에 대한 혼란을 없애고자 한다. 이를 위해 먼저 시스템과 엔지니어링 각각의 고전적인 정의를 살펴본 후, Jerome G. Lake가 1996년 INCOSE 심포지엄에서 발표한 견해를 중심으로 시스템엔지니어링의 정의에 대해 논의해보고자 한다.

2) 시스템의 정의 및 특성

시스템이란 서로가 상호 의존적인 둘 이상의 요소들이 모여 구성한 복합체를 말한다. 시스템은 이들 요소의 기능을 포함하거나 포함하지 않더라도 복합체로서의 다른 기능을 발휘하게 된다. 기능이 없는 단순한 요소들의 모임은 시스템이 아니다.

위 정의를 보다 구체적으로 산업활동에 연관시켜보면 다음과 같이 표현할 수 있다. 즉, "시스템이란 어떠한 특정 요구내용이나 요구능력 또는 요구목표를 충족시키기 위하여 제공되는 하드웨어와 소프트웨어를 포함한 장비뿐만 아니라 이에 부수적으로 필요한 인력, 물자, 자료, 기술, 설비 및 용역 등 관련 요소들을 총체적으로 통합한 것이다."

시스템은 시스템을 구성하는 요소(components), 이들 요소의 특성(attributes), 그리고 이들 요소와 특성 간의 상호관계(relations), 즉 세 가지 성분(elements)으로 분해할 수 있으며, 구성요소는 다시 장비, 시설, 인원, 자료 및 컴퓨터 소프트웨어 등의 요소로 구분된다.

시스템들은 시스템 자체의 특성에 따라 다음과 같이 구분할 수도 있다.

○ 자연적 또는 인공적 시스템(Natural or Man-made System)
○ 물리적 또는 개념적 시스템(Phisical or Conceptual System)
○ 동적 또는 정적 시스템(Dynamic or Static System)
○ 개방적 또는 폐쇄적 시스템(Open or Closed System)
○ 확률론적 또는 결정론적 시스템(Stochastic or Deterministic System)

○ 기능별로 구분되는 시스템(Systems that are classified by function)

1947년 Norbert Wiener에 의해 처음 사용된 인공두뇌학은 컴퓨터의 사용 확대를 통해 자동 공정화 및 자동 공작 기계개발 등 수많은 시스템의 자동화를 가져왔다. 이에 뿌리를 두고 자연계와 일반계의 일반적 관계를 설명하기 위하여 1950년 Ludwig Von Bertalanfty는 시스템 일반이론(General System Theory)을 주창하였다. 시스템의 과학화 또는 이를 형성하는 학문을 시스템학(Systemology)이라 칭하는데 1940년대 이를 군사적으로 이용한 것이 곧 운용분석(Operation Research)이다.

시스템적 접근(Systematic Approach)이란 잘 체계화되고 비용 대 효과 면에서 경제적이며, 사용자 만족도가 높은 고품질의 시스템을 만들기 위해 초기 시스템 요건 설정에서부터 설계 개발, 생산에 이르기까지 체계적이고 공학적으로 관리하는 시스템 차원에서의 공학적 방법을 말한다.

이후 1950년대 말 시스템 접근방법의 일환으로 발전된 것이 시스템엔지니어링이다. 이는 요구되는 시스템을 구현하는 정형화된 경영 절차로서 사람, 물자, 장비, 소프트웨어, 설비, 자료 등의 자원을 동원하여 사용자 요구 목표를 달성하도록 하는 경영기법이라 할 수 있을 것이다.

3) 엔지니어링과 시스템

대부분의 사전에서는 엔지니어링을 "과학적인 지식을 실질적인 사용으로 이르게 하는 또는 기술제품에 있어서 계획, 설계, 제작 또는 관리를 하는 활동"이라고 정의하고 있다. Harwell, Lake, Martin 그리고 Velman은 시스템엔지니어링을 다음과 같은 엔지니어링의 하부시스템, 즉 개발, 생산, 시험, 기술전수, 훈련, 지원, 그리고 폐기로 분류하였다.

이들 활동 각각은 순서대로 또는 병행하여 최종 제품의 세부 부품과 최종 제품을 만드는데 필요한 다른 제품을 만들어 낸다. 이들 활동들은 흔히 제품 개발에 대한 수명주기 활동들로 명명되기도 한다. Harwell은 이들 하부시스템을 4가지 그룹, 즉 개발, 제작, 사용(시험, 기술전수, 훈련, 지원) 그리고 폐기로 그룹화할 수 있다고 주장하였다.

시스템엔지니어링 패러다임의 고전적 시행방법은 제품을 설계하기 이전에 요건을 정의하는 것이 비용 효과적이다는 것을 제시하고 있다. 이것은 초기의 결정들이 수명주기 비용 결정의 주요 요소가 아닌 경우 또는 개발비용 대 이윤비율을 비교해보았을 때 이윤 비율이 높은 경우에는 맞지 않는다.

4) 시스템엔지니어링의 정의

시스템엔지니어링은 크게 두 가지 형태의 의문을 가지고서 정의를 내릴 수 있다. '시스템엔지니어링이 무엇인가'와 '시스템엔지니어링은 무엇을 하는가'로 정의가 가능하다. 첫 번째의 정의는 사전에서 볼 수 있는 것처럼 보다 일반적이고 형식적이며, 두 번째 정의는 보다 실용적이다.

(1) Jerome G. Lake의 시스템엔지니어링

Jerome G. Lake는 시스템엔지니어링을 "복잡한 문제를 해결하기 위해 이 문제에 관련된 모든 이해당사자의 요구사항을 만족시키기 위한 다분야 간(inter-disciplinary)의 종합적 접근법이다."라고 정의하고 있다. 분야 간(inter-disciplinary)이라는 말은 복잡한 시스템의 시스템엔지니어링은 한 개인에 의해서 달성될 수 없음을 의미한다. 그것은 각 엔지니어링 분야 및 비엔지니어링 분야의 전문가와 기능조직으로부터의 사람들이 모여서 그들의 기술과 지식을 통합하여 시스템의 문제해결이 필요한 모든 대상에 대하여 효율적으로 그리고 효과적으로 그 해법을 찾아냄을 말한다. 접근법이 종합적이라는 말은 다음의 조건이 만족되었을 경우를 말한다.

○ 잘 정의되어야 한다. 즉, 각 활동이 입력과 출력, 제품 제조 업무, 업무요건, 통제 기능, 그리고 프로세스 등으로 정의되어야 한다.

○ 잘 관리되어야 한다. 즉, 적절한 계획, 조직, 통제 활동이 포함되어야 한다.

○ 확장성이 있어야 한다. 즉, 여러 규모의 시스템에 응용할 수 있어야 한다.

○ 훈련이 되어 있어야 한다. 즉, 모든 활동이 적절하게 수행됨을 보장할 수 있는 메커니즘을 갖추고 있어야 한다.

복잡한 시스템의 문제는 새로운 시스템/제품의 개발, 개량 제품의 개발, 제품의 수정 그리고 엔지니어링 변경 등을 포함한다.

당사자들의 요구사항이란 필요, 원함, 기대, 욕구, 무엇에 의해서 행복을 느끼는가, 그리고 그들이 수용할 수 있는 것들을 반영한 것이다. 요구사항들은 제품이 달성하고자 하는 것, 성능 사항, 가격, 제품 수명, 단가, 외부 고객에 대한 납기, 공공 사회에 대한 책임(즉, 법규의 준수, 규격 준수, 환경문제), 그리고 조직의 동의(예산, 공정, 자원 사용 등)를 포함한다.

Jerome G. Lake는 시스템엔지니어링이 하는 일에 대해서 다음과 같이 정의하고 있다. "시스템엔지니어링은 필요성 또는 기회분석, 개념 정의, 시스템 정의, 기초 설계, 상세 설계와 평가 등의 시스템 개발 주기상의 뚜렷한 활동 등을 통해서 제품의 정의를 더욱 명확하게 한다. 이들 주요 개발 활동이 끝나면 다시 시스템엔지니어링이 수행해야 할 개발 후 활동들이 있다. 즉, 개발 후 시기에는 기회 분석, 개념 정의, 시스템 정의, 예비설계, 상세설계 그리고 평가 등의 주요 개발 활동들을 다음과 같이 시스템엔지니어링 한다."

○ 제품 생산, 생산품 시험, 분배/설치, 훈련, 운용, 지원 그리고 폐기에 이르기까지 그 과정에서 발견된 모든 설계결함을 정정한다.

○ 분배된 제품을 더욱 경쟁력이 있고, 신뢰성, 안전성 및 시장성이 있도록 개선한다.

○ 생산, 시험, 분배, 훈련, 지원 또는 폐기 등에서 제품 또는 수명주기 과정을 수정한다.

시스템엔지니어링은 EIA/IS-632, IEEE-1220, ISO/IEC-15288에 정의된 시스템엔지

니어링 과정의 계획, 조직화, 통제 그리고 구현 활동 등의 내용을 포함한다. 이들 활동은 다음 사항을 포함한다.

○ 제품 개발상의 문제점들을 분석(기능 및 성능 요건의 분석)
○ 제품 개발을 위한 설계 해법의 합성
○ 대안 평가와 요건, 기능, 제품 및 프로세스들 간에 균형을 갖춘 최적 집합의 선택
○ 선택된 물리적 해법들이 제품 개발상의 문제들을 분석한 것으로부터 유도된 요건을 만족함을 입증
○ 모든 설계 결과와 그 근거의 포착. 모델, 도구, 평가 및 교체연구, 시스템엔지니어링 활동들을 관리하고 구현하기 위한 계획 등을 지원하는 데이터의 수집
○ 정보, 데이터 그리고 형상 관리
○ 요건, 인터페이스, 그리고 변경 관리
○ 위험도 관리
○ 기술진도 측정, 획득 가치, 설계 검토 또는 감사와 같은 성취도에 기초한 측정
○ 위 활동들을 달성하기 위한 기획 및 조직화

시스템엔지니어링의 역할에 대한 이처럼 장황한 설명은 엔지니어가 복잡한 시스템을 엔지니어링 하기 위해 무슨 일을 하는가를 설명하는 데 필수적이다. 요구사항들의 달성 여부는 당연히 시스템엔지니어링을 수행할 때 다기능 팀(multi-disciplinary team)의 역할에 좌우된다.

위에서 설명한 것은 산업계 또는 정부, 경쟁적 또는 비경쟁적 상태, 관행 또는 전례가 없는 프로젝트 상황이라도 적용할 수 있다.

(2) MIL-STD-499의 시스템엔지니어링

국방 규격인 MIL-STD-499에서는 시스템엔지니어링을 "시스템을 개발, 생산, 검증, 폐기하는데 필요한 모든 기술적 노력을 통합하는 것"으로 정의하고, "이는 비용, 일정, 성능 및 위험도 교환(Risk Interchange)을 통해 프로세스와 제품 조합이 상호 균형되게 함으로써 성취될 수 있다."라고 기술하고 있다.

(3) A. Terry Bahill의 시스템엔지니어링

미국 애리조나 대학의 A. Terry Bahil은 시스템엔지니어링을 "고객의 요구사항이 시스템의 전 수명주기를 통해서 만족되고 있다는 것을 확실하게 할 수 있도록 하는 분야 간의(inter-disciplinary) 프로세스이다. 이 프로세스는 고객의 요구사항 이해, 문제의 기술, 시스템 요건의 파악, 성능 및 가격 요건 평가 등급지표의 정의, 요건사항들의 타당화, 기술-진도 측정의 정의, 시험 실시, 대안 탐색, 민감도 분석, 기능 분해, 시스템 모델링, 시스템 설계, 인터페이스 설계 및 관리, 설계 검토 실시, 시스템 통합, 전체 시스템 시험, 형상 관리, 위험도 관리 등을 포함한다."라고 정의하고 있다.

(4) Brian W. Mar의 시스템엔지니어링

미국 워싱턴 대학의 Brian W. Mar는 시스템엔지니어링을 "제품의 설계 및 개발을 진행할 수 있도록 고객의 요구사항을 정리하여 문서화하는 것."으로 정의하고 있다.

(5) B.S Byun의 시스템엔지니어링

LS ELECTRIC의 Dr. Byun은 시스템엔지니어링을 '모든 고객의 요구사항을 만족시키는 엔지니어링(Engineering), 품질(Quality), RAMS(Reliability, Availability, Maintainability & Safety)의 총체적인 기술관리 집합체이며, 수행활동이 각 단계별로 올바르게 수행이 되었는지(Verificaton)와 요구사항을 만족하는지(Validation) 입증하는 것'으로 정의하고 있으며, 이런 총체적인 활동은 초기 고객과의 계약 및 제품 개발 시 의사결정 및 청사진이 모든 활동의 사업 성패가 결정된다고 말하고 있다.

5) 시스템엔지니어링의 적용

시스템엔지니어링의 기본 개념들이 현장에서 충분히 활용되지 못한다면, 급변하는 4차 산업에 기업의 생존이라는 것은 있을 수 없을 것이다. 4차 산업혁명의 엔지니어링 활동에 필요한 활동 요소들은 다음 아래 세 가지와 같다.

○ 급속히 변화하는 기술들

○ 대체보다는 수정되어야 하는 기존 기술들

○ 새로운 엔지니어링 분야들

위 세 가지에 잘 대응하여야 4차 산업혁명에서 생존할 수 있다. 이 절에서는 Brian W. Mar가 자신의 관찰 및 경험들에 근거하여 시스템엔지니어링의 실제 적용과정에서 개념에 대한 이해 부족을 야기한 문제점들을 규명한 내용을 살펴보기로 한다.

(1) 시스템엔지니어링에 대한 혼란의 원인

우선, 시스템엔지니어링의 전반적인 정의를 정리해 보면 다음 아래와 같은 내용을 함축하고 있다.

○ 해법을 찾기 전에 먼저 문제를 정의하는 체계적이고 규칙적인 과정

○ 해법의 여러 대안들 중에서 조율을 실시하여 최적의 해법을 찾아내는 체계적인 방법론

○ 제품이 요건과 필요 기능들을 만족시킴을 검증하는 추적성과 분화성을 갖춘 통합 과정

○ 각 팀 구성원과 고객이 시스템과 관련되어 생성되는 기술관리 정보들을 효과적이고 효율적으로 관리할 수 있는 방안

DSMC(Defense System Management College; 1983), Alford(1991), 그리고 Mar(1991) 등이 시스템엔지니어링의 기본 개념들에 대해서 논의를 하였으나, 여전히 많은 시스템엔지니어링 책들이 시스템엔지니어링의 주된 분야를 시뮬레이션, 최적화 또는 각 전문 분야의 엔지니어링을 다루는데 두어 왔다. 현실적으로 시스템엔지니어링 과정은 전 수명주기에 걸쳐 적용되며, 각 개인들은 그중에서 특정 국면에 배정되어 할당된 일을 하게 된다. 따라서, 각 전문가들은 시스템엔지니어링을 그들 영역의 제한된 관점에서 보게 된다. 이것이 바로 그처럼 많은 시스템엔지니어링의 정의들이 만들어지게 된 원인 중의 하나이다.

(2) 시스템엔지니어링의 산업표준

시스템엔지니어링과 관련된 용어의 혼란은 적용하는 분야의 관점에 따라 다르므로, 충분히 이해가 되는 일이다. 시스템엔지니어링에 대한 기피는 시스템엔지니어링의 산업표준(EIA/IS 632와 IEEE 1220, ISO/IEC 15288)이 INCOSE를 포함하여 널리 인정받지 못하게 된 하나의 원인이었다. 이들 표준에 대해 시스템엔지니어들은 자신들이 하는 일 보다 너무 광범위하다고 생각하고 있으며, 시스템엔지니어가 아닌 경우에는 표지와 몇 장의 내용만을 보고 자신들이 하는 일과 관계가 없다고 생각했었다.

이들 표준의 취지는 첫 서두에 잘 나타나 있다. EIA 표준의 목적은 수주나 계약에 의해 수행되는 시스템의 개발을 개선하자는 것이었으며, IEEE 표준의 목적은 초기의 개념 설정에서부터 개발, 운용, 폐기에 이르기까지의 관리를 위한 것이었다. ISO 표준의 목적은 시스템의 수명주기를 설명하는 공통의 기본 프레임워크를 정립하고 있다. 이 표준들은 어떤 기업이 어떻게 시스템엔지니어링을 해야 하는지를 설명하고 있다. 즉, 이들의 주안점은 산업용 시스템에서 사업개발이 아닌 시스템의 개발이었다.

IEEE 표준의 핵심 부분은 시스템엔지니어링에서의 중요한 두 과정 즉, 수명주기 개발 과정과 시스템엔지니어링 과정이다. 시스템엔지니어링 과정은, 반복적으로 적용할 때, 연속적인 제품의 개발 단계를 통한 시스템의 진화와 발전을 가져오는 핵심 역할을 한다. 핵심 역할을 하는 프로세스 단계를 시스템엔지니어링에서는 엔진(engine) 프로세스라고 부른다.

(3) F-R-A 3단계 원칙

많은 사람들은 시스템엔지니어링 적용 분야가 시스템 수요자의 요구사항을 대형 복합시스템으로 국한시키고 있다. 시스템엔지니어링 과정은 누구든 어떤 업무에도 적용할 수 있다. 어떤 종류의 엔지니어링이든 그 첫걸음은 문제를 제품의 기능 설명으로 변환하는 것이다. 각 기능이 얼마나 잘 수행되어야 하는가를 설명하는 요건과 고려해야 할 제약사항들의 규명 또한 엔지니어링 실무에 있어서는 기본적 상식이다.

일단 제품이 수행해야 할 기능을 정의하고(Functions), 그 제품이 얼마나 기능을 잘 수행해야 하는지가 정해지면(Requirements), 실제 제품을 설계할 수 있다(Architecture). Brian W. Mar는 이 기본 과정을 F-R-A로 명명하였다. 요건 정의 이전에 기능들을 정의하고, 해법을 구하기 전에 요건들을 정의하며, 해법을 선택하기 전에 여러 대안들을 조사, 시험하는 3단계의 이 간단한 과정은 하나의 상식으로서 시스템엔지니어링의 기본 개념이기도 하다.

(4) 시스템 이론의 적용

단순히 엔지니어링이라 하지 않고 시스템엔지니어링이라고 명명한 이유는 각각의 기능, 요건 또는 아키텍처를 하나의 시스템으로 볼 수 있고 이들은 수 개에서 많게는 수십만 개의 부품들로 분해할 수 있기 때문이다. 기능들, 요건들, 그리고 아키텍처는 시스템 이론을 응용하여 보다 하위 수준으로 상세히 분해할 수 있다. 이는 전체는 그 부품들로 분해될 수 있으며 부품은 곧 전체를 구성한다는 개념을 의미한다. 이러한 상하 수직적인 연결관계는 기능들을 그 상위 기능, 요건들을 그 상위 요건, 그리고 아키텍처를 그 상위 아키텍처로 추적 가능하도록 해 준다.

또 다른 중요한 시스템의 개념은 시스템은 다른 시스템과 인터페이스를 가진다는 것이다. 시스템엔지니어링은 각 레벨에서 기능시스템, 요건시스템, 그리고 아키텍처시스템 세 개의 세부 시스템이 상호 관련되어 있다는 것이다. 상위 레벨과 하위 레벨 간의 수직적인 관계가 각 F-R-A 시스템 안에 정의되는 한편으로 이 세 시스템 간의 수평적인 관계도 F-R-A 연결로 정의된다. 기능들은 요건들에 의해서 정량화되고, 요건들은 아키텍처에 의해서 만족된다. 이런 간단한 일련의 포인터들은 어떤 기능, 요건 또는 아키텍처가 그 상위 레벨의 F, R 또는 A로 추적이 되고 수평적인 F-R-A 관계가 F와 A 그리고 R과 A의 직렬연결 관계로 추적된다. 복잡한 번호체계를 만들 때, 이런 간단한 포인터를 사용하지 않으면 개발 수명주기 동안에 중요한 추적 문제가 발생하게 된다.

(5) 시스템의 해(薢)를 구하기

시스템엔지니어링을 사용하여 해법을 구하는 것은 시스템적인 접근방법에 기초한다. 시스템적인 접근 방법의 기본 전제는 일단 문제가 정의되면 모든 가능한 대안 간의 우선순위를 매길 수 있을 만큼의 깊이로 동등하게 검토해야 한다는 것이다. 일단 순위를 매기고 나면, 시스템적인 접근보다 좋은 대안들의 강점은 취하고 약점은 피할 수 있도록 새로운 해법을 찾아야 한다. 초기 대안들 중 당초 대안들의 강점들로부터 더 나은 해법을 찾는 것은 실무에서는 종종 소홀히 다루어지고 있다. 한 가지 대안 만을 아주 세밀하게 검토하고 나머지는 무시되거나 대충대충 검토하는 근시안적 설계가 일반적인 관례이다.

해법은 무작위적으로 구할 수도 있고, 가능한 해법들을 각기 세밀하게 조사할 수도 있으며, 또는 변수마다 해법을 구할 수도 있다. 문제를 해결하기 위한 변수 연구(Variable Study) 또는 절충 연구(Trade-off Study) 역시 시스템적 접근 방법이라 할 수 있다. 주요 차이는 '한 가지의 대안 변수들의 해법인가', '여러 가지 대안들의 해법인가'에 있다 할 것이다.

(6) 정보 관리

시스템엔지니어링의 또 다른 기본 역무 중의 하나는 낮은 레벨로 시스템의 단계가 내려갈 때마다 점진적으로 늘어나는 기능, 요건 및 아키텍처들의 정보를 관리하는 것이다. 시스템 설명에는 기능 설명, 설계 설명, 제품 설명, 그리고 운영 관련 설명들이 포함된다. 또한 기록들은 각 결정들과 그 결정된 근거를 유지해야 한다. 전통적으로, 프로그램의 개발에 참여하는 엔지니어링 그룹들은 서로 다른 서식과 양식들을 가지고 있다. 동일한 정보들이 각 그룹에 의해 데이터베이스 또는 데이터 분석을 위해 재입력되는 것을 보는 것은 일반적인 일이다. 이러한 노력의 중복은 입력 오류 유발, 데이터의 상실, 그리고 불필요한 추가 인력 투입을 발생시킨다.

과거 시스템엔지니어링의 출력은 문서 지향적이었다. F-R-A 정보는 체계화되고 서로 다른 양식으로 분류된다. 전통적인 시스템엔지니어링의 문서는 시방서인데, 이 속에서 F-R-A 데이터는 아키텍처(A), 기능(F), 요건(R) 및 제약사항들로 분류되고, 이들 각 부분에 대해 시험이 진행된다. 시방서에 앞서 먼저 기능들을 기능 흐름 다이어그램, N 스퀘어 다이어그램, 거동 다이어그램, 그리고 시스템 기능을 기술하는 다른 문서에 문서화한다. 기능과 요건 간의 관계는 요건 할당서(Requirement Allocation Sheets,

RAS)에 작성된다. 요건 할당서는 나중에 기능을 수행하는 형상 항목을 포함하기 위해 수정된다. 4차 산업혁명 시스템엔지니어링은 문서가 아니라 이들 문서에 저장된 정보에 초점을 맞추고 있다. 정보를 관리하는 것, 그리고 관심의 대상이 되는 어떤 문서들을 자동으로 만들어 내는 것은 문서에서 정보의 형상 관리를 보다 용이하게 하는 것이며, 문서작성 비용을 줄이게 되며, 이것은 인공지능화될 것으로 예상된다.

어떤 프로그램에서 하나가 아니라 두 개의 시스템을 엔지니어링한다는 기본 개념을 이해한다는 것은 어렵다. 제품에 대한 시스템엔지니어링적 설명서를 작성하는 역무 및 활동들은 제품의 생산 프로그램에 대한 시스템엔지니어링 관련 역무 및 활동들과 동일하지 않다. 전통적인 문서 기반의 시스템엔지니어링 과정에서는 제품을 설명하는 정보는 시방서에 수록이 되고, 한편으로 프로그램을 설명하는 정보는 시스템엔지니어링 관리계획서(SEMP)에 수록이 되었다. 현재 이와 같은 시방서 정보와 시스템엔지니어링 관리계획 정보 간의 차이를 인식하고 MIL-STD 499에 대한 수정 작업이 지속적으로 개정 중이다.

문서 지향적인 시스템엔지니어링의 다른 약점은 모든 기술이 정적이라는 데 있다. 어떤 시스템과 그 주변 환경을 설명하는 능력, 그리고 내부의 시스템 기능들 간의 대화는 4차 산업혁명 시스템엔지니어링의 특성이다. 그러므로, 시스템의 물리적인 거동뿐만 아니라 기능의 모델 시뮬레이션은 제품의 상향식(bottom-up) 성능 검증뿐만 아니라 문제와 해법을 하향식(top-down)으로 분해하여 평가하는 것을 지원할 수 있도록 만들어져야 한다. 시뮬레이션이 설계 및 전문(staff-level) 엔지니어링의 주요 요소이긴 하나 시스템엔지니어링의 일부분으로서는 널리 인정되지 못하여 왔다.

6) 시스템엔지니어링 정의의 결론

시스템엔지니어링을 정의함에 있어 이제까지 논의한 바와 같이 절대적인 것은 없다. 시스템엔지니어링이란 현재 그 범위와 방법이 확립된 분야가 아니라 최근 들어서야 비로소 발전을 위한 본격적인 시행을 개시한 분야라고 보아야 할 것이다. 따라서 다양한 견해와 보는 관점에 따라 전혀 달리 인식될 수도 있는 논리들이 제시되며, 이로 인한 활발한 논란 또한 당분간은 지속될 것이다. 따라서 시스템엔지니어링에 대한 개념상의 혼란 역시 계속될 것이나 이는 학문의 발달과정에서 불가피한 현상일 수밖에 없다.

사실 어느 한 용어에 대해 반드시 하나의 정의만을 고집할 필요는 없다. 또 하나의 정의만 존재해야 한다는 원칙도 없다. 이해관계자 모두가 쉽게 이해할 수 있는 단 하나의 정의가 존재한다면 이상적이긴 하겠으나 그들 개별적인 관심이 서로 달라 하나의 정의로 통일될 수 없을 때는 적용 분야별로 서로 달리 정의를 내릴 수도 있다. 이에 동의하지 않는 사람들은 근본적인 정의를 찾기 위해서 계속 노력할 수도 있으며, 언젠가는 그것을 찾게 될 수도 있을 것이다. 그러나 누가 어떠한 용도로 어느 장소에서 시스템엔지니어링에 대한 정의를 하든 간에 한 가지 분명한 것은 시스템엔지니어링적인 접근법을 적용해야 한다는 것이다.

시스템엔지니어링에 대한 혼란의 주된 원인은 대개 대상 시스템을 제대로 정의하지 못한 데서 비롯된다. 관심의 대상인 시스템을 명확히 파악하게 되면, 그 시스템의 기능을 확립할 수 있으며, 이들 기능들에 대해 시스템엔지니어링 개념이 적절히 적용되었는지를 확인할 수 있다.

3.
시스템엔지니어링의 필요성

1) 시스템엔지니어링이 주는 이득

어떤 프로젝트에 시스템엔지니어링을 적용하여 프로젝트 관리, 설계, 개발, 제작, 생산 및 특수분야(Reliability, Abailability, Maintainability, Safety, Stability, Usability, Performance, Human Fator 등) 엔지니어들을 동시에 참여시킬 경우, 아래 [그림 1-1]과 같이 실제 지출 비용은 생산/배치 및 운영유지 단계에서 가장 크지만 비용이 결정되는 시기는 개념 및 기술 개발 단계인 콘셉트 개발에 인력이 집중되어야 시스템 개발 및 시험 평가, 생산 및 배치, 운영 비용을 절감시킬 수 있다.

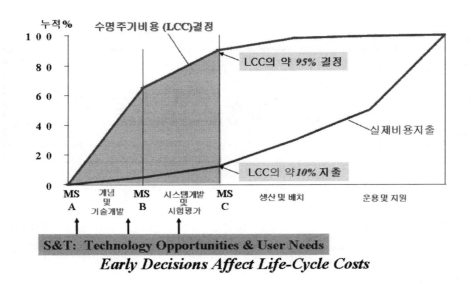

[그림 1-1] 수명주기 비용 결정시기(방사청 시스템엔지니어링 가이드북 참조)

위에서 언급한 시스템엔지니어링을 통해 기대할 수 있는 구체적인 이득의 사례로 보면 다음과 같은 결과를 얻었다고 한다.

○ 제품 개발 기간을 60%만큼 단축
○ 설계 변경 요청 건수를 50%만큼 감축
○ 재설계와 재작업 업무량을 75%만큼 절감
○ 제조 비용을 40%만큼 절감

이 사례로 볼 때 시스템엔지니어링을 통해 다음과 같은 일반적인 이득, 즉 첫째로 개발비용 절감, 둘째로 제품 수명주기 비용 절감, 셋째로 보다 경쟁력 있는 제품 개발, 넷째로 외부 소비자의 기대와 요건에 부응할 수 있는 과정의 정립과 같은 이득을 얻을 수 있음을 알 수 있다.

특히 4차 산업혁명의 인공지능 및 자동화 분야가 시스템화되면, 개념 및 기술 개발, 즉 개발 콘셉트는 인간에 의해서 만들어지며, 시스템 세부 설계 및 개발, 검증, 생산은 많은 부분이 자동화될 것이며, 이로써 시스템엔지니어링의 중요성은 더욱더 부각될 것이다.

2) 산업계의 입장

국제시스템엔지니어링학회가 태동할 당시 기업들은 시스템엔지니어, 시스템엔지니어링 조직과 시스템엔지니어링 용어 자체를 필요한 분야, 조직 및 도구라고 인식하지 않았다. 이들 기업은 시스템엔지니어링이 지나치게 비용이 많이 들며, 불필요한 문서들을 생산할 뿐 아니라 미국 국방부에서나 적용하고 있는 비싼 도구이므로 이를 실무에 적용할 필요가 없다고 생각하였다. 그렇다고 해서 이들 기업들이 시스템엔지니어링을 잘 하고 있지 못하다는 말은 아니다. 많은 기업들이 자신들이 인식하고 있든 아니든 간에 일종의 시스템엔지니어링을 수행하여 크고 작은 성공을 거두고 있었다. 그러나 이들 기업들이 제대로 된 조직을 갖추고 종합적인 시스템엔지니어링 과정을 적용한다면 더욱 효율적이고 효과적으로 목표를 달성할 수 있을 것이다.

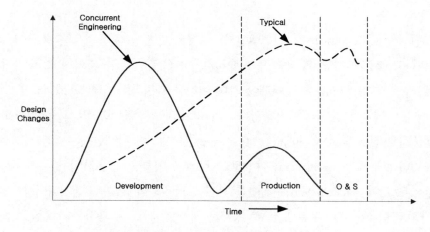

[그림 1-2] 동시공학적 접근과 고전적 접근 방법의 비교

시스템엔지니어링에 대한 부정적인 견해 때문에 시스템엔지니어링을 멀리했던 기업들도 동시공학 또는 제품/프로세스 통합개발(IPPD: Integrated Product and Process Development) 등을 자체 프로세스 관리에 적용하고 있었다. 최근에는 방산, 철도, 자

동차, 항공, 원자력 등 정부 및 많은 기업들이 시스템엔지니어링을 수용하기 시작했으며 시스템엔지니어링 용어의 혼란을 극복하려 노력하고 있다. 이러한 노력들을 통해 시스템엔지니어링이 무엇인가에 대한 미흡함은 많이 개선되고 있다.

3) 사업 성공사례와 시스템엔지니어링

이제까지의 사업 성공사례들을 면밀히 분석해 보면 2절(2. 시스템엔지니어링의 정의)에서 논의한 시스템엔지니어링 및 시스템적 접근방법과 상당 부분 관련이 있음을 알 수 있다. 사실 시스템엔지니어링은 이제껏 기술 영역에 머무르고 있었으나 최근 들어 우리는 비기술자들도 시스템적 사고에 참여하고 있음을 목격하게 된다. 1990년 P. M. Senge는 "시스템적 사고란 전체를 바라보는 훈련이다. 이는 사물 자체를 보기보다는 사물들 간의 관계를 바라보는, 또한 정적인 모습보다는 변화의 패턴을 바라보는 것이다."라고 말한 바 있다. 시스템적 사고의 아름다움은 개인이 모든 가능한 프로세스와 상호관계들을 유기적인 구조로 취합하도록 하는 데 있다.

1976년 W. A. Wymore는 시스템엔지니어링은 다분야 협동팀을 활용하여 문제를 정의하고, 시스템 기능과 과정을 도출하고, 비용 및 성능을 파악하고, 대안 설계를 검토하고, 과정의 성과를 추적해야 하며 이러한 과정들이 순환 반복적으로, 그리고 동시에 일어나야 한다고 주장하였다. Wymore의 주장은 1939년 W. Shewhart이 제창한 "계획-집행-점검-조치(Plan-Do-Check-Act)"를 새로이 각색한 것이라고 할 수 있다. 1950년대에 W. E. Deming은 이 Shewhart 사이클을 사용하여 일본의 제조업 혁명을 일으켰다. Jack Welch는 비슷한 과정을 적용하여 GE를 리엔지니어링하였다. 1993년 미국의 애리조나주는 모든 주 정부 산하 기관들이 이 과정을 적용할 것을 의무화한 법률을 제정하였다. 이러한 시스템적 사고는 Senge의 "제5 훈련"(1994)에 해당한다. S. R. Covey의 "성공하는 사람들의 일곱 가지 습관"(1989)은 이 과정을 개인에게 적용한 것이다. J. R. Katzenbach와 D. K. Smith는 이를 팀 활동에 적용하였다. 이러한 과정은 여러 다양한 분야에서 반복적으로 재조명되어 왔다. 목적은 다르지만 시스템 설계, 기업의 리엔지니어링, 업무 체계화, 교육 등 그 골격을 이루는 기본 과정은 동일하다.

(1) 사업 성공의 이정표

많은 기업들이 훌륭한 인재와 월등한 기술을 갖추고 주주, 고객, 직원들의 만족도 개선에 나서고 있다. 그러나 불행히도 이러한 개선 노력이 종종 무위(無爲)로 돌아가곤 하는데 이는 기업조직이 사업 성공을 위한 지식 및 권한의 재배치 과정을 따라가지 못했기 때문이다.

(2) 시스템엔지니어링에 대한 일치된 견해

시스템엔지니어링은 시스템의 수명 전 주기에 걸쳐 고객의 요구를 만족시키는 것을 확인하기 위한 다분야 협동 과정이다. A. T. Bahill과 F. F. Dean은 시스템엔지니어링이 무엇인가에 대해서 1996년에 많은 원로 시스템엔지니어링 기술자들의 일치된 의견을 도출하였다(A. T. Bahill, B. Bentz & F. F. Dean, 1996; Y. Y. Haimes & W. Schneiter, 1996; A. T. Bahill & F. F. Dean, 1997).

시스템엔지니어링 과정에 대한 다른 몇몇 표현들과도 일치하는 데 이를 요약하여 대응시켜 보면 <표 1-1>과 같다.

공통과정	Gissing의 과정도	시스템엔지니어링에 대한 원로들의 일치된 견해	성공하는 사람들의 일곱 가지 습관	팀의 지혜	제5학습	Shewhart 사이클
State the problem	비전과 임무 정의	고객의 요건 이해 문제 정의 시스템 요건 발견	끝을 염두에 둔 시작	공통적 목표	비전의 공유	계획
Modeling the system	비즈니스 능력 평가	요건 검증	우선 이해, 그 다음에 시도	실적 중시	시스템적 사고	계획
Investigate alternatives	목표 설정	정량적 척도 정의	일의 우선 순위 부여	공통적 성과	개인적 숙달	계획
Investigate alternatives	전략 수립	대안개념 모색 민감도 분석	모두의 승리	공통적 접근방법	지적 모델	계획
Integrate	비즈니스 계획 통합	인터페이스 설계, 관리 시스템 통합	상승효과 추구	팀의 잠재력 이용		집행
Launch the system	집행	기능 분해 시스템 모델링 시스템 디자인 형상 관리 위험도 관리 신뢰도 분석 품질 관리 프로젝트 관리 문서화	적극적 대처	일다운 일을 수행	팀 학습	집행
Assess per-formance	결과 측정	시험 고안 설계 검토 전체 시스템 시험	톱날 세우기	서로 간의 책임 중시		점검
Reengineer the system	진단, 검토, 반영					조치

(3) Covey의 "성공하는 사람들의 일곱가지 습관(1989)"

Covey는 개인의 사생활과 직업상의 문제를 해결하는 데 도움이 되는 원리들을 제시하였다. 이 원리들은 사람들이 변화에 적응하고 변화가 부여하는 기회를 이용하는 데 도움이 된다. Convey가 제시한 일곱 가지 습관을 간략히 요약하면 다음과 같다.

습관 1: 적극적 대처

인간은 자신의 삶에 책임을 져야 한다. 인간은 자신의 삶을 바꿀 수가 있어야 한다. 인간의 행동은 자신의 결정에 좌우되는 것이지 환경에 의해서 좌우되는 것이 아니다. 인간은 변할 수 있는 부분은 변해가되 그럴 수 없는 상황은 인정해야 한다.

습관 2: 끝을 염두에 둔 시작

끝을 염두에 두고 시작하기 위한 가장 효과적인 방법은 자신이 원하는 것과 하고 싶은 것을 선언하는 것이다. 이 선언은 자신의 비전과 가치의 확고한 표현이다. 이 과정에서 우선순위에 대해서 생각을 하고 자신의 믿음에 의해 행동을 설정할 수가 있다.

습관 3: 일의 우선 순위 부여

자신의 하루 활동을 점검하고 중요한 일(급한 일과는 구분되는 일), 즉 관계를 맺거나 계획을 세우는 일 등에 우선순위를 부여해야 한다. 그럼으로써 자신의 핵심 역할을 파악하고 우선순위를 부여할 수가 있다. 각 역할에 대해서 두세 개의 목표를 설정하고 각 목표 달성을 위한 일정을 세워야 한다.

습관 4: 모두의 승리

인간관계에 대해서 이해하고 모두에게 이득이 되는 결과를 낳을 수 있도록 일하는 방법을 생각해야 한다.

습관 5: 먼저 이해한 다음에 시도

처방하기 전에 진단을 먼저 해야 한다. 시스템의 성능을 이해한 후에 변화를 시도해야 한다.

습관 6: 상승효과 추구

전체는 부분의 단순 합보다 크다. 사람들과의 관계가 조직의 가치를 높인다.

습관 7: 톱날 세우기

항상 성취도를 점검하고 자신의 육체적, 사회적, 감성적, 영적, 지적 차원을 확대하기에 노력해야 한다.

(4) Katzenbach와 Smith의 "팀의 지혜"

J. R. Katzenbach와 D. K. Smith는 1993년 왜 팀의 능력이 개인 능력을 압도하는지, 진정한 팀을 만들기 위해서는 무엇이 필요하며, 우수한 팀이 무슨 일을 하는지를 설명하려고 시도하였다. 이들에게 팀이란 "서로 보완적인 기능을 지닌 소수의 사람들로서 공통적인 목표, 성과, 접근방법을 사용하며 서로 간에 책임을 중시한다."라고 우선 팀의 정의를 매우 간단명료하게 정의하였다. 다음에 성공적인 팀이 되려면 "일다운 일을 해야 한다."라고 설명하였다.

팀은 기업에서 일차적인 단위 조직적인 부분 역할을 할 것이다. 기업은 팀 자체를 위한 팀 육성을 하지 않을 것이며, 기업의 성과(performance), 윤리(고객, 직원, 주주 모두에게 균형된 이득을 제공)에 의해서 팀이 자연적으로 성장하도록 할 것이다. 이러한 성과-팀, 팀-성과의 사이클이 미래의 기업 경쟁에서 살아남은 승자의 특성이 될 것이며, 최고경영자의 주된 역할은 성과와 이를 제공하는 팀에 관심을 집중하는 것임을 이들은 주장하였다.

(5) Senge의 "제5학습"

P. M. Senge와 몇몇 사람들은 1994년에 학습 조직을 구축하고 관리하기 위한 전략을 내놓았다. 대부분의 시스템은 시스템 이론을 도구에 내재화하여 제어 시스템으로 모델링 할 수가 있다. 그러나 Senge는 이러한 수학적 기법을 쓰지 않고 모든 사람들이 이해하기 쉽도록 정성적으로 그래프와 스케치만으로 시스템을 모델링하였다. 이는 매우 중요한 사실이다. 예를 들어서 품질기능전개(QFD: Quality Function Deployment)는 매우 간단한 도구인데, 이보다 훨씬 더 우수한 도구들도 많지만 QFD가 가장 인기 있는 이유는 누구나 다 이해할 수 있게 간단하기 때문이다. 제5학습에서 사용한 주요 개념들을 설명하면 다음과 같다.

개인적 숙달

개인적 숙달이란 우리가 가장 원하는 것을 창조할 목적으로 개인의 능력을 확대하기 위하여 배우고 모든 구성원들이 자신이 선택한 목적과 목표를 향해서 각자를 계발하도록 북돋아 주는 유기적인 환경을 조성하는 것이다.

지적 모델

지적 모델이란 행위와 결정에 대한 인간 내면의 모습을 반추(反芻)하고, 지속적으로 규명하고 개선하여, 이들이 어떻게 우리가 사는 세상을 형성하는지를 조망하는 것이다.

비전의 공유

비전의 공유란 우리가 창조하기를 원하는 미래에 대한 공유 이미지와 이를 달성하기 위한 원리와 지침을 개발하기 위해서 그룹 내에 성취동기를 부여하는 것이다.

팀 학습

팀 학습이란 그룹원들이 각 구성원들의 재능을 합한 것 이상의 지성과 능력을 신뢰성 있게 개발하는 것이다.

시스템적 사고

시스템적 사고란 시스템의 거동을 형성하는 힘과 상호관련성을 이해하고 설명하는 것을 말한다. 이 학습을 통하여 우리는 시스템을 어떻게 하면 더 효과적으로 변경시킬 수가 있으며, 자연세계와 경제세계의 방대한 과정들과 조화를 이루며 더 많은 일을 할 수 있는지를 알게 된다.

(6) GE에서의 Jack Welch

M. Tichy와 S. Sherman은 1993년 GE의 Welch가 회사를 혁신적으로 변화시킨 단계를 분석하였다. Welch의 행적에도 실수가 많았다. 초기에는 GE를 개혁해야 한다는 신념은 있었으나 어떤 것이 가능하고 어떤 것이 불가능한지 확신이 없었다. 그가 혁신에 성공한 핵심은 그의 탁월한 리더십과 GE의 미래에 대해 제시한 비전이었

다. Welch의 개혁에는 세 가지 방식이 있었다. 즉, 경각심, 비전 그리고 혁명이었다. Welch는 기업을 체계적으로 혁신한 것은 아니고 과정을 학습하면서 실험하였다. 진척이 없으면 Welch는 새로운 개념과 과정으로 사고방식을 바꾸곤 했다. 기계를 설계하는 것과 조직을 설계하는 것은 판이하게 다르다. 가장 큰 차이점은 인력 문제였다. Welch가 경험한 가장 힘든 일은 사람들을 움직이도록 하는 것이었다. 사람들에게 동기가 부여되지 않는 한 그는 계획을 실행할 수가 없었다.

(7) 사례를 통해 본 시스템엔지니어링 투자 효과

많은 사람들이 시스템엔지니어링을 적용하면 좋다는 데에는 동의한다. 즉, 개념 및 설계 착수에 앞서 요건을 정의하고 전체 시스템을 최적화하는 것이 중요하다고는 느끼지만 일정이 촉박하고 프로젝트 비용 절감이 주요 이슈가 되면 시스템엔지니어링은 뒷전으로 밀리게 마련이다. 비록 시스템엔지니어링이 논리적인 접근법이긴 하나 이를 모두가 이해하기 쉽도록 돈으로 환산할 수는 없다. 사실 경영자는 정량화된 투자 회수 효과만을 제시받기 원하는데 반해, 실무자가 어떤 일에 대해 시스템엔지니어링을 적용했을 경우와 그렇지 않은 경우의 비용-이득 비교표를 작성한다는 것은 지극히 어려운 일이다. 시스템엔지니어링 기술자는 미래의 비용 절감을 추구하나 경영자는 현재 인건비 절감, 재료비 절감 등 현재 지출되는 비용에만 관심을 기울인다.

Mark E. Sampson이 제시한 어떤 기업의 전산실에서 실제로 있었던 다음 사례는 1만 불의 초기 투자를 아끼려 하다가 나중에 수백만 불을 낭비한 사례로서 이를 보면 초기 단계에서의 시스템엔지니어링 적용이 지니는 효용가치를 인정할 수 있을 것이다. 이해를 돕기 위해 사건 전개 순서대로 상황을 나열하였다.

○ 첫째, 정전형 플로터는 50% 습도를 유지해야 한다. 그래서 통상 전산실에 이를 설치하는데 전산기가 늘어나면서 전산실이 공간이 좁아져 주변기기들을 다른 곳으로 옮기게 됨.
○ 둘째, 플로터실을 별도로 마련함.
○ 셋째, 전산실용 가습기의 가격이 대당 10,000불이라서 비용 절감을 위해 Sears 에서 60불짜리 가정용을 구입, 설치함.
○ 넷째, 잠시 후 용량이 모자라 한 대를 더 구입함.

○ 다섯째, 가습기에 계속 물을 부어야 하므로 물통을 두 개 구입함.

○ 여섯째, 수도꼭지가 잘 맞지 않아서 멀리 떨어진 다른 곳에서 물을 길어옴. 하루에 두 번 왕복이 필요.

○ 일곱째, 하급자가 이 일을 담당하였는데 불평이 누적됨.

○ 여덟째, 그래서 제도팀원들 전부가 예외 없이 순번으로 물을 길어 나름. 휴가 때는 순번을 바꾸고, 다른 사유로 빠질 때는 진단서 등 증빙서류를 제출하는 등 이 자체가 별도의 추가 행정 업무화함.

○ 아홉째, 물이 복도에 흘러서 미끄러져 넘어지는 일들이 발생함. 허리 다친 직원이 보상을 청구함.

○ 열째, 제도팀의 업무 만족도가 저하되었고 회사에서 그 원인 규명에 착수.

○ 열한째, 수도관을 끌어오고 밸브, 호스를 설치함.

○ 열두째, 자동화를 위해서 플로트밸브를 설치하고 그 제안자를 포상함.

○ 열셋째, fail-safe를 위해서 7,800불을 들여 센서, 전동밸브, 리미트 스위치로 구성된 다중 시스템을 추가 설치함.

○ 열넷째, 주말에 고장이 발생하여 회사가 침수되고 청소비, 카펫 교환비 등이 지출됨.

○ 열다섯째, 그 후 정전이 발생하자 정전으로 인해 밸브가 개방되어 또 침수 위기에 처함. 다행히도 정전이 곧 복구되어 피해는 별로 없었음.

○ 열여섯째, 가정용 가습기를 24시간 가동하였기 때문에 내구성에 문제가 생기고 부품이 손상됨.

○ 열일곱째, 프로젝트는 critical path에 걸려있었음.

○ 열여덟째, Sears에는 부품이 없어서 부품을 특별 주문 의뢰함.

○ 열아홉째, 보수 계약을 Sears와 체결하려 하였으나 60불짜리 기계라 보수계약 자체가 성립될 수 없었음.

○ 스무째, 예방정비 계획 수립, 예비 부품 확보, QA 대책 마련, 신뢰도 분석 등 온갖 대책이 강구됨.

○ 스물한째, 호흡기 질환 발생함.

○ 스물두째, 역학 조사를 실시함.

○ 스물셋째, 가습기 청소를 하려 했으나 분해가 어려워서 염소를 주입함.

○ 스물넷째, 염소 창고를 별도로 설치하고 독극물 표시를 함. 위험도 분석 수행, 가운 및 보안경 착용 등 추가 설비 및 업무 증가함.

○ 스물다섯째, 염소 주입 작업 중 사고 발생함.

○ 스물여섯째, 비상 발동 및 염소 사용 금지.

○ 스물일곱째, 월 300불의 정비료와 초과 근무 수당 지출.

○ 스물여덟째, 프린터실을 폐쇄함.

○ 스물아홉째, 가습기를 옥상에 폐기하고 전산실을 개조함.

위 사례는 비용이 지출되는 초기 투자를 주저한 단견이 야기한 피해 사례로서 해당 기업은 당연히 전용 가습기를 사야만 했었다. 결과론적이긴 하나 초기의 미봉책으로 인해 프로젝트 지연, 생산성 저해 등등 10배 내지 50배의 손해를 보았다.

4.
시스템엔지니어링의 약사(略史)

시스템엔지니어링은 매우 오래전부터 이용되었다고 주장할 수도 있다. 이집트, 그리스, 로마인들은 군사 및 토목 분야에서 시스템이라고 부를 수 있는 것들을 개발했었다. 그러나 이러한 과거의 시스템들은 극소수의 지도자 그룹들에 의해 경험을 바탕으로 아주 조금씩 장기간에 걸친 지속적인 개선을 통하여 개발되었기 때문에 오늘날 시스템이라 부르고 있는 것과는 그 성격이 다르다 할 것이다.

그렇다면 과연 시스템엔지니어링이란 도대체 무엇인가? 앞에서도 설명하였지만 많은 정의가 존재하긴 하나 아직 국제적으로 통용되는 정의는 없다. 이 절에서는 앞에서 논의한 시스템엔지니어링의 정의나 필요성에 대한 보다 근원적인 이해를 돕기 위해 그 기원 및 발전과정을 간략히 살펴보기로 한다.

1) 시스템 이론 및 방법론

시스템과 관련하여 Von Neumann(1948)은 인공지능의 기반을 다지는데 기여했으며, Shannon(1949)은 커뮤니케이션 이론을 정립하였고 Weiner(1948)은 사이버네틱스를, Ashby(1956)은 정보 및 컨트롤 이론을 정립하였다. 이들은 서로 다른 복잡도와 계층 구조를 갖는 과학이론의 패턴에 적용할 수 있는 통합 이론의 연구를 주도하였다.

시스템 이론을 1930년대의 RCA(Radio Corporation of America)로까지 거슬러 올라가 그 근원을 추적하기도 한다. Church-man(1968)은 시스템 접근 방법론을 일반 시스템 이론의 한 응용 사례인 과정 또는 보편적인 프레임워크, 또는 새로운 과학적 방법의 일종(Van Gigch, 1974)으로 묘사하고 있다. 시스템 접근 방법론은 시스템엔지니어링의 기반이 된다. Hall(1962)은 Bell 전화연구소 시스템엔지니어링 사업부 책임자였던 G. W. Gilman을 시스템엔지니어링의 시조로 거명하였다.

일반 시스템 이론들은 1950년대부터 시작되었으며, 수학 및 철학과 대등한 세 번째 학문 분야로서의 전개로 출발하였다. 학문적 한 분야로서의 시스템 및 시스템엔지니어링 발전 연대기를 간략히 정리하면 〈표 1-2〉와 같다. 1950년 이전에서 1950년대까지는 시스템 개발을 주로 한 사람의 엔지니어가 주도하던 시대였으며, 시스템 자체도 단순히 구조적, 기계적 또는 전기적 시스템에 한정되었었다. 그러나 제2차 세계대전을 계기로 가능한 기존의 군사 시스템을 최대한 효율적으로 사용해야 할 필요성이 대두되었고, 운용연구(Operation Research) 분야가 이들 시스템의 모사 및 최적화를 의한 방법을 제공하게 되었다. 컴퓨터 개발 시기였던 1950대에 들어서는 시스템을 보다 세밀히 분석할 수 있는 대용량 고속의 컴퓨터 도구들이 개발되었고 이를 통해 엔지니어들이 만들어 내는 시스템은 점점 더 복잡해져 갔으며, 고전적인 수석 엔지니어(chief engineer)방식은 이러한 시스템의 복잡성 때문에 더 이상 효력을 발휘할 수 없게 되었다. G. A. Miller에 의하면 대부분의 인간은 한 번에 최소 다섯 가지에서 아홉 가지의 일만을 처리할 수 있는데, 한 사람의 수석엔지니어가 복잡한 시스템 전부를 이해하고 처리해 나갈 수가 없기 때문이었다.

우주항공분야에서는 수많은 업체 및 개발자를 참여시켜 고도의 무기시스템을 개발하고 우주와 달을 탐험하기 위한 복잡한 시스템을 기술하고, 개발 및 운영하기 위해 일반 시스템이론, 시스템 접근 방법론 및 시스템엔지니어링의 개발을 활성화하였다.

기간	방법	목적
~1950년	OR(Operation Research)	기존 시스템의 최적화
1950~1960년	최적화, DP, LP	시스템 분석
1960~1970년	일반 시스템 이론	시스템 정의
	시스템적 접근론	시스템 개발을 위한 시스템적 프로세스
1970~1980년	시스템공학	시스템공학
	시스템공학 관리	복잡한 시스템의 관리기법 개발
	복잡도(Complexity)	복잡한 시스템의 이해
	계층분석	글로 기술하는 방법 대신 그림으로 표현
1980~1990년	각종 표준	시스템공학 과정 정의
	아키텍팅	시스템 창조
	의사결정(Decision Making)	복합목적/복합주제
	전문가 시스템	지식집약
1990~현재	전국시스템공학회(NCOSE)	시스템엔지니어의 전문가 모임

2) 시스템엔지니어링의 역사

어떤 것이라도 시스템으로 정의하는 것이 시스템엔지니어링의 기본이다. 그러므로 시스템을 정의하고 시스템의 부분을 조직화하는데 사용되는 추상화는 첫 번째 단계로서 중요하다.

일단 시스템이 정의되면 이 시스템이 엔지니어링 과정에 의해서 만들어지는 최종 결과물인지, 아니면 엔지니어링이 필요하거나 필요 없는 단지 과정일 뿐인지를 구분해야 한다. 예를 들어, 시스템엔지니어링에 관리 요소가 있는지에 대한 지속적인 논의를 통해 조직, 또는 수명주기 활동들과 같은 시스템에 대해 시스템엔지니어링을 수행해야 하는지, 아니면 조직 또는 관리 이론을 적용해야 하는지 등을 결정해야 한다.

시스템엔지니어링에 사용되는 시스템 기본 개념은 첫째로 시스템의 범위를 결정하고 둘째는 시스템을 위한 입력과 출력사항을 규명하며 셋째는 입력을 출력으로 변환시키는 데 수행되는 시스템의 기능들을 이해하는 것이다.

19세기의 산업혁명은 다수의 새롭고 혁신적인 기계를 만들어 냈지만 그중 여러 가지 기술들의 복잡한 조합은 없었다. 제2차 세계대전을 치르면서 군수물자 투입의 긴박성, 수많은 시행착오, 수많은 종류의 기술이 내재된 이제까지 경험해 보지 못했던 복합적인 문제가 등장하기 전까지는 복잡한 문제에 우선순위를 부여하고 문제를 풀기 위한 조직적인 접근방식의 필요성을 인식하지 못했었다.

Morse와 Kimball은 수학의 세계에서 잠수함 전쟁을 연구하며 OR을 일찍이 적용하였다. 그들은 제2차 대전을 통해서 진화된 현실 세계를 모델링하는 과정을 기술하였다. 모델링을 통해서 필요한 성능을 정확히 규정하기에 필요한 정량적인 제약요건들을 조작할 수가 있게 되었다. 이러한 아이디어는 1950년대에 군사적으로 즉각 응용되었다. 이는 복잡한 문제를 풀기 위해서는 그때까지의 관행과는 달리 많은 사람들이 긴밀히 협조하며 일해야 한다는 인식이 생겼기 때문이다.

대륙간 탄도탄, 핵잠수함 그리고 기타 복잡한 무기체계를 개발하기로 결정함에 따라 이처럼 복잡한 문제에 봉착하여 우선 무엇이 필요하고 이러한 필요성을 어떻게 만족시킬 것인지를 결정하기 위한 조직적인 방법이 필요하게 되었다. 이러한 필요성을 유발한 것은 일차적으로는 군대였다. 군대는 행정적으로는 통합되어 있었지만 각 부품들은 독립적인 구매절차를 거쳐 다양한 공급자들로부터 조달되었다. 이러한 격리 상황이 문제에 대한 제각각의 해결을 유발하였고 이는 시스템엔지니어링 및 획득, 개발의 통합 이론과는 상충되었다.

AFSCM 375 계열이나 MIL-STD-499에 맞추어 과정을 표준화하려던 기업들의 대부분은 단지 구호로만 시스템엔지니어링을 지향했으며 각 기능 부서가 과거처럼 순차적으로 업무를 수행하는 방식을 계속 고수했었다. 그러나 이들 부서들은 고객이 요구하는 복합문제의 해결에 필요한 기술들을 먼저 습득한 후 이를 적용하려는 회사의 결정에 따라 지식을 기준으로 해서 구분, 조직된 것이었다.

국방성은 지속적으로 기능 위주의 부서 조직을 장려하였다. 이러한 장려는 MIL-STD-881 부록에서 정의한 업무분류체계(WBS: Work Breakdown Structure)에 근거한 시스템 구조 표준화, 비용공정관리 시스템 표준화 및 전산화라는 방식을 통해 실시되었다. 업무분류체계에 의거 조직된 고객의 사업관리부서와 효과적으로 의사소통을 하기 위해서 기업들은 고객과 같은 조직을 유지하는 경향이 있었다. 그러나 이러한 방식이 기능조직의 비대, 사업조직의 약화, 그리고 순차적 업무를 초래했다.

1960년대는 고전적 시스템엔지니어링의 절정기였다. 그 이후 시스템엔지니어링은 분화 및 전문화되기 시작하였고, 흔히 일상적인 문서작성이나 수정 정도의 활동으로 축소되기도 하였다. 1970년에서 1990년 사이의 시기는 주요 무기 및 우주 시스템 개발을 지원하는 소수 그룹의 고급 시스템엔지니어로 대변되는 시기이다. 지식 기반적 시스템엔지니어링이란 오직 이들 소수의 사람들 머릿속에만 남아 있을 뿐이었다. 시스템엔지니어링에 관한 책과 논문은 줄어들었으며, 대학에서는 시스템엔지니어링이 무시되던 시기였다.

1980년대에 들어 대규모 시스템에 대한 수요가 줄어들자 주요 우주항공업체들은 소규모 프로젝트를 찾아 나설 수밖에 없었는데 그 결과, 수많은 소규모 프로젝트들을 관리하기 위해 이들 업체들은 다시 시스템엔지니어들을 양성하기 시작할 수밖에 없었고 범세계적으로 사용할 수 있는 시스템공학 표준을 제정하기에 이르렀다. 이러한 노력의 일환으로 1992년 미국에서 전국시스템공학회(NCOSE: National Council of System Engineering)가 설립되었고 이 기구는 1995년에 그 범위를 확대, 국제시스템공학회(INCOSE: International Council on System Engineering)란 이름의 국제기구로 개편되었다.

3) 국제시스템엔지니어링학회(INCOSE)

(1) INCOSE의 기원 및 목적

1990년 8월에 시스템엔지니어링에 대한 관심과 지식 그리고 전문성이 높은 35명의 인사들이 시스템엔지니어링의 정의와 이해를 촉진하는 방안을 토의하기 위해서 미국의 시애틀에 모였다. 이들은 가칭 전국시스템엔지니어링학회(NCOSE: National Council on System Engineering)란 기구를 발족하고 준비위원회를 구성하였다.

미국 국내를 주 무대로 창설된 NCOSE는 1995년에 그 활동 범위를 전 세계로 넓히기 위해 국제시스템엔지니어링학회(INCOSE: International Council on Systems Engineering)로 확대, 재편되었다. 즉, INCOSE는 시스템엔지니어링을 이용하여 다분야 협동 시스템 개발을 고취할 목적으로 형성된 국제조직이다. INCOSE는 독자들이 소속기관의 문제를 시스템엔지니어링을 이용하여 해결함으로써 소속기관 내에서 시스템엔지니어링 지도자가 될 수가 있도록 지원을 해줄 수가 있다.

(2) INCOSE 실무 그룹

INCOSE는 처음부터 시스템공학이 무엇인가 하는 점에 대해서 서로 다른 관점을 가진 사람들로 구성되었으며, INCOSE가 용어를 정의하려 하지 않은 것은 이러한 연유에서였다. 용어를 정의하는 것은 새로 탄생한 협의회의 의도와 목적을 달성하는 데 좋지 않은 결과를 가져올 것으로 생각했기 때문이다. INCOSE 설립자들의 의도는 저렴한 가격과 납기 및 성능을 달성하기 위하여 시스템에 대한 비전을 가진 우수한 시스템엔지니어들과 보다 훌륭한 과정 및 방법 그리고 자동화 도구 등을 얻고자 함에 있었다.

<표 1-3> INCOSE 실무 그룹 현황

실무 그룹	활동 내용
우수사례 조사 그룹	세계 최고 수준 또는 미래지향적인 사례를 발굴
정책 검토 그룹	제안된 정책에 대한 INCOSE의 견해를 도출하고 조정
프로세스 기술 그룹	여러 정보 출처로부터 얻어낸 프로세스들을 비교, 대조
도구 그룹	시스템엔지니어링을 지원하는 도구들에 대한 정보 수집과 보급
척도 그룹	시스템엔지니어링 과정 측정 방법 개발과 보정
요건 관리 그룹	요건 정의 통합을 위한 효과적 접근 방법 도출
원리 그룹	시스템엔지니어링 기법과 발견된 지도법(heuristics)을 도출하고 문서화
능력평가 그룹	조직의 시스템엔지니어링 능력을 평가하기 위한 성숙도 모델 개발
자원 관리 그룹	시스템엔지니어링을 철도, 에너지, 수송, 농업, 도시 계획, 환경 보전 계획, 임업관리, 기타 부문에 적용
위험도 관리 그룹	위험도 관리의 원리와 실천 방법을 개발하고 최적 실천을 정의

상업적 이용 그룹	다수의 다양한 산업 부문에서 시스템엔지니어링을 응용하기 위한 정보와 지침 제정을 모색하고 이를 전파
동시공학 그룹	동시공학에서의 시스템엔지니어링의 역할을 탐구

5.
시스템엔지니어링 유관 분야

1) 공학 분야

우리가 요구하는 시스템을 획득하기 위해서는 시스템에 포함된 여러 가지 공학적 기술을 적절히 통합할 수 있어야 하며, 성공적인 시스템엔지니어링을 위해서는 이러한 유관 공학분야를 이해하고 있어야 한다. 유관 공학 분야는 고전적인 학문 분류 방식에 따른 전문공학 분야와 특정 목적에 따라 다분야 통합 분야로 생성된 특수공학 분야로 구분할 수 있으며, 시스템엔지니어링 분야를 중심으로 이들의 연관관계를 간략히 예시하면 [그림 1-3]과 같다. 여기서 구체적인 공학 분야는 대상 시스템이 무엇이냐에 따라 달라질 수 있다. 그림에서 보듯 시스템엔지니어링이란 각종 전문 분야별 공학과 시스템의 성능에 결정적 영향을 주는 신뢰성, 안전성, 생산성, 정비(유지보수성), 인간공학, 물류공학 등의 특수공학 분야들이 함께 적용되는 통합된 공학이라 할 수 있을 것이다.

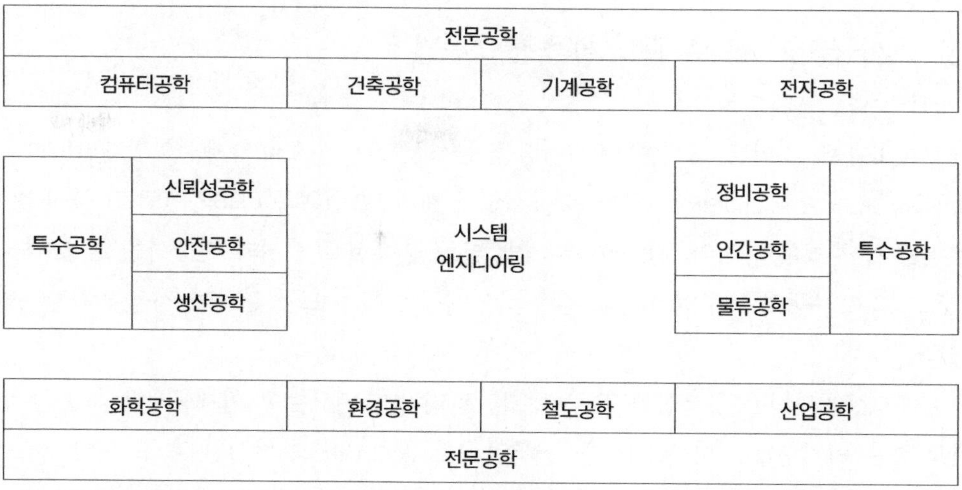

전문공학			
컴퓨터공학	건축공학	기계공학	전자공학

특수공학	신뢰성공학	시스템 엔지니어링	정비공학	특수공학
	안전공학		인간공학	
	생산공학		물류공학	

화학공학	환경공학	철도공학	산업공학
전문공학			

[그림 1-3] 시스템엔지니어링과 유관 공학

2) 시스템엔지니어링과 동시공학(Concurrent Engineering)

동시공학은 이 책에서 정의하고 있는 시스템엔지니어링에 내재되어 있는 접근방법이다. 이 책에서 기술한 시스템엔지니어링 과정에는 다분야 활동, 통합 활동, 동시 활동들이 포함되어 있다. 시스템엔지니어링은 복잡한 문제를 해결하기 위해서 다양한 공학 부문 간의 고도의 의사소통과 상호작용을 필요로 한다.

동시공학은 개발 주기의 후반부에서 자주 발생하는 설계 변경과 이에 부수되는 비용 증가를 사전에 방지하기 위한 시도이다. "[그림 1-2] 동시공학적 접근과 고전적 접근 방법의 비교"는 동시공학 개념을 적용한 사례를 나타낸 것이다(Clausing, 1991). 그림에서 보듯이 개발 초기단계에서 필요한 설계변경을 하는 것이 비용 면에서 훨씬 저렴하며 경우에 따라서는 수십, 수백 배가 저렴할 수도 있다.

3) 동시공학과 프로세스/제품통합개발

산업표준에 정의된 시스템엔지니어링을 동시공학과 프로세스/제품통합개발(IPPD: Integrated Process and Product Development)의 개념 및 범위와 비교하여 보면 목적 및 수명주기상 업무의 범위, 전 단계의 개발 활동 중에서 후단계의 전문성을 강조하는 것, 그리고 자동화 도구의 이용과 같은 측면에서 이들이 모두 같다는 것을 발견할 수 있다.

시스템엔지니어링은 복잡한 프로젝트를 관리하기 위하여 통합제품개발팀 방식이 필요함을 인지하고 있다. 설계, 생산, 투입, 보급(logistics), 현장지원, 특수 분야 기술자들이 제품개발 수명주기에서 시스템엔지니어링을 이행하기 위해 다분야 협동팀의 일원으로서 활발히 참여해야 한다. 프로젝트 진행 단계별로 수행역무에 따라 주도자가 바뀌면서 프로젝트 팀의 수와 규모, 그리고 성격은 바뀌게 된다. 팀 활동을 성공적으로 이끌기 위해서는 팀원들이 소관 부문뿐만 아니라 시스템 전반과 시스템 수명 전주기에 대하여 제품의 정의 및 시스템 최적화에 참여해야 한다.

4) 경영학 분야의 경영혁신 기법

시스템엔지니링을 경영 기법의 한 종류로 보는 관점도 있고 또 실제로 기업의 경쟁력 제고란 총괄적 관점에서 보면 시스템엔지니어링 역시 그 구현하는 도구의 하나라 할 수도 있다. 앞에서 논의하였듯이 시스템엔지니링의 개념적 근거에는 개인이나 조직, 기술 또는 관리 등 대상에 상관없이 다만 시스템이란 기준으로만 보면 학문 분야 간 상호 영역을 넘나드는 철학적 사고가 깔려 있기 때문에 타분야의 기법이라 하더라도 그 뿌리는 같을 수 있다. 보다 포괄적으로 시스템엔지니어링을 조감하기 위해 기업경영의 입장에서 기업을 어떻게 효율적이고 생산적으로 경영할 것인가 하는 방법론을 다루는 경영학 분야에서 최근 경영혁신의 기법으로 제시되고 또 실제로 산업 일선에 적용되었던 기법들을 연대별로 간략히 살펴보면 다음과 같다.

(1) 1960~1970년대

○ 대량생산을 통해 시장점유율을 높이는 데 판단 기준을 제공하는 "경험곡선 (Experience Curve)"

○ 제한된 자원을 전략적으로 성장유망사업에 집중시키는 "전략사업단위조직(Strategic Business Unit)"

○ 성숙사업, 성장사업, 미래사업 등으로 사업 균형을 유도하는 "제품포트폴리오 매트릭스(Product Portfolio Matrix)"

(2) 1980년대

○ 약탈적인 기업인수자로부터 기업을 보호하기 의해 의도적으로 부채비율을 높이는 "재무 스트럭처링(Financial Restruc-turing)"

○ 전 종업원 참여 속에 원가절감과 품질개선을 추구하는 "전사적 품질경영(Total Quality Management)"

○ 공장에서 부품업체의 협력을 통해 재고비용을 줄이는 "적시생산시스템(Just-In-Time)"

○ 전략사업단위를 중심으로 경쟁기업의 행동에 대응하여 자신이 속한 산업구조에서 독점적 수익성을 확보하는 "경쟁전략(Competitive Strategy)"

○ 컴퓨터 시스템을 분산시켜 비용을 줄이고 효율성을 높이는 "정보시스템 다운사이징(Information System Downsizing)"

(3) 1990년대

○ 시간 사용에서 효율성을 높이는 "시간기준경쟁(Time-based Management)"

○ 세계 최고 수준으로 경쟁력을 갖추기 위한 "벤치마킹(Bench-Marking)"

○ 인력과 시간, 비용을 과감하게 줄이는 "조직다운사이징(Organizational- Downsizing)"

○ 핵심능력이 없는 부분은 과감하게 떼어내어 외주로 돌리는 "아웃소싱(Outsourcing)"

○ 고객만족을 전제로 경영 프로세스를 혁신적으로 단축하는 "리엔지니어링(Reengineering)"

○ 무한한 미래를 향해 진정하게 원하는 바를 마음껏 펼치는 "비전 만들기(Vision Making)"

(4) 2000년대~현재
○ 살아남기 위해서 기업은 혁신 실행 프로세스 모델 통한 "명확한 혁신 전략 수립"
○ 하나라도 아는 것을 제대로 수행하는 위한 "과감한 실행"
○ 혁신 성공을 위한 능동적이고 자발적인 "모든 구성원들의 참여"
○ 창의력 개발을 위해 광범위하고 전문적인 지식 확보를 위한 "혁신 문화의 형성"
○ 혁신 활동을 체계적으로 관리할 수 있는 "시스템 구축"

이들 경영 기법들의 기본 개념과 접근방법들을 세밀히 살펴보면 시스템엔지니어링과 상당히 유사한 것들이 많다. 시스템엔지니어링의 대상을 제품으로 하였을 때, 제품의 가격경쟁력 제고를 통해 기업의 이윤을 높이고자 함은 경영혁신이 추구하는 기업 차원의 경쟁력 제고란 큰 틀의 일부가 되기 때문에 경영혁신의 소도구들 중 하나가 시스템엔지니어링이라 할 수도 있다. 위에 열거한 각 기법들의 명칭에서 연상할 수 있듯이 기업의 경영효율 개선방법은 그물망처럼 서로 연계되어 있는 여러 경영요소들 중 어느 요소를 출발점으로 또는 핵으로 하여 전개해 나가느냐에 따라 각기 다른 기법이 나오게 된다.

위의 경영혁신기법은 실제 경영활동, 즉 프로세스를 변화시키는 기법과 경영활동이 일어나는 장을 변화시키는 기법으로 나눌 수 있다. 경영활동을 다루는 기법은 다시 생산, 마케팅 등 특정 기능 분야에서 활용되는 기법과 특정 제품이나 특정 시장 등 단위 사업부에서 활용되는 기법, 그리고 사업부를 전체적으로 조정·운영하고 있는 기업 전체에 적용할 수 있는 기법으로 구분된다. 또한 일반적인 경영의 전개방식, 즉 '경영방식'인 계획-실행-평가(Plan-Do-See)의 과정에 따라 이들 기법을 분류할 수도 있다.

이러한 경영기법의 분류방식을 보면 시스템엔지니어링의 대상 시스템을 제품으로 할 경우 시스템엔지니어링이란 기업 내에서 제품개발 및 생산을 담당하는 사업부 차원의 경영혁신기법이라 할 수 있을 것이다.

6.
시스템엔지니어링 구성요소 및 역할

시스템엔지니어링은 기본적으로 다음에 열거한 세 가지 단계로 구성된다.

○ 시스템 관리
　- 시스템 또는 제품의 기술적 개발을 기획, 조직, 통제, 지시한다.
○ 시스템 요건 및 아키텍처 정의
　- 이해관계자 요건을 기반으로 기술적 요건을 정의한다.
　- 시스템 구성요소(component)의 구조(structure, 또는 아키텍처)를 정의하고 기술
　 적 요건들을 이 아키텍처 내에 배분한다.
○ 시스템 통합과 검증
　- 아키텍처의 각 수준(level)에서 그 아키텍처의 구성요소들을 통합한다.
　- 이들 구성요소에 대한 요건들이 충족됨을 검증한다.

아키텍처의 어떤 레벨에서도 하나의 구성요소는 이의 상세설계를 위하여 개발팀으로 넘길 수 있다. 구성요소의 본질이 시스템엔지니어링을 수용할 수 있다면 시스템엔지니어링을 그 요소의 개발에 적용할 수 있다. 다음의 경우 특정 프로젝트에 대한 실제 기준은 프로젝트별로 정의하여야 한다.
다음 아래의 경우에는 반드시 시스템엔지니어링 과정을 적용해야 한다.

○ 구성요소가 복잡하다.

○ 구성요소가 규격품이 아니다.

○ 구성요소의 개발, 생산, 투입, 시험, 교육, 지원, 또는 폐기를 위하여서는 특별한 재료, 서비스, 기법 또는 장비가 필요하다.

○ 구성요소를 한 공학 분야(예: 기계공학) 내에서 모두 설계할 수 없다.

시스템엔지니어링의 실체적 본질은 논쟁의 여지가 다분한 복잡한 주제이다. 시스템엔지니어링이란 시스템을 구성하는 모든 요소들 간에 최적의 균형을 얻기 위하여 시스템 개발활동의 기술적 측면을 통제하는 과정이다. 즉, 소비자 요건들을 명료하게 정의된 시스템 변수로 변환시키고, 시스템 결과물의 생산과 프로세스를 실현하는 데 필요한 다양한 분야로 이들 변수들을 할당하고 통합한다. 그다음에 분석적(analytical)인 시스템엔지니어링 방법론(methodology)을 적용하여 시스템의 효율성을 최적화한다.

시스템엔지니어링은 각 시스템이 비록 다양하고 특정한 구조와 하위 기능으로 구성되었다 하더라도 이를 하나의 통합된 총체로 인식한다. 또한 어떤 시스템도 여러 종류의 목표를 지니는바, 시스템마다 목표가 상이하다는 점을 인식하고 있다. 시스템엔지니어링은 목표별 가중치에 따라 시스템의 전반적 기능을 최적화하며, 각 부문 간의 호환성을 극대화한다. 이 책에서 설명한 시스템엔지니어링 프로세스를 적용하여 다음과 같은 두 가지 기본적인 목적을 달성할 수가 있을 것이다.

○ 해결 방안을 설계하기 전에 문제를 이해한다.

○ 개발 전 과정에 걸쳐 참여자들의 기술업무를 조정, 집약시키고 업무 간 균형을 유지한다.

문제에 대한 이해는 요건 및 기능에 초점을 두며, 다양한 형태의 전문 분야 분석을 통해 이를 달성한다. 요건은 배분 과정을 통하여 설계 해법에 연결되어야 추적이 가능하다.

조정 및 관리 측면에서 시스템엔지니어링은 각 전문공학 분야의 종합뿐만 아니라 다음과 같은 점들을 고려해야 한다.

○ 시스템 요소들의 통합
○ 위험도 관리
○ 기술적 진도 파악
○ 설계목표비용(Design To Cost: DTC) 통제
○ 기술검토
○ 문서 통제
○ 기타 기술 활동에 대한 전반적 기획 및 통제

1) 시스템엔지니어링의 12가지 임무

실무 차원에서 시스템엔지니어링을 구성하는 구체적인 상세 임무는 전문가에 따라 다르게 구분되나 누구든 공통적으로 제시하는 임무들도 있다. 사실 정형화된 하나의 해답은 없으므로 여러 전문가들의 견해를 비교하고 그중에서 자신의 정황에 적합한 한 가지 모델을 취하거나 아니면 공통 역무를 기본으로 몇 가지 더 필요한 역무를 추가하는 방법을 택해도 무방하다. 이 절에서는 1996년 시스템엔지니어링협회(INCOSE) 총회에서 Sarah A. Sheard가 발표한 논문에서 제시된 12가지 임무를 살펴보고 기타 다른 전문가들의 견해를 비교해 보기로 한다.

시스템엔지니어링협회(INCOSE)는 학회지 창간호에서 시스템엔지니어링의 60가지 임무를 소개하였는데 Sheard는 이를 다시 12개 그룹으로 분류하고 그 후 4년간의 INCOSE 논문들을 검토, 이들 임무들이 어떻게 반영되었는지를 확인하였다.

(1) 시스템엔지니어링의 임무 구분

Sheard가 제시한 시스템엔지니어링의 열두 가지 임무를 간략히 요약하면 〈표 1-4〉와 같다.

RO: 요건 소유자(Requirements Owner)의 임무
이 임무는 몇 개의 요건관리 관련 역무들을 분류하여 합친 것인데, 고객 요건을 자

세하고 정연한 요건으로 변환하여 시스템과 하부시스템의 아키텍처 및 설계를 가능하게 하는 임무이다. 여기에는 외부 인터페이스를 이해하고 기능 아키텍처가 정확히 요건을 반영했는지를 확인하는 것이 포함된다. 요건 변경 필요성이 발생한 경우, 요건 소유자는 어떤 특정 요건을 수정함으로 인한 시스템 전반 및 하부시스템의 영향을 분석해야 한다.

이 임무의 형태는 프로젝트의 규모, 고객 요건의 상세 정도, 기업문화에 따라 민감하게 변한다. 대형 프로젝트일수록 다수 간의 의사소통이 원활히 이루어져야 하므로 보다 정형화된 과정을 필요로 하게 된다.

SD: 시스템 설계자(System Designer)의 임무

SD(시스템 설계자) 임무를 수행하는 기술자들은 다음과 같은 역무를 수행한다.

○ 상위 수준의 시스템 아키텍처를 창조
○ 주요 부품들을 설계 및 선정
○ 시스템 구성요소들로부터 시스템을 구축하는 방법을 모색
○ 이를 시스템 요건과 비교하여 시스템을 설계
○ 설계 결과를 미세 조율
○ 그 다음 하부시스템의 요건을 상세히 기술
○ 시방서를 만족하는 하부시스템이 존재 또는 개발 가능함을 확인

통상적으로 시스템엔지니어링 기술자들을 채용하는 프로젝트들은 복잡하기 때문에 아키텍처, 상위 레벨 설계, 통합, 검증 업무가 강조되는 경향이 있으며, 하위 수준의 개발에는 역점을 두지를 않는다.

SD(시스템 설계자) 임무는 요건이 개발되고 기능 아키텍처가 RO(요건 소유자)에 의해서 개발된 후에 수행된다. 물론 현실에서는 RO(요건소유자), SD(시스템 설계자)업무가 동시에 일어나며 특히 하부시스템 선정 및 하부시스템 요건 개발 과정에서 두 임무가 상호작용을 한다.

SA: 시스템 분석가(System Analyst)의 임무

시스템 분석 임무는 설계된 시스템이 요건에 합당한지를 확인하는 것이다. 전형적인 임무로는 하드웨어 시스템의 경우, 첫째로 시스템 중량, 둘째는 시스템 출력, 셋째는 시스템 처리량, 넷째는 출력(output) 예측 등이 있고, 소프트웨어 시스템의 경우는 첫째로 메모리 사용량, 둘째는 인터페이스 정보교환량, 셋째는 응답시간 등이 있다.

통상적으로 시스템 중 복잡한 부분일수록 이들이 적절히 기능을 수행하고 외부와의 인터페이스가 원활함을 보이기 위하여 모델링을 필요로 한다. 모델링은 또한 시스템 기술자, 기타 분야 기술자들이 시스템의 운영방법을 이해하는 데 도움이 된다.

대부분의 시스템 기술자들이 어떤 종류의 모델링을 하고는 있는데 이러한 모델링 활동은 저렴하고 고성능인 모사도구를 보유할수록 보다 활발해진다. 시스템 분석의 심도는 프로젝트의 형태에 따라 다르며, 복잡하고 위험도가 높은 시스템일수록 더 많은 시스템 분석을 필요로 한다.

VV: 검증/논증 기술자(Verification/Validation Engineer)의 임무

VV(검증/논증) 기술자는 시스템 검증 프로그램을 기획, 집행하며 설계, 구축된 시스템이 규정된 요건에 적합한지를 확인한다. 어떤 조직에서는 시스템엔지니어링 기술자가 상세 시스템 시험 계획 및 절차를 작성하기도 한다. 시스템 검증 과정에서는 검증 시나리오 중에 어떤 결과가 일어나야 하는가에 대한 의문이 생기게 마련인데 VV(검증/논증) 기술자는 이러한 질문에 즉시 답을 해야 하며 가능하다면 향후 거동을 예측해 주어야 한다.

VV(검증/논증) 기술자는 또한 시스템을 확실히 이해하여 비정상 상태를 설명할 수 있어야 하고, 필요시 전문가를 동원할 수 있어야 한다. 어떤 조직에서는 VV(검증/논증) 임무의 일부를 별도 시스템 시험 그룹이 수행하는데 통상적으로 시스템엔지니어링 그룹과 시스템 시험 그룹의 기능은 시스템 논증 프로그램에서 정의한다.

LO: 현장지원/운영 기술자(Logistics/Operations Engineer)의 임무

이 임무는 시스템 수명주기의 후반부를 담당한다. 이 단계에서 시스템엔지니어 기술자들은 간혹 고객을 위해서 시스템을 운영하기도 하지만 대개의 경우에는 비정상 상태에 관한 설명 및 해결을 요청받았을 때 고객을 지원한다. LO(현장지원/운영 기술자) 임무는 프로젝트 후반부에서의 주된 책임에 부가하여 요건, 설계, 개발 단계에서도 정비, 운영, 현장지원 및 폐기 관련 사항들을 반영시켜야 한다.

이 임무 중 사용자 지침서 작성을 위해서는 모든 설계, 운영상의 관점들을 이해하고 사용자들이 시스템에 대해서 알아야 할 사항과 몰라도 되는 사항들을 정의해야 한다.

G: 하부시스템 연계(Glue Among Subsystem)의 임무

이 임무에서 시스템엔지니링 기술자는 적극적 문제 해결사로 문제를 찾아내고 문제 발생 방지 조치를 마련한다. 문제들의 대부분이 인터페이스에서 발생하므로 이 임무는 내부 인터페이스에 대해서, 또한 하부시스템 간의 인터페이스에 대해서 밀착 접근을 할 필요가 있다.

하부시스템 설계자들은 자신의 하부시스템을 원하는 대로 만드는데 전력을 다하는 반면, G(하부시스템 연계) 기술자는 각 하부시스템들이 서로 인터페이스가 유지되는지를 감시 및 확인한다.

하드웨어 시스템의 경우를 예로 들면 전자파 문제가 생기는 것은 하부시스템 설계자가 시스템 전자장치에 영향을 줄 수 있는 구조재료를 선정하였기 때문이다. 소프트웨어 모듈 간의 인터페이스가 부실하면 "out of bound, race, inappropriate failure recovery process" 등의 문제가 야기된다. G(하부시스템 연계) 임무에 있어서 시스템 기술자는 폭넓은 경험과 전문분야 지식을 필요로 하며 문제해결에 지속적 흥미를 지녀야 한다.

CI: 고객 인터페이스(Customer Interface)의 임무

Rechtin은 시스템 아키텍트의 임무를 SD(시스템 설계자) 임무 + CI(고객 인터페이스)

임무로 정의하였다. 시스템엔지니어링 기술자는 고객의 관점을 대변하며 프로젝트 전 과정에서 고객의 입장이 존중되는지 확인할 것을 요청받을 수 있다. 또한 고객 측 기술창구와의 인터페이스 유지 기능을 수행하며, 시스템이 올바로 구축되었는지를 확인하고, 시스템의 세부 내용이 가능한 한 사용자 편의 위주로 구성되었는지를 확인한다.

CI(고객 인터페이스) 임무는 고객에게 인도되는 결과물이 있을 경우에만 수행되며 기업의 마케팅과정 임무를 전담 수행하는 것은 아니다. CI(고객 인터페이스) 임무는 조직이나 기업에 따라 매우 다양하게 전개된다. 어떤 경우에는 시스템엔지니어링 기술자와 고객 간의 대화를 금지하기도 한다. 이는 고객이 고위층과의 대화만을 원하거나 하위직에서의 무상 기술제공이나 추가계약 협의 요건을 자의로 해석하는 것을 염려하기 때문이다. 이러한 조직에서는 CI(고객 인터페이스)를 시스템엔지니어링 임무라고 생각하지 않는다.

그러나 어떤 조직에서는 프로젝트 전반에 걸쳐 시스템엔지니어링 기술자들을 고객 측 기술자들과의 일차적 창구로 임명한다. 이들 시스템엔지니어링 기술자들은 고객 측 기술진이 설계상의 결정사항과 그 근거, 발생된 문제 및 예상되는 우려사항에 대해서 항상 알 수 있도록 한다. 또한 변경 요청, 고객의 요청 및 그 근거와 이들의 영향에 대해 의사소통을 한다.

또 다른 조직에서는 시스템엔지니어링 기술자로 훈련된 인원들을 신규사업개발 부분에 순환 배치한다. 이들 시스템엔지니어링 기술자들이 제안서를 작성하고 하부 시스템 구축자들과 접촉하여 다양한 선택 대안들과 그 비용을 상의하도록 한다. 이것이 바로 수명주기 초기단계에서의 CI(고객 인터페이스) 임무이다. CI(고객 인터페이스)는 이 단계에서 역시 매우 활발하게 활동하는 SD(시스템 설계자)와 긴밀히 협조해야 한다.

TM: 기술관리자(Technical Manager)의 임무
기술관리는 프로젝트 관리의 일부이다. 여기에는 비용통제, 예산배분, 지원그룹 유지(형상 관리, 전산네트워크 유지, 재무 등)가 포함된다. 기술관리 업무는 간혹 프로젝트의 시스템엔지니어링 책임자에게 소속되기도 한다. 시스템엔지니어링이 일반 기업에도 확산됨에 따라 생산관리자 또는 생산기술자라는 명칭의 시스템 기술자가 생겨났다. 이들의 역할은 시스템엔지니어링 책임자와 유사하다. 다만, 그 휘하에 배당된 엔지니어의 숫자가 매우 적을 뿐이다.

소규모 프로젝트에서의 생산관리자나 생산기술자들은 대형 프로젝트에서의 기술 책임자들보다 더 자주 영업, 비용, 공정 책임자의 직함을 지닌다.

IM: 정보관리(Information Manager)의 임무

형상 관리를 시스템엔지니어링 업무라고 보는 견해도 있는데 이는 주로 시스템엔지니어링 역무를 사업관리라고 보는 경우에 발생한다. 정보시스템은 갈수록 복잡해지고 중요해지고 있으며, 따라서 이 업무는 자료관리 및 자산 관리로까지 확대될 것이다.

자신의 능력을 증진시키려는 조직은 우선 척도를 정의하고 이를 달성하려고 시도한다. 프로젝트 척도를 지닌 조직은 전사적인 광범위한 식견을 지닌 자에 의해서 정보가 관리되고 있다고 볼 수 있다.

PE: 프로세스 기술자(Process Engineer)의 임무

이 임무는 최근에 생긴 시스템엔지니어링 임무이다. 시스템엔지니어링 담당자는 조직 또는 프로젝트의 시스템엔지니어링 과정들을 문서화하고, 이를 준수하며, 보관, 개선해야 한다. 이 임무는 또한 시스템엔지니어링의 척도를 정의하고 이를 달성할 수 있도록 해야 한다.

최근에 들어서 산업계의 리엔지니어링은 리엔지니어링 그룹의 구성 필요성을 야기했고 시스템엔지니어링 과정에서 훈련된 인원들이 리엔지니어링 작업 참여를 요청받고 있다. 이는 복잡한 제품 개발 기술이 바로 비즈니스 과정 설계에도 적용될 수가 있음을 의미한다.

기업의 생존을 위한 시스템 콘셉트 개발 방법론

CO: 조정자(Coordinator)의 임무

시스템엔지니어링 기술자는 광범위한 시야를 지니고 있으므로 종종 그룹 간 조정을 통해서 시스템상의 문제를 해결하고 합의점 도출이나 합의가 안 되는 경우의 권고안을 제시한다. 시스템엔지니어링 기술자 부재 시에도 완전한 시스템을 구축하기 위한 조정기능은 필수적이다. 이 임무를 수행하는 조직은 상설 조직일 수도 있고, 특정문제 해결을 위해 시한부로 결성, 운영한 후 해산할 수도 있다. 각 팀 내의 리더십과 작업규범을 배양하는 것이 무엇보다도 중요하다.

CA: 구인 광고에 기술된 업무(Classified Ads SE)

구인광고를 보면 절반 이상의 광고가 시스템엔지니어링에 대해서 엉뚱한 요구를 하고 있다. 대부분이 컴퓨터 시스템의 소프트웨어 엔지니어로서 컴퓨터 시스템 전반에 대한 식견을 지닌 자를 시스템 기술자로 생각하고 있다. 즉, 앞에서 열거한 11종류의 임무와는 별개의 임무를 의미하고 있다. 사례를 보면 다음과 같다.

- 전술한 11종류의 임무 + 컴퓨터 전문가(구인 불가)
- 주전산기 책임자 역할
- 전산학자보다는 덜 학구적이나 응용력이 크며, 프로그래머보다는 시야가 넓은 자

이러한 인물에 대한 합당한 명칭이 없어서 구인자는 통상 이들을 시스템기술자라고 부르고 있다.

아래 〈표 1-4〉는 시스템엔지니어링 12가지 임무를 요약한 것이다.

역할 분류	관련 업무
RO: 요건 소유자	· 요건 소유, 관리, 배분, 유지 · 시방서 작성 및 소유, 기능 아키텍처 개발 · 고객 요건에 따른 시스템, 하부시스템 개발
SD: 시스템 설계자	· 시스템 설계, 소유, 아키텍트 · 설계 아키텍처 개발 · 수석 기술자, 특수공학
SA: 시스템 분석가	· 시스템 분석, 성능 모델링, 기술예산 관리 · 시스템 모델링 및 모사, 위험도 모델링, 특수공학
VV: 검증/논증 엔지니어	· 검증/논증, 시험, 시험계획, 시스템시험프로그램 소유 · 시스템 sell-off(매각)
LO: 현장지원/운영 엔지니어	· 현장지원, 운영, 보수, 폐기, 사용자 지침서 작성 · 운전원 훈련교재 작성
G: 하부시스템 연계	· 하부시스템 연계, 시스템 통합, 내부 인터페이스 소유 · 허점, 문제 발견, 위험도 파악 · 프로그램의 기술적 conscience(양심) 유지
CI: 고객 인터페이스	· 고개 인터페이스, 고객 옹호, 고객 대리, 대 고객 창구
TM: 기술관리자	· 기술책임, 사업계획, 공정관리, 기술 역무 추적 · 위험도 관리 프로그램 소유, 생산관리, 생산기술
IM: 정보관리자	· 정보책임, 형상 관리, 자료관리, 척도
PE: 프로세스관리자	· 프로세스기술, 사업프로세스 리엔지니어링, 사업 분석 · 시스템엔지니어링 프로세스 소유
CO: 조정자	· 전문부서 간 조정, 팀장, IPT팀장, 시스템 문제해결
CA: 구인광고에 기술된 업무	· 컴퓨터 시스템을 고려한 임무들

2) 임무의 조합

INCOSE(국제시스템엔지니어링협회)는 초기에 시스템엔지니어링의 임무를 크게 두 가지, 첫째로 특정 수명주기 임무들의 집합, 둘째는 시스템엔지니어링 기술자의 임무를 시스템 및 하부시스템엔지니어링을 조정, 추적, 관리. 즉, 사업관리 관점에서의 임무로 구분했었다.

INCOSE는 1995년 중반에 이르러 시스템에 대해서, 그리고 1996년 초에서야 시스템엔지니어링에 대한 공식적인 견해를 제시하게 되었는데, INCOSE의 정의에 따르면 수명주기 임무는 RO(요건 소유자), SD(시스템 설계자), VV(검증/논증 엔지니어), LO(현장지원/운영 엔지니어)가 순차적으로, 그리고 SA(시스템 분석가)가 지속적으로 또는 특정 단계에서 진행되는 것으로 설명하였다.

DSMC(Defense System Management College)는 시스템엔지니어링을 사업관리 위주로 기술하였는데 이는 대형 프로젝트에서 자연적으로 나타나는 경향으로서 TM(기술관리자), G(하부시스템 연계), IM(정보관리자), CO(조정자), CI(고객 인터페이스)가 이에 해당된다.

3) 임무 배분

시스템엔지니어링은 매우 광범위한 분야이다. 한 사람이 전술한 12가지 임무를 모두 수행할 수는 없으며 평생을 살아도 모든 임무를 경험할 수는 없다. 일부 조직들은 이들 임무 중 일부가 시스템 기술자라고 지칭되는 그룹이 수행하는 것이 적절하다는 것에 동의하지 않지만 이들 업무의 대부분이 중요함에는 동의하고 있다.

시스템엔지니어링을 대형 프로젝트에 적용하는 경우, 시스템엔지니어링의 각 업무가 엔지니어들에게 배분된다. 시스템기술자로 지정된 각자는 하부시스템 또는 소프트웨어의 구성요소들을 통찰하는 임무를 지니게 된다. 또한 각자는 하부시스템 경계에서의 조정자 역할도 수행하게 된다. 이와 유사하게 전술한 12가지 임무들은 각자 또는 각 그룹에 배분된다. 예를 들어 성능분석 그룹은 SA(시스템 분석가) 임무에 나열된 임무들을 수행하게 된다.

한 명 내외의 고급 시스템기술자들이 시스템 아키텍트 역할을 부여받기도 하는데 이는 SD(시스템 설계자) 임무에 속한다. 임무의 우선순위는 프로젝트마다 다르므로 임무를 수행할 담당자도 다르게 마련이다.

4) 임무 간 상호 작용

어떤 복잡한 지식을 분해하는 것은 가히 예술이라 할 수가 있다. 시스템엔지니어 기술자들의 임무를 지정해 보는 것도 예술이다. 각 임무를 고유 특성과 임무 간의 의사소통을 고려하여 설정했음에도 불구하고 임무 간 경계에서 현저한 간섭이 일어나게 마련이다.

중요한 간섭 몇 개를 예시해 보면 다음과 같다.

(1) 위험도
- 위험도 분석은 SA(시스템 분석가)
- 위험도 도출은 G(하부시스템 연계)
- 위험도 관리(완화 대책 등)는 TM(기술 관리자)

(2) 설계 검토
- 시스템 기술자의 검토 추적 항목 설정: TM(기술 관리자)
- 외부 검토: CI(고객 인터페이스)
- 이해 당사자 간 면밀한 검토 완료 확인: G(하부시스템 연계)

(3) 척도
- 필요한 과정척도 도출 및 측정방법 확립: PE(프로세스 관리자)
- 척도를 의사결정에 활용: TM(기술 관리자)
- 측정 실시: 시스템 기술자

(4) 고객 인터페이스
- 고객 위주로 유용성과 운전 적합성을 확인: LO(현장지원/운영 엔지니어)
- 규정된, 설계된, 구축된 시스템이 고객이 원하는 것임을 확인: RO(요건 소유자)
- 프로젝트 전 과정에 걸쳐 고객과 더불어 다양한 인터페이스에서 활동: CI(고객 인터페이스)

5) 다른 견해들과의 비교

위에 논의한 12가지 임무 중 불특정 임무의 집합을 통칭한 12번째 임무를 제외하고 나머지 11가지 임무를 INCOSE에서 발표된 여러 논문들과 비교해 본 결과 이들 11가지 임무를 모두 포함하는 사례는 없었으며, 동일한 견해를 가지는 논문들도 없었다. 다만 한 가지 공통점은 여러 사람들이 RO, SD, SA 임무를 언급했고, VV, G 임무도 그와 대등하였다는 사실이다. 이는 앞에서 언급한 수명주기 임무 개념과 대략 일치한다. 그래서 이를 시스템엔지니어링의 기본 임무로 간주할 수 있다는 결론에 이르렀다. 〈표 1-5〉는 이들 INCOSE 논문들의 견해와 위의 11가지 임무를 비교한 것이다.

6) 시스템엔지니어링의 핵심 요소

성공적인 시스템엔지니어링 활동을 위해서는 다음의 7가지 핵심 요소가 필요하다.

(1) 시스템엔지니어링 관리계획서

시스템엔지니어링 관리계획서(SEMP: System Engineering Management Plan)는 완전히 통합화된 기술 활동들을 어떻게 수행하고, 관리해야 하는지를 기술한 포괄적인 문서이다. SEMP에 대해서는 제4장 4절에서 설명하고 있다.

<表 1-5> 시스템엔지니어링 12가지 임무

참고 논문	RO	SD	SA	VV	LO	G	CI	TM	IM	PE	CO
Bahill 94		▲	△								
Beam 94	△	△	△	△	△	△					
Blanchard 94	△	△		△	△	△					△
Boehm 94		▲	▲			▲					
Dick 94	△		▲				△			△	
Fabrycky 94	△	△	▲	▲							
Friedman 94	△		△	△	△	△		△	△	△	
Grady 94	△	△	△			▲	△	△		△	
Hatley 94	▲	▲	▲								
Lacy 94	△							▲		▲	
Lake 94	▲	△	△	▲	△	△	△	△	△		△
Mar 94	▲	▲	▲	▲				△	▲		
Rechtin 94		▲	△			△	▲				
Sage 94	△	△	△					△	△	▲	
Wymore 94	△	△	△	△	△						
Bate 95(SE-CMM)	▲	▲	▲	▲		▲	△	▲	△	△	▲
CAWG 95(SECAM)	▲	▲	▲	▲		△		▲	△	▲	▲
DSMC 90	▲		△	▲	▲	▲		▲	△		△
Matty 95	▲	▲					△	▲		▲	▲
Mckinney 95	▲	△	▲			▲			△		△
Sheard 95	▲	△		▲		▲	▲	△			▲

▲ 일차적 고려 △ 이차적 고려

기업의 생존을 위한 시스템 콘셉트 개발 방법론

(2) 시스템엔지니어링 기본 일정

시스템엔지니어링 기본일정(SEMS: System Engineering Master Sche-dule)은 개발과정의 중요 업무들에 대한 수행 일정을 각 업무의 달성기준에 따라서 취합한 문서이다. SEMS는 사건(event) 기준으로 작성하는데 제4장 5절에서 설명하고 있다.

(3) 시스템엔지니어링 상세 일정

시스템엔지니어링 상세일정(SEDS: System Engineering Detailed Sche-dule)은 SEMS에서 도출한 역무들과 사건들을 달성하는데 필요한 역무별 상세 일정이다. SEDS는 시간 기준으로 작성하는데 제4장 5절에서 설명하고 있다.

(4) 업무분류체계

업무분류체계(WBS: Work Breakdown Structure)는 시스템 및 이의 구성요소의 개발과 생산을 위한 시스템엔지니어링 활동의 결과로 생산된 하드웨어, 소프트웨어, 설비, 자료 그리고 서비스로 구성된 결과물 지향적인 가계도라고 할 수 있다. WBS로서 프로젝트를 완전하게 정의할 수가 있다. WBS는 개발 또는 생산 대상인 결과물과 공정을 나열하여 정의한다. 또한 필요한 업무 요소들을 서로 연결하고 이들을 최종 결과물에 연결시킨다. WBS는 다분야 협동팀의 역무 부여와 비용추적 및 통제를 위한 지침 구조이다. WBS는 제8장 4절 3항에서 기술하고 있는 합성 업무를 통해서 확장, 개선된다. 프로젝트 진도 평가는 시스템엔지니어링 통제 및 통합화 과정에서 WBS 기준으로 수행된다. 시스템엔지니어링 통제 및 통합화에 대해서는 제8장 3절 2항에서 설명하고 있다.

(5) 요건

요건(Requirement)은 주어진 조건하에서 특정 목표를 성취하는 데 필요한 달성 수준을 제시한다. 요건은 어떤 강제성(threshold)일 수도 있고 단순히 목표 강제성이란 반드시 달성해야 하는 어떤 절대조건을 의미한다. 반면에 목표란 어떤 수준에 도달할 수 있는 가능성 희망을 의미하나 반드시 그대로 달성할 필요는 없는 것을 의미한다.

초기 요건(구동 요건, driving requirement)은 제8장 4절 1항에 기술한 요건분석 과정에서 정의된다. 도출요건(derived requirement)은 제8장 4절 2항에 각각 기술한 기능 분석배분과 합성 과정에서 정의되어 기능별, 시스템 구성요소별로 배분된다. 계약에 포함된 요건들은 승인된 시방서에 기술된다. 설계목표비용(DTC)은 요건으로 취급해야 하며 비용분류체계(CBS: Cost Breakdown Structure)에 문서화되어야 한다.

(6) 기술성과 측정

기술성과측정(TPM: Technical Performance Measurement)은 기술적 성능요건이나 목표의 달성도를 평가하기 위한 기법이다. 기대(expected) 성과는 프로젝트 기간 중 여러 시점에서 결정된다. 실제 성과 또는 예측(predicted) 성과는 기대 성과와 비교하게 된다. 프로젝트 기간 중 한 시점에서의 기대 성과를 달성하지 못한 변수들은 해당 성과를 변경 부여하거나 요건을 수정하는 과정을 통해서 위험도 완화 또는 요건 변경 후보과제가 된다.

(7) 기술검토 및 감사

기술검토 및 감사는 프로젝트의 기술적 진전을 기술적, 계약적 요건에 대비하여 평가하는 행위이다. 기술검토 및 감사는 개발 활동 전개 과정상의 전환시점에 실시하여 기수행된 작업에서 야기된 문제점이나 쟁점들을 발견, 시정하여 프로젝트의 중단 또는 지연 위험도를 줄여야 한다.

7.
시스템엔지니어링 핵심 고려사항

시스템엔지니어링 절차의 적절한 준수 및 조정은 제품의 품질 및 경제성 증진과 개발기간 단축에 공헌할 것이다. 그러나 시스템엔지니어링을 성공적으로 적용하기 위해서는 다음에 기술한 몇몇 핵심 사안들을 반드시 고려, 확인해야 한다.

1) SEMP의 필요성

SEMP(Systems Engineering Management Plan)는 프로젝트 관리계획(Project Management Plan)을 참조하여, 프로젝트 관리계획과 동시에 작성하여야 한다. SEMP는 프로젝트 내의 모든 기술적 활동들을 다루어야 한다. SEMP는 프로젝트의 비용, 일정 및 성능 목표를 달성하기 위한 기술조직, 명령 및 통제 체계를 규정한다.

SEMP는 시스템엔지니어링 관리, 시스템엔지니어링 절차의 조정, 프로젝트 수명주기에서의 기술분야들의 통합에 관하여 정의하고 방법을 기술한다. SEMP는 일차적인 기술계획서이기 때문에 프로젝트 규모에 상관없이 모든 프로젝트는 SEMP를 작성해야 한다. SEMP는 프로젝트의 규모 및 복잡도에 맞추어 조정해야 하며, 개발의 전 과정을 다루어야 한다. 프로젝트가 진척됨에 따라 SEMP는 새로운 프로젝트 요건 및 활동의 변경을 반영할 수 있도록 정기적으로 갱신해야 한다.

2) SEMS와 SEDS의 연계 필요성

SEMS(Systems Engineering Master Schedule)는 프로젝트 내의 중요 사건들과 이들의 완료 기준을 나열한 것이다. SEDS(Systems Engineering Datail Schedule)는 SEMS에서 도출한 사건들과 관련 역무들을 완료하기 위하여 필요한 기술역무 상세일정이다. SEDS는 상세 역무들과 이들간의 상호의존성, SEMS의 각 사건 및 역무들의 개시 및 종료 시점을 요약, 기술한다. SEDS는 프로젝트 요건을 반영하여 정기적으로 갱신해야 하며, 프로젝트 수명주기에 걸쳐 SEMS와 SEDS의 연계성을 유지해야 한다.

3) 다분야 협동팀의 구성

프로젝트 성공의 핵심 요소는 동시공학 수행을 위한 다분야 협동팀의 구성이다. 결과물과 과정의 융합이 강조됨에 따라서 효율적인 의사소통을 위하여 각 역무들이 서로 연관성을 지니는 그룹이 새롭게 필요하게 되었다. 다분야 협동팀이 지니는 가장 기본적인 이점은 팀원 간의 직접 의사소통으로 많은 문제들을 신속하게 해결할 수가 있으며, 따라서 개발주기 단축, 결과물과 과정의 성능을 개선할 수가 있다.

팀 구성원은 프로젝트의 각 단계 및 역무에 따라서 변경된다. 다분야 협동팀은 그 구성원이 시스템공학, 전기설계, 기계설계, 소프트웨어 개발, 제조, 품질보증, 구매, 정비, 협력업체, 기타 전문분야를 대표하는 경우에 가장 효과적이다. SEMP, SEDS, WBS와 SEMS를 사용하여 프로젝트 관리자는 문제나 쟁점을 도출, 시정하기 위하여 적절한 시기에 적절한 팀을 구성할 수 있다.

4) 설계목표비용(DTC) 설정

강력한 비용관리를 위해서는 DTC 관리계획이 핵심 요소이다. 바람직한 성과를 얻기 위해서는 DTC 관리계획을 프로젝트 초기부터 작성, 실행해야 한다. 세부적인 비용목표가 WBS 내의 특정 역무에 얼마나 잘 안배되었는지에 따라서 이 계획의 성패가 좌우된다. 설계목표비용은 이를 요건(일반적으로 기술 요건)과 동일하게 중요시할 경우에 더욱 용이하게 달성할 수 있다.

5) 효과적인 검토 활동

계약상의 의무와 내부적인 필요성에 의한 검토는 품질개선, 비용 억제, 일정준수를 위하여 매우 효과적인 기법이다. 검토는 제품 수명주기 전 단계에 걸쳐 이루어져야 한다. 검토계획은 프로젝트 초기에 입안하여 기술적 성숙도를 평가할 수 있어야 한다. 검토는 계획된 검토개시 시점에서만 실시해야 하며 그 이전에는 실시하지 말아야 한다.

프로젝트 관리자는 일정에 차질이 없게끔 시간과 자원을 제공하여 검토업무를 지원해야 한다. 설계 진도를 검증하기 위해서는 검토방법을 조정해야 효과를 얻을 수가 있다. 경험이 있는 각 분야의 전문가들이 검토과정에 참여하여 문제를 발견하고 해결할 수 있어야 검토활동의 효과를 기대할 수가 있다.

6) 프로젝트 관리와 시스템엔지니어링 융화

이 절에서는 시스템엔지니어링 관리 역무를 시스템엔지니어링 조직의 구성원들만이 수행하는 것으로 정의하지는 않는다. 시스템엔지니어링 관리 역무는 프로젝트 관리자, 시스템엔지니어링 관리자, 통합제품팀(IPT: Integrated Product Team) 및 구성원들이 수행할 수 있다. 시스템엔지니어링 프로젝트 관리간의 업무중복을 피하기 위하여 책임소재를 명확하게 정의해야 한다. 이 책임소재는 업무분장표(RAM: Responsibility Assignment Matrix)를 이용하여 WBS(Work Breakdown Structure), OBS (Organizational Breakdown Structure)를 명료하게 반영하여야 한다.

7) 시뮬레이션 도구의 효과적인 사용

시뮬레이션(simulation)을 통하여 여러 설계 대안들을 검토함으로써 의사결정 과정을 개선할 수 있으며, 설계(안)들 간의 절충(trade-off) 연구 효과를 향상시킬 수가 있다. 시뮬레이션을 통하여 상대적으로 짧은 기간에 제품이 성능요건에 알맞도록 설계되고 있는지를 증명할 수 있다. 시뮬레이션을 통해서 시제품(prototyping)을 조기에 구현하면 개발기간 단축, 위험도 최소화, 신뢰도 증진 및 성능 향상이 가능하다.

8) 공용 도구 및 데이터베이스 확립

모든 기술 분야가 접근 가능한 공용 데이터베이스를 보유한다고 해서 효과적인 의사소통이 보장되는 것은 아니다. 그러나 데이터베이스는 모든 기술 분야가 동일한 정보를 활용하여 의사결정을 하고 누구나 결과를 즉각적으로 파악할 수 있도록 해준다.

공용 데이터베이스를 활용하면 정보의 중복을 배제할 수 있고 정보관리 효율이 증진되며 자료보안 문제를 최소화할 수 있다. 또한 결과물 및 과정에 대한 정보들을 보다 효과적으로 동시에 생산하여 개발 기간(상용화 기간)을 단축할 수가 있다. CAE, CASE, CIM, CAM 등 도구 및 통합 데이터베이스를 성공적으로 활용하기 위해서는 다음에 열거한 사항들이 필요하다.

○ 장기, 단기 전략을 모두 수립
○ 가용 기술의 이점을 활용하기 위한 과정의 리엔지니어링
○ 여러 가지 도구와 데이터베이스의 통합. 필요하다면 도구와 데이터베이스 간의 호환성을 확보하기 위한 인터페이스를 확보
○ 필요한 교육 훈련 실시
○ 도구 및 데이터베이스의 유지 관리
○ 척도(metrics)를 사용하여 과정을 평가함으로서 요건과 결과 간의 불일치를 확인

기대효과로는 생산성과 품질의 향상, 상용화 기간 단축을 들 수가 있다.

9) 시스템적 접근을 통한 시스템 개발

시스템엔지니어링 기술자는 다음과 같은 순서의 주제를 다룬다.

○ 고객 요건 분석
○ 시스템 아키텍처 정립
○ 시스템, 하부시스템, 구성요소로 시스템 분해(decompose)
○ 요건 도출을 위한 시스템 분석
○ 요건 확인 및 시험성 확인을 위한 검증/시험

하향적(top-down), 구조적 접근 방식을 사용할수록 시스템 또는 제품의 최종 사용자가 만족할 가능성이 높아진다.

제2장

시스템의 주요 개념

1.
용어 정의

1) 시스템

시스템이라는 용어는 최종 생산품(end products)들의 통합체와 이들의 보조 결과물(enabling products)을 의미한다. 시스템의 최종 생산품과 보조 결과물은 하드웨어, 소프트웨어, 인력, 시설, 데이터, 자재, 서비스, 기법 등으로 구성된다.

2) 아키텍처

IEEE의 아키텍처기획그룹(SESC, 1966)은 아키텍처를 다음과 같이 정의하고 있다.

"아키텍처란 주어진 환경에서 시스템의 최상위 개념이다. 아키텍처적 설명이란(architectural description) 시스템의 아키텍처에 대해서 기록하고 의사소통을 하기 위한 모델(문서, 제품, 기타 인위적인 것)을 말한다. 아키텍처적 설명에서는 여러 관점들을 '각자가 해당 영역에서의 고려사항들을 기술하며 시스템을 묘사한 것'을 전달하게 된다."

즉, 아키텍처는 시스템의 구조, 운영상의 인터페이스 관계, 사용법, 시스템 각 요소들의 상호 작용에 대해서 다룬다. 또한 아키텍처는 각 시나리오들 '시스템 요소들의 형상(configuration), 상태(state), 형태(mode), 시스템의 기본 목표 및 임무에서의 거동

(behavior)을 기준으로 정의할 수도 있다.'

3) 요건

요건(requirement)이란 주어진 일정 조건들에서 특정 목표들을 달성하기 위해서 필요한 성취 수준을 나타낸 것 또는 문서 또는 계약상의 의무 조항을 의미한다.

요건에는 기본적으로 세 가지 종류, 즉 기능(functional) 요건, 성능(performance) 요건, 제약(constraint) 요건이 있다. 제약 요건의 예로는 법률, 정치, 정책, 절차, 윤리, 기술, 인터페이스 사항 등을 들 수 있다.

요건서(requirement statement)는 통상적으로 위의 세 가지 기본 요건의 혼합체이다. 예를 들어 요건서에서는 필요 기능과 아울러 필요 성능을 정의하기도 한다.

각 요건에 대해서는 달성 가능한 조건들을 반드시 정의해야 한다. 이러한 조건들의 예로는 환경, 형상, 상태, 형태 등을 들 수 있다. 강제 요건(threshold)은 전통적으로 "해야 한다(shall)"이라는 단어를 사용함으로써 표현할 수 있다. 권고(비강제 요건으로 목표라고도 칭함)는 전통적으로 "하는 것이 좋다(should)"라는 단어를 사용함으로써 표현할 수 있다.

기능 요건이란 필요한 역무(task), 조치(action), 행위(activity)들로서 반드시 성취되어야 하는 것, 또는 시스템 또는 그 결과물 중 하나가 반드시 수행해야 하는 것을 의미한다.

성능 요건이란 시스템 또는 그 결과물 중 하나가 기능을 수행할 때 반드시 어떻게 기능해야 하는가를 규정한 것이다.

도출(derived) 요건이란 일차적인 근원 요건 또는 상위 수준의 도출 요건으로부터 도출·정리된 요건, 또는 시스템의 특정 요소를 다루는 과정에서 야기된 요건을 의미한다.

요건의 본질에 대해서는 제2장 5절에서 보다 상세히 설명하였다.

4) 이해관계자, 고객, 사용자의 차이점

요건은 고객한테서만 나오는 것이 아니라 시스템 결과물이나 이들의 개발 및 사용에서 얻은 결과들을 기대하는 또는 필요로 하는 이해관계자(stakeholder)들로부터 나올 수도 있다.

이해관계자의 예로서는 취득자, 사용자, 고객, 제조자, 설치자, 시험원, 정비원, 최고경영자, 사업책임자를 들 수가 있다. 이들의 집합체인 기업 또는 기관, 그리고 일반 대중 역시 시스템 관여자이다.

고객은 개인 또는 조직으로서 시스템을 엔지니어링할 것을 의뢰하거나 또는 최종 결과물의 잠재 구매자이다. 사용자는 시스템의 최종 결과물을 사용하는 개인 또는 조직이다.

5) 이해관계자 요건과 기술 요건의 차이점

이해관계자 요건은 비기술적인 용어들(예: 필요하다, 원한다, 희망한다, 기대한다)로 자주 기술되며 일반적으로 설계에 사용하기에는 적합하지가 않다. 또한 이해관계자 요건의 이행 여부는 통상적인 검증기법으로는 검증이 불가능할 수가 있다. 그러나 인도된 최종 결과물이 결국에는 이해관계자에 의해서 판정되므로 이해관계자 요건이 성취도 측정의 척도가 되는 것이다.

시스템의 상위 계층(layer)에서 비기술적 용어로 규정된 이해관계자 요건들은 각 개발 계층에 적합한 기술 요건으로 변환시킬 필요성이 자주 생긴다.

기술 요건은 이해관계자 요건으로부터 도출하는데 명료하고, 애매하지 않으며, 측정 가능한 기술적 용어들로 규정된다. 기술 요건은 이행 여부의 검증이 가능하며, 이해관계자 요건에 대한 직접적 추적이 가능하고, 해결 대상인 기술적 문제를 정의한다.

6) 요건과 설계의 차이점

요건은 이해관계자들이 수용 가능해야 하고, 할 수 있는 것이 무엇인가 측면에서 강제성이나 권고의 의미를 가질 수 있다. 설계는 기술의 응용을 통해서 가능한 것이 무엇이냐를 다룬다. 설계는 이해관계자들의 필요를 충족시키기 위해서 구현된 심적 의미나 발명이며, 설계자의 의도를 모은 것이다. 설계 내용(features)은 다음과 같은 여러 요소에 의해 결과물의 일부가 된다.

○ 설계자의 의식적인 결정
○ 설계자의 무의식적인 결정
○ 제작자, 시험자, 설치자, 사용자 등의 결정 사항 및 조치

설계 내용은 결과물을 실제 사용에 투입하기까지 전 과정에서 언제나 추가될 수가 있다. 따라서 이 추가된 설계 내용이 이해관계자 요건을 위반하지 않았는지 확인하는 것이 중요하다. 설계 내용의 추가는 비용의 증가, 안전이나 품질 저해, 제품수명 단축을 야기할 수도 있다.

7) 요건과 시방서의 차이점

요건은 다양한 이해관계자들의 요구사항들을 문서화한 것이다. 반면에 시방서는

특정 이해관계자들 간에 합의된 요건들을 문서화한 것이다. 통상적으로 시방서에 대한 합의가 이루어지기 이전에 그 시방서를 사용할 하부 접수자로부터 시방서 요건 달성 타당성에 대한 의견을 수집한다.

자주 발생하는 실수는 모든 요건들이 대등하게 중요하다고 취급하는 것이다. 요건 간의 우선순위를 잘못 지정하는 것은 더 심한 경우이다. 시방서에서 각 요건에 우선순위를 부여하는 경우는 별로 없으나 만약에 절충 가능한 요소들을 명확히 기술하면 비용절감과 납기단축의 효과가 지대할 것이다.

8) 검증과 논증의 차이점

검증(verification)과 논증(validation)은 시스템엔지니어링 과정상의 활동들과 연관된 역무이다. 검증은 '선정된 해결책이 규정된 기술 요건을 충족시키면서, 관련 결과물들과 적절히 통합될 수가 있는지'를 검토한다. 논증은 '요건들이 서로 일치하며 상위 레벨 요건에 부합되는지'를 검토하는 것이다. 다시 말해서 검증은 '문제를 올바르게 해결했음'을 검토하는 것이고 논증은 '올바른 문제를 다루고 있음'을 검토하는 것이다.

논증을 위해서는 사용자들로 하여금 사용자 고유의 현장 조건하에서 수 종류의 인수시험을 하도록 하는 경우가 있다. 자주 발생하는 실수는 시스템이 전부 통합되고 시험될 때까지 즉, 설계인증을 받을 때까지 확인을 미루는 것이다. 논증은 제품 수명주기 중 가능한 한 조속히 이루어져야 한다.

사용자 요건 및 기타 이해관계자 요건들로부터 최초의 기술 요건들이 도출되면 이 기술 요건들이 원천(source) 요건에 적합함을 확인해야 한다. 따라서 요건의 조기 논증을 위해서는 요건에 대한 완전한 추적성 확보가 필수적이다. 요건의 하향 흐름에 대해서는 제2장 5절에서 상세히 논의하고 있다.

2.
시스템 계층구조

시스템에 대한 핵심 요건들이 자주 간과되는데, 그 이유는 시스템의 수명주기에 대해서 이해를 잘하지 못하거나 시스템의 보조 결과물들을 제대로 정의하지 않아서이다. 보조 결과물이란 최종 결과물들을 운영에 투입하고 운영을 지속시키며 적절히 폐기시키기 위한 수단을 제공하는 도구를 의미한다.

이 절에서는 시스템의 수명주기를 설명하고, 보조 결과물의 형태를 정의하며, 보조 결과물의 사례를 제시하고, 시스템 수명주기 및 보조 결과물에 대한 완벽한 정의가 왜 유용한지를 설명하고자 한다. 또한 보조 결과물의 형태와 시스템 수명주기 사이의 관계도 설명하고자 한다. 시스템의 수명주기와 보조 결과물에 대하여 완전히 살펴봄으로써 시스템을 엔지니어링하기 위하여 필요한 요건들을 심층 반영하였음을 확인할 수 있을 것이다.

우선 빌딩 블록(building block) 개념을 정의하기로 한다. 빌딩 블록은 시스템엔지니어링 과정을 적용하기 위한 골격 역할을 한다. 시스템엔지니어링 과정은 전체 시스템 내 각 빌딩 블록에 대해 적어도 한 번은 적용된다.

1) 시스템 블록

시스템엔지니어링에 대한 산업표준인 IEEE 1220에서는 기본 시스템 블록(basic building block of a system)을 다음과 같이 정의하고 있다.

> "시스템, 시스템 관련 결과물, 결과물과 결과물의 고객을 지원하기 위한 수명주기 과정, 결과물을 구성하는 하부시스템"

IEEE 1220은 시스템분류체계(SBS: system breakdown structure)라고 불리는 큰 구조를 정의하기 위해 이러한 기본 시스템 블록을 사용하고 있다([그림 2-1]). Harwell은 "Anatomy of the Engineering of a System, 1996"에서 블록의 간단한 형태를 개발, 제시하였다. 본 절에서는 시스템 블록에서 나타난 보조 결과물들 간의 관계와 시스템의 수명주기에 대해서 초점을 맞추어 설명하기로 한다.

이러한 새로운 접근 방식에서는 다섯 가지의 요소를 각기 구분하여 다루게 되는데, 그것들은 첫째로 시스템 구획, 둘째는 최종 결과물 관련 하부시스템, 셋째는 최종 결과물, 넷째는 보조 하부시스템(enabling subsystems) 그리고 다섯째, 보조 결과물이다. [그림 2-2]는 [그림 2-1]과 유사한데 상기 요소들 중 처음 네 가지 간의 관계를 나타내고 있다.

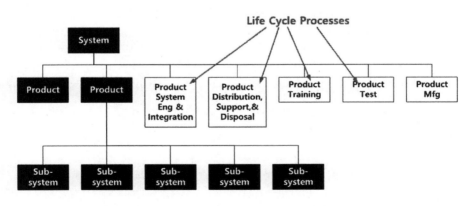

[그림 2-1] IEEE 1220에서의 기본 시스템 블록

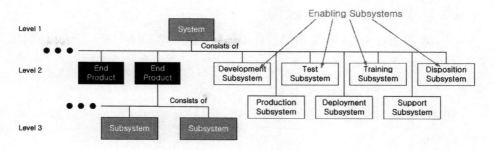

[그림 2-2] 시스템 블록에 대한 다른 견해

각 보조 결과물들은 보조 하부시스템에 연계되어 있다. 시스템 혹은 제품을 개발하는 프로젝트에서는 전체 시스템을 구성하는 구획 간의 계층구조(hierarchy)가 존재한다. 이 계층구조의 각 층(tier)을 개발층(development layer)이라고 부른다. 이러한 새로운 접근방식은 시스템 개발에 관련된 모든 요건들이 적절히 반영되었음을 확인하는 데 도움이 될 것이다.

(1) 과정의 순환 반복적 적용

시스템엔지니어링 과정은 각 블록의 각 개발층에서 순환 반복적으로 적용된다. 프로젝트의 하부시스템은 별도의 고유 구획을 갖는다. 각 구획 시스템은 하나 또는 그이상의 최종 결과물(End Product)을 필요로 한다. 각 최종 결과물들은 하나 또는 그이상의 하부시스템을 필요로 할 수가 있다. 최종 결과물에 대한 더 이상의 개발이 필요 없는 경우에는 그 이하의 하부시스템을 정의할 필요가 없다. 하부시스템은 바로 아래 개발층의 블록으로 취급된다(개발층에 대해서는 제2장 3절에서 설명하고 있다).

(2) 보조 하부시스템

[그림 2-2]에서 흰색의 상자들을 보조 하부시스템(Enabling Subsystems)으로 칭한다. 보조 하부시스템은 최종 결과물 개발과정에서 시스템의 수명주기 동안 고려해야할 사항들을 나타낸다. 각 보조 하부시스템은 소관 보조 결과물들을 갖는다. 예를들어 시험 장비는 시험이라는 보조 하부시스템을 위한 보조 결과물이다.

(3) 보조 결과물(Enabling Products)

각 시스템 블록은 다음에 열거하는 것들을 위한 수단으로써 보조 결과물을 필요로 한다.

○ 각 개발층의 최종 결과물을 운영에 투입
○ 적절한 운영을 도모(최종 결과물의 적절한 유지 보수 및 사용자 훈련)
○ 최종 결과물의 적절한 폐기

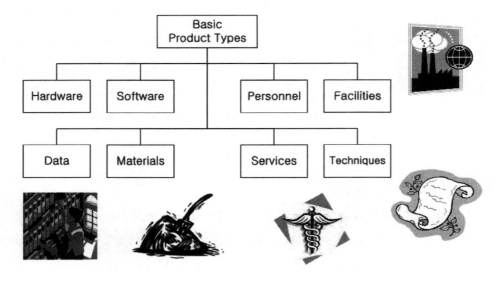

[그림 2-3] 결과물의 기본 형태

보조 결과물들은 최종 결과물 또는 시스템 내 관련 구성요소(예: 인력)에 대한 집행 기능을 수행하여 시스템 및 그 구성요소(components)의 적절한 운영을 확인시킨다.

한 개발층의 보조 결과물들은 다른 개발층의 보조 결과물과는 아무런 연관도 없을 수가 있다. 예를 들어서 시스템 레벨에서 하부시스템들을 통합하기 위한 생산 설비들은 하부시스템 생산설비와 전혀 다를 수가 있다.

2) 결과물의 기본 형태

시스템은 다양한 구성요소들로 이루어진다. 시스템 자체가 구성요소이며 각각의 구성요소가 하나의 시스템이라고 할 수도 있다. 하나의 구성요소는 [그림 2-3]에 나타난 바와 같이하나 또는 그 이상의 기본 형태들로 이루어진다. 여기서 시스템 결과물이란 단지 하드웨어 혹은 소프트웨어뿐만이 아니라는 점에 유의해야 한다. 이해관계자들을 만족시키기 위해서 필요한 기능들을 수행할 수 있는 많은 다른 형태의 결과물들이 존재한다.

결과물이란 생산 또는 획득해야 하는 시스템 구성요소들 중의 하나이다. 어떤 구성요소들은 제작이나 변형이 필요 없이 획득(구매)이 가능하다.

(1) 결과물의 분류체계

기본적인 결과물 형태들이 반드시 서로 배타적인 것은 아니다. 예를 들면, 어떤 사람들은 설비란 하드웨어와 인원을 포함한다고 생각할 것이고, 반면에 다른 사람들은 설비에서 하드웨어와 인원을 구분해서 생각할 것이다. 어떤 사람들은 서비스란 기법이라고 말할 것이다. 여기서 유념해야 할 것은 개발되는 시스템 내에 모든 구성요소들이 올바르게 포함되어야 한다는 것이다. 결과물 형태들에 대한 분류체계(taxonomy)는 모든 기본 사항들이 다루어지고 있음을 확인하는 점검표로 사용될 수 있다.

또한, 결과물의 기본 형태 중에는 일부 산업계에만 적용되는 것들도 있다. 유념할 사항은 필요한 시스템 거동을 단지 하드웨어와 소프트웨어에만 할당해서는 안 된다는 점이다.

(2) 결과물 형태의 사례

각 결과물에 대한 사례는 아래와 같다.

하드웨어

컴퓨터 프로세서 유닛, 연필, 레이더 세트, 종이, 우주왕복선 구조물, 전화기, 디젤

엔진

소프트웨어
PC 운영 시스템, 펌웨어, 위성 제어 알고리즘, 로봇 제어 코드, 전화기 스위칭 소프트웨어

인원
우주비행사, PC사용자, 사무원, 경영자, 우주비행 개, 버스 기사, 출납원

시설
우주 로켓 발사대, 창고, 선박 도크, 활주로, 철도 선로, 회의실, 터널, 교량, LAN케이블

자료
인사 기록, 위성 원격측량 자료, 지휘통제 명령, 고객 만족 점수

재료
흑연 복합체, 금, 콘크리트, 석재, 유리섬유, 레이더 흡수재, 피복금속

서비스
택배, 장거리 전화, 정찰, 피자 배달, 잔디 가꾸기

기법
납땜, 정비 요청 관리, 변경 통보 관리, 전화 응답, 프로젝트 일정 관리

재료는 강철처럼 일반적인 기본소재와 피복금속, 흑연복합체, 건물골재 등의 혼합소재로 구분할 수가 있다. 인원은 통념상으로는 '결과물'이 아니지만 관여하고 있는 시스템에 따라서 결과물이 될 수도 있다. NASA의 우주 프로그램이라는 시스템은 우주비행사들을 양성하고 있으며 이들을 외부로부터 고용할 수 없기 때문에 이 경우

인원은 하나의 결과물로 간주된다. 간혹 서비스는 시스템이 수행하는 기능으로 간주되지만 일반적으로 서비스를 수행하기 위해서는 특수한 하드웨어와 소프트웨어를 필요로 한다. 서비스는 때로는 외부 시스템에 의해 수행되는 기능으로서 자체 통제가 불가능하다. 그 사례로 국세청을 들 수 있다. 그러나 외부 시스템에 서비스 기능을 배분하는 것이 가장 비용 효과적인 경우도 있다. 그럼에도 불구하고 가장 경제적이고 시장 진출이 용이한 시스템을 구축함에 있어서 이 점이 가장 간과되고 있다.

(3) 결과물에 대한 완전한 정의

결과물을 완전히 정의하기 위해서는 요건, 개념, 구조, 그리고 용어를 고려해야 한다.

요건
구성요소의 역할, 성능, 사용 조건, 제약 조건 등에 관한 요건들

개념
개발, 생산, 시험, 투입, 설치, 운영, 지원 및 폐기의 수명 전 주기에 걸친 환경과 외부 구성요소들 간의 상호작용에 대한 개념들(예: 운영 개념, 정비 개념)

구조(아키텍처)
구성요소 및 다른 구성요소들과의 연관 구조들로서 구성요소의 외부 구조, 상부 구조 및 구성요소를 이루고 있는 하부 구조를 포함한다. 구조에는 인터페이스, 소유권, 형상 등 모든 관련 속성들이 포함된다.

용어
구성요소 내의 요소(element)들의 명칭, 그리고 요건, 개념, 구조의 특수 사항 관련 용어

3) 개발층

하나의 블록으로는 오늘날 보편화된 복잡한 문제에 대해서는 완벽한 해결책을 정의하기가 어렵다. 만약에 최종 결과물의 하부시스템에 대해서 추가적인 개발이 필요하다면 이 최종 결과물은 고유의 블록을 지니게 될 것이다. 일단 초기 블록의 최종 결과물에 대한 표현이 종료되고 최종 결과물의 하부시스템에 대한 예비 표현이 종료되면 그 블록의 바로 하부층에 대한 개발을 개시할 수 있다.

[그림 2-4]에서와 같이 블록들은 계층구조를 형성할 수 있도록 상호 연결된다. 블록을 확정하기 위한 이러한 층별 접근은 다음 지점에 도달할 때까지 계속된다.

○ 한 블록의 하부시스템이나 최종 결과물을 제작할 수 있을 때
○ 기존의 결과물들로 하부시스템이나 최종 결과물 요건을 만족시킬 수 있을 때
○ 하부시스템이나 최종 결과물을 외부로부터 공급받을 수 있을 때

블록의 구조는 각 사안마다 다양하게 바뀔 수 있다.

[그림 2-5]는 전체 프로젝트에 대한 블록 계층들이 어떤 모양인지를 보여주고 있다. 블록의 바닥은 최종 결과물들이나 이들의 하부시스템들을 외부로부터 공급받을 수 있을 때 또는 더 이상의 설계가 필요 없을 때 형성된다 즉, 그 최종 결과물들의 보조 결과물이 모두 존재하며 이들이 서로, 또한 전체적인 해법에 대하여 호환성을 지닐 때 블록은 어떠한 개발층에서도 바닥에 이를 수가 있음을 유의해야 한다. 추가 개발을 필요로 하는 한 블록은 지속적으로 정의된다. [그림 2-5]에서 보면 시스템엔지니어링 과정이 매 블록에서 최소한 27회 적용되었음을 알 수가 있다.

시스템엔지니어링 과정은 나름대로의 개발을 필요로 하는 어떠한 보조 결과물에 대해서도 적용될 수가 있다. 예를 들어 어떤 특수 목적의 시험 장비가 아직 설계되지 않았을 경우에는 고유의 개발, 생산, 시험, 투입 등(고유의 보조 결과물)을 필요로 한다. 즉, 보조 결과물이 다른 최종 사용자(시험 기술자)에게는 최종 결과물이 될 수도 있다.

이것이 바로 시스템엔지니어링의 순환 반복적 속성이다.

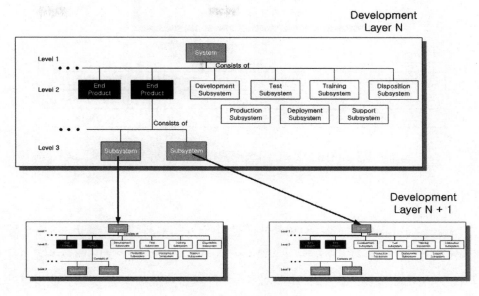

[그림 2-4] 블록 간의 관계

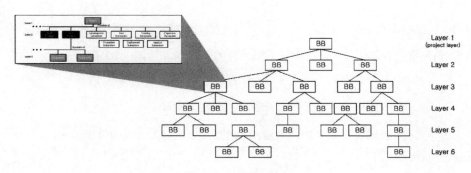

[그림 2-5] 블록의 계층구조

4) 시스템 수명주기 활동들

시스템이나 주요 구성요소들의 수명주기(life cycle)에서의 전형적인 순차적 활동은 [그림 2-6]에 나타난 것과 같다. 이들 수명주기 활동들을 〈표 2-1〉에 정의하였다.

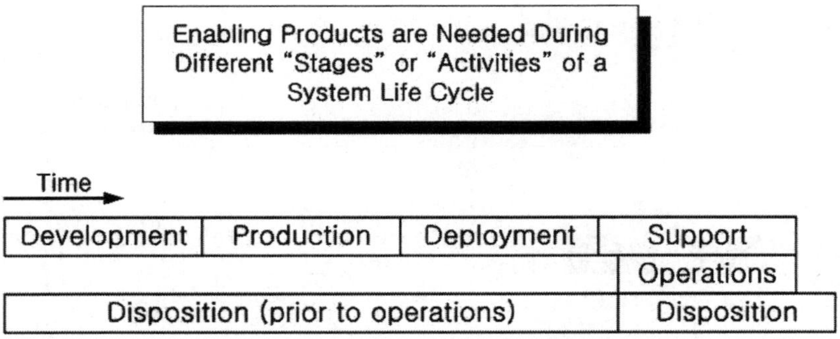

[그림 2-6] 시스템 또는 시스템 구성요소의 수명주기 활동

[그림 2-6]에서 시험 및 훈련은 명확히 구분된 활동으로 제시되지 않았음에 유의하기 바란다. 훈련은 통상적으로는 지원활동의 일부로 간주되지만 시스템 수명주기의 어떠한 시점에서도 실시할 수가 있다. 예를 들면 생산인력들은 그들이 생산할 장비의 사용법을 훈련받아야 한다.

시험은 통상적으로는 언제든 실시할 수가 있다. 결과물은 개발 중에는 기술자, 생산 중에는 생산기술자, 운영 중에는 운영자들이 시험하게 된다.

〈표 2-1〉 수명주기 활동들의 정의

개발 Development	문제를 분석하고 해결책을 합성한다. 요건 합당성을 점검하고 설계상의 가정들을 논증하기 위한 모델을 정립한다. 설계업무가 완전히 인증되고 모든 요건들이 적용되었을 때 또는 적절한 편차에 대해서 승인을 얻었을 때 종료된다.
생산 Production	사용자가 사용하기 위해서 결과물 단위들을 제조한다.
투입 Deployment	판매, 수송, 또는 설치 준비가 된 상태의 결과물 단위들을 창고 혹은 판매점에 가져다 놓는다. 결과물을 판매대기 상태로 놓는다. 결과물 단위들을 납품, 설치, 사용 준비하는 것을 포함한다.
지원 Support	가동 수명기간의 예방정비 또는 고장정비를 포함한다. 사용, 정비, 폐기, 행정 관련 인력들에 대한 훈련을 포함한다. 소모품들(연료, 화학 제품들, 종이)과 예비품의 공급을 포함한다. 현장에서의 결과물 관련 행정(예: 통화대기 서비스 제공) 업무를 포함한다. 정비 필요시점을 파악하고 정비 역무 일정을 수립하는 것은 행정 업무이다.

운영 Operation	최종 결과물들을 사용한다.
폐기 Disposition	가동 이전에 발생한 폐기부산물, 고철 등 잡물, 폐기대상 장비를 폐기한다. 가동 중에는 가동 단위의 실태 파악과 수명기간 중 발생하는 폐기물(예: 소모품, 에너지 용품, 고장 기기) 처분을 위한 활동을 포함한다. 가동 수명 종료시점에서의 결과물이나 시스템을 폐기한다. 재사용 또는 장기 보관을 위한 결과물 반송이 포함될 수도 있다. 재사용을 위해서는 무용한 부품의 교체를 위한 새로운 개발 활동, 또는 신기술을 적용한 개선 활동이 종종 필요하다. 재사용 준비가 끝난 제품들은 새로운 수명을 시작, 즉 수명주기를 반복하게 되는 것이다.

5) 시스템 보조 결과물

모든 산업 부문에서 필요한 보조 결과물들의 형태를 모두 정의하기는 아마도 불가능할 것이다. 이 절에서 우리가 할 수 있는 것은 보조 결과물의 예를 제시하며, '개발자는 그들이 속한 산업 부문에 대한 보조 결과물 형태를 정의해야 한다.'라는 사실과 '개발자는 시스템분해구조(System Breakdown Structure)의 각 개발층에 대한 보조 결과물을 도출하고 정의해야 한다.'라는 사실을 인식하는 것이다.

<표 2-2>는 보조 결과물들의 형태와 수명주기 활동들 사이의 연관관계를 나타낸 것이다. 여기에서 유의할 것은 투입(deployment)은 분배(distribution), 설치, 점검, 기타의 보조 결과물 형태들을 사용하고 있다는 것이다.

〈표 2-2〉 보조 결과물들과 수명주기 활동 간의 연관관계

보조 결과물 형태	개발	생산	투입	지원	운영	폐기
개발	x					
제작	x	x		x		
통합	x	x	x			x
시험	x	x	x	x		x
분배			x			
설치			x	x		x
점검			x	x		
훈련		x	x	x	x	x
운영					x	
행정			x	x		x
정비				x		x
재사용		x	x	x		x
처분	x	x	x	x	x	x
영업	x	x		x		x
기타						

〈표 2-2〉에서 예시하지 못한 다른 보조 결과물들이 존재하는 것은 분명하다. 그러나 여기서 정의한 수명주기 활동들은 모든 시스템 및 결과물들에 대하여 나름대로 올바르고 완전하다고 할 수가 있다.

(1) 보조 결과물의 사례

〈표 2-3〉은 여러 유형별 보조 결과물의 사례를 나열하고 있다(결과물의 정의에는 하드웨어, 소프트웨어, 인원, 시설, 자료, 자재, 서비스, 기법이 포함됨을 기억하기 바란다). 특정 시스템의 개발에 필요한 각 보조 결과물들은 구매, 개발 또는 정의되어야 한다.

〈표 2-3〉에서 인원은 보조 결과물의 한 사례로 나타나 있다. 이는 비록 사람이 실제로 개발되는 것은 아니지만 이 인원들의 기존 특성이나 요구 특성은 정의해야 하

기업의 생존을 위한 시스템 콘셉트 개발 방법론

기 때문이다. 정의되어야 할 인원의 특성으로는 지식(Knowledge), 숙련도(Skill), 능력 (Ability), 동기(Motivation)를 들 수가 있다(조직행동학적 전문용어로는 KSAM으로 알려져 있다). 이런 의미에서 볼 때 훈련 활동의 목적은 비효율적인 훈련생들에게 특정 KSAM 을 부여하는 것이다.

이들 도구들의 대부분은 수명주기에 걸쳐서 다목적으로 사용이 가능하다. 예를 들어, 설계에서 가정한 것을 논증하기 위해서 제작한 공학적 모형은 향후 사용자 훈련, 통합과정에서의 실물모형 제작, 생산 과정에서의 지원 도구, 영업 활동에서의 전시품으로 사용할 수가 있다. 시스템분류체계의 개발 과정에서 보조 결과물들에 대한 다목적 용도를 반드시 정의해야 하며 잠재적 상충사항을 도출하여 해결해야 한다.

한 블록 내의 보조 하부시스템들은 최종 결과물(운영)에 대하여 수명주기 활동들을 수행하기 위한 방법을 제공한다. 각 집행 하부시스템들은 최종 결과물들을 사용 가능하게 하고, 이들을 항상 사용대기 상태로 유지하며, 사용 후에는 이들을 폐기하기 위한 고유의 보조 결과물들을 가진다.

〈표 2-3〉 보조 결과물의 사례

보조형 하부시스템	보조 결과물의 사례
개발	개발 계획서, 일정, 기술 정책 및 기술업무 절차서, 종합화 정책 및 절차서, 공용 데이터베이스, 자동화 도구, 분석 모형, 실물 모형, 케이블 및 기타 접속 구조물(최종 결과물 또는 다른 보조형 하부시스템에 포함되어 있지 아니한 결과물)
생산	생산 계획서, 일정, 제작 정책 및 절차서, 제작 설비, 지그, 특수공구 및 장비, 제작공정, 소재, 생산 및 조립 지침서, 측정 장비, 인원 자격증
시험	시험 계획서, 일정, 시험 정책 및 절차서, 시험용 모형, 실물(무게/부피) 모형, 특수 공구 및 장비, 시험대, 특수 시험 설비 및 시험장, 측정 장비, 모사/분석 모델, 입증 시험 및 축소 시험용 모델, 검사 절차서, 인원 자격증
투입	투입 계획서, 일정, 투입 정책 및 절차서, 실물(무게/부피) 모형, 포장재, 특수 저장 시설 및 장소, 취급용 특수 장비, 특수 수송 장비 및 시설, 설치 절차서, 설치용 브라켓 및 케이블, 설치 절차서, ship alteration 도면, 현장 레이아웃 도면
훈련	훈련 계획서, 일정, 훈련 정책 및 절차서, 시뮬레이터, 훈련용 모형, 훈련 과정 및 교재, 특수 훈련 시설, 운영/정비 요원 자격증
지원	지원 계획서, 일정, 지원 정책 및 절차서, 특수 공구 및 정비 장비, 정비 보조 모듈, 특수 서비스(긴급 전화, 고객용 전화 등), 특수 지원 시설 및 취급 장비, 정비 지침서, 정비 기록 시스템, 최종 결과물에 내장되지 아니한 특수 진단 장비

폐기	폐기 계획서, 일정, 폐기 정책 및 절차서, 재사용 작업 시설 및 장비, 특수 처분 시설 및 처분장, 기사용 최종 결과물 처분용 특수 장비

(1) 보조 결과물의 중요성

위험도가 없이 시스템을 개발하기 위해서는 시스템, 최종 결과물, 및 보조 결과물 내의 모든 관련 보조 결과물들과 보조 하부시스템의 구성요소에 대한 완벽한 정의와 이해가 필요하다.

구성요소에 대한 완벽한 정의를 위해서는 최종 결과물에 대한 요건, 개념, 구조, 용어를 반영해야 한다. 또한 최종 결과물에 관련된 모든 보조 결과물을 도출하는 것이 중요하다. 종종 이에 대한 적절한 배려가 이루어지지 않아서 비용 초과, 일정 지연, 프로젝트 취소를 초래할 수도 있다.

6) 시스템 통합

시스템엔지니어링은 시스템 요소(element)들의 통합(integration)을 중요시한다. 이는 당연한 사실이다. 그러나 어떠한 시스템과 어떠한 요소들이 통합되어야 하는가에 대해서는 아직 다루지 않았다.

시스템엔지니어링 과정을 적용함에 있어서는 항상 여러 개의 시스템이 관련된다. 첫째로 사용자에게 도착하면서 최종 제품이 나오는 시스템이 있다. 이것을 때로는 최종 결과물이라고 부른다. 또한 최종 결과물을 제작하는 시스템도 있다. 기타 검증(또는 시험), 투입, 설치, 훈련, 정비, 행정, 폐기에 관련된 시스템들도 있다.

또한 결과물과 연관이 없는 요소, 즉, 프로세스, 방법, 도구, 환경 등도 존재한다. 기술이나 사람도 고려해야 한다. 통합을 요하는 요소들은 이처럼 매우 많다. 이 절에서는 통합을 필요로 하는 것들과 완전 통합을 확신하도록 하는 몇 가지 수단들에 대하여 기술하기로 한다.

(1) 시스템 통합의 정의

'시스템 통합'이라는 표현이 자주 사용되는 만큼 오해도 자주 생기며, 또한 완전한

기업의 생존을 위한 시스템 콘셉트 개발 방법론

의미를 파악하는 경우가 거의 없다. 통합제품팀(IPT: Integrated Product Team), 통합제품프로세스개발(IPPD: Integrated Product and Process Development)이라는 말들을 자주 하는데 무엇을 통합해야 하는지가 항상 애매하다.

American Heritage Dictionary는 통합을 다음과 같이 정의하고 있다.

- To make into a whole by bringing all parts together; unify
- To join with something else; unite

Webster's New Collegiate Dictionary는 통합을 다음과 같이 정의하고 있다.

- To form, coordinate, or blend into a functioning or unified whole; unite
- To unite with something else
- To incorporate into a larger unit

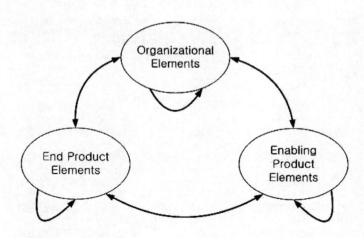

[그림 2-7] 프로젝트 내의 다양한 요소들의 통합

(1) 프로젝트 요소의 통합

기본적으로 프로젝트 내에는 통합되어야 할 세 가지 유형이 있는데 그것은 첫째로 조직적 요소, 둘째는 최종 결과물적 요소, 셋째로 보조 결과물적 요소이다. 프로젝트 내 각 요소들의 통합은 한 유형 내 요소들 간 뿐 아니라 [그림 2-7]처럼 세 가지 유형 간에서도 이루어져야 한다.

조직적 요소들은 사람, 시설(건물, 전화, 기타 인프라 등), 조직 구조, 정책과 절차, 컴퓨터, 네트워크, 지원(우편, 복사, 법률상담 등) 등으로 구성된다. 최종 결과물과 보조 결과물 요소들은 결과물의 다양한 속성(요건, 기능, 제약 등)과 결과물 자체로 구성된다.

(2) 통합의 유형

〈표 2-4〉는 프로젝트 수행상 필요한 통합의 유형들과 통합에 필요한 활동들을 요약한 것이다. 표에 나타난 통합활동 중 '시스템엔지니어링 관리' 활동의 대상은 조직적 요소들이다. 다른 통합 활동들의 대상은 프로젝트의 최종 결과물적 요소들과 보조 결과물적 요소들이다.

〈표 2-4〉 통합 유형과 시스템엔지니어링 활동의 관련성

통합 유형	관련 시스템엔지니어링 활동
분야	시스템엔지니어링 관리
팀	시스템엔지니어링 관리
프로젝트(자신)	시스템엔지니어링 관리
프로젝트(+외부기관)	시스템엔지니어링 관리
시스템엔지니어링 도구	시스템엔지니어링 관리
기타 공학적 도구	시스템엔지니어링 관리
방법(+다른 분야의 방법)	시스템엔지니어링 관리
프로젝트 환경(+기타 환경)	시스템엔지니어링 관리
결과물[+인력(운영자, 설치자, 정비자 등)]	합성
요건	요건 분석
기능	기능 분석
결과물(논리적)	합성
결과물(물리적)	시스템 통합 및 검증

기업의 생존을 위한 시스템 콘셉트 개발 방법론

표에서 보듯이 프로젝트 내에는 통합 유형이 많고 이들 중 대부분은 시스템엔지니어링 프로세스를 적용해야 한다. 누가 시스템엔지니어링 활동을 수행하는가는 나타나 있지 않지만 이는 프로젝트책임자, 기술책임자, 프로젝트기술책임자, 시스템기술자, 설계기술자 누구나 할 수가 있는 것이다. 개발자(개발기관, 개발조직)는 시스템엔지니어링 활동의 책임을 부여할 권한을 지닌다. 중요한 점은 모든 관련 업무들이 실제로 부여되고 수행되어야 한다는 것이다.

3.
결과물 개발

1) 개발 프로젝트 환경

[그림 2-8]은 시스템엔지니어링 과정을 적용하기 위한 개발 프로젝트의 환경이다. 이 환경에서 프로젝트에 필요한 정책과 절차가 확립되며 프로젝트 별 계획이 작성된다. 이를 위한 프로젝트 별 적용 도구들이 있을 수도 있다. 프로젝트 관리층은 소관 프로젝트를 검토하고 계획, 일정 대비 진도를 평가할 척도를 수집한다.

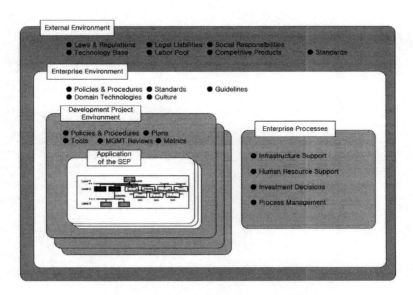

[그림 2-8] 개발 프로젝트의 주요 인터페이스

각 개발 프로젝트는 한 사업조직 내(즉, 기업 내 또는 정부 기관 내의 1개 조직)에 존재한다. 한 사업 조직 내에는 여러 프로젝트가 존재하며 서로 자원 확보 경쟁을 하게 된다. 이러한 환경이 정책과 절차가 확립되도록 한다. 또한 결과물 개발 과정에서 각 프로젝트를 지원하기 위한 표준과 지침이 존재하게 된다. 한 프로젝트가 반드시 인출해 내야 하는 기술(사업 조직의 핵심 경쟁력과 연관되는)이 존재하며 또한 기업문화가 존재한다.

개발 프로젝트에 영향을 주는 사업 조직 외적 요인으로는 법령, 법적 책임, 사회적 책임, 기술력, 노동 시장, 경쟁 상품, 산업계 표준 등을 들 수가 있다.

개발 프로젝트 환경 내의 이러한 모든 요소들이 시스템을 엔지니어링 하는 방식에 영향을 미친다. 따라서 이들이 지니는 영향력을 반드시 인식하고 이해해야 하는 것이다.

(1) 사업 조직 업무와의 인터페이스

사업 조직은 프로젝트를 지원하기 위한 고유의 업무를 지닌다. 이들 업무(인프라 지원, 인적 자원 지원, 투자 결정, 과정 관리)가 프로젝트의 성패에 현저한 영향을 미칠 수가 있다.

인프라 지원을 통하여 다음 사항들이 가능하다.

○ 기업 내 지식 공유 데이터베이스
○ 자원 관리(시설, 토지, 자동차 등과 같은 비인적자원)
○ 조달(구입, 창고 등)
○ 연구 개발용 실험실
○ 도구 지원(사무적, 기술적)
○ 정보관리 시스템
○ 계약
○ 보안

인적자원 지원을 통하여 다음 사항들이 가능하다.

○ 충원

○ 채용 지원

○ 복리 후생

○ 훈련

투자 결정을 통하여 다음 사항들이 가능하다.

○ 신규 사업 개발

○ 사업 사례 분석

○ 전략 기획

○ 관리층 검토

○ 시장 확보

프로세스 관리를 통하여 다음 사항들이 가능하다.

○ 프로세스, 방법, 도구의 개발

○ 프로세스, 방법, 도구의 확보

○ 프로세스, 방법, 도구의 투입과 이에 대한 지원

○ 프로세스, 방법, 도구의 개선

○ 프로세스 매트릭스의 수집, 분석

○ 교훈 기록 및 전파

(2) 사업 조직 내의 다른 프로젝트와의 인터페이스

사업 조직 내에는 자원, 기술, 인력을 공유하는 다른 프로젝트들이 있을 수가 있으며 같은 시장 영역 내에서 활동하는 여러 프로젝트들이 있을 수도 있다. 또한 이 프로젝트들은 유사한 생산 라인을 지닐 수도 있다.

프로젝트 간의 결합 또는 협조 과정에서 잠재적인 상충 또는 이득이 예상될 경우에는 프로젝트 내에서 개발 활동을 하면서 다른 프로젝트들에 대하여 알아야 할 필요가 있다.

2) 획득자/공급자 관계

　위에서 언급한 사업 조직 내의 다른 프로젝트들 중 어떤 것들은 한 프로젝트의 상부 프로젝트(super-project) 또는 하부 프로젝트(sub-project)가 될 수도 있다. [그림 2-9]는 이러한 상부, 하부 프로젝트 간의 관계를 보여주고 있다. 상부 프로젝트는 결과물 시방서를 통하여 요건을 하부 프로젝트로 하향 전달하며 만약에 구입이 필요한 경우에는 구매시방서를 통하여 요건을 하향 전달한다.

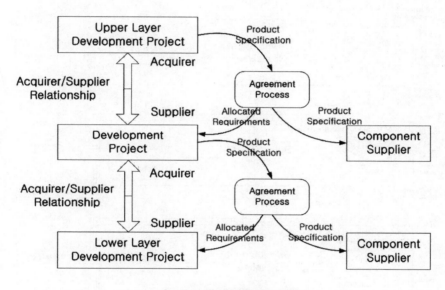

[그림 2-9] 획득자/공급자 관계

　시스템엔지니어링 프로세스에 의하여 이러한 시방서들이 작성되며 또한 요건을 관리한다. 시스템엔지니어링 프로세스 중 요건 정의 프로세스에서는 구성요소 공급자 또는 하층 프로젝트의 요원이 참여하는 것이 현명한 방법이다.

　협정의 수단으로는 정식 계약에서부터 악수 교환까지 여러 형태가 있을 수가 있으나 대부분의 경우 협정각서(MOA) 또는 양해각서(MOU)가 사용된다.

3) 개발 계층구조

[그림 2-10]은 프로젝트 내 개발층(development layer) 사이의 관계를 보여주고 있다. 하층으로 갈수록 한 프로젝트 내에서 자체 개발이 가능하거나 하부 프로젝트, 하청 계약자, 생산자 또는 공급자로 외주가 가능하다. 최하층의 결과물들을 구축 또는 획득하고 시험한 후에는 이들을 통합하기 위해 차상층으로 보낸다.

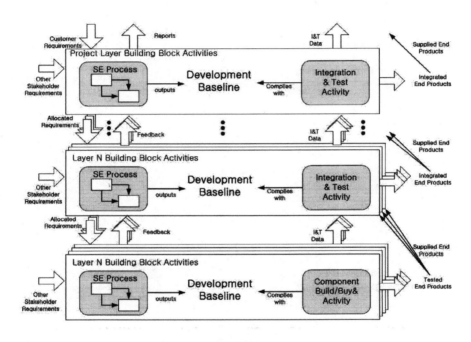

[그림 2-10] 개발 활동 전반에서의 시스템엔지니어링 프로세스

이러한 과정은 모든 시스템이 통합, 시험될 때까지 계속된다. 각 단계에서의 통합은 시스템엔지니어링 프로세스에 의해서 확립된 해당 단계의 개발기준(development baseline)을 적용해야 한다. 한 개발층의 요건들은 상층에서 또는 고객으로부터만 제시되는 것이 아니라 다른 이해관계자들로부터도 제시될 수 있음에 유의해야 한다.

4) 보조 결과물의 동시 개발

각 블록에서의 보조 결과물들이 이미 존재하고 있지 않다면 이들을 개발 또는 획득해야 한다. [그림 2-11]은 보조 결과물들이 최종 결과물 그리고 다른 보조 결과물들과 어떻게 통합되어야 하는지를 보여주고 있다.

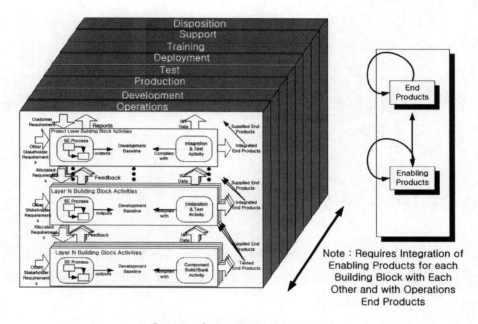

[그림 2-11] 보조 결과물의 동시 개발

4.
블록 구조의 다양한 용도

빌딩 블록(building block)은 앞에서 정의한 용도 이외에도 프로젝트에서 다양한 용도로 사용할 수가 있다.

1) 시방서의 계층구조

시방서 수목(tree)은 [그림 2-12]에 나타난 것처럼 구획과 일치해야 한다. 구획을 이용하여 최종 결과물, 보조 결과물 모두에 대한 요건들이 적절히 정의되었고 문서화되었는지를 확인할 수가 있다.

각 집행 하부시스템의 개발 과정에서 요건들이 정립되어 이들이 보조 결과물 시방서로 변환된다.

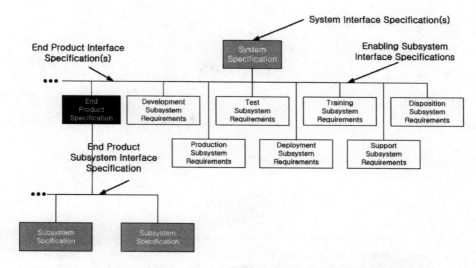

[그림 2-12] 결과물 시방서, 인터페이스 시방서와 빌딩 블록의 관계

2) 기술 검토

　블록의 요소들에 관련되는 다양한 기술 검토 활동이 [그림 2-13]에 나타나 있다. 그림에서 검토는 하부에서 상부로 실시하는 것이 바람직하다.

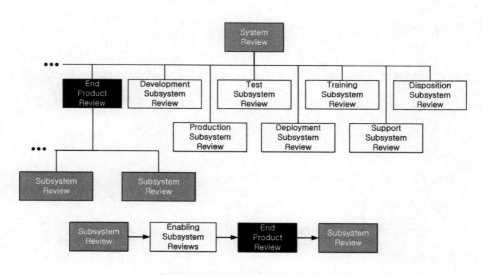

[그림 2-13] 블록과 기술 검토의 관계

3) 프로젝트 팀의 조직

[그림 2-14]는 블록 구조에서 프로젝트가 어떻게 조직될 수 있는지를 보여주고 있다. 물론 한 프로젝트는 그림과는 달리 다른 프로젝트 팀을 거느릴 수도 있다. 다른 형태의 팀(예: leadership, cross-product, cross-project)에 대한 설명은 제6장을 참고하기 바란다.

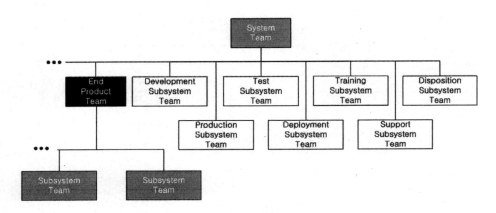

[그림 2-14] 프로젝트 팀과 블록의 관계

4) 기타 용도

블록은 프로젝트 요건 데이터베이스 구축에 아주 적합한 구조를 지닌다. 블록과 유사한 데이터베이스 형태를 사용하면 요건관리와 형상 관리 효율을 현저히 증진시킬 수가 있다. 블록은 또한 다음과 같은 용도로 쓰일 수가 있다.

○ 업무분해구조에 투영될 프로젝트 역무를 정의
○ 개발 위험도 평가
○ 프로세스의 계층구조를 정의
○ 프로세스의 평가 척도를 정의

5.
요건의 본질

1) 원리 및 개념

요건이 지니는 몇몇 기본적인 특성들에 대해서는 INCOSE의 요건관리실무그룹이 작성한 논문인 "What is a requirement?(Harwell et al. 1993)"에 잘 정의되어 있다. 이 논문은 다음과 같은 기본 개념을 바탕으로 작성되었다.

"그 어떤 것이 반드시 달성, 변환, 생산 또는 제공되도록 명령하는 것이 요건이다."

이 절에서는 훌륭한 요건을 작성하기 위한 방법은 논하지 않기로 한다. 이에 대해서는 INCOSE의 요건관리 실무그룹이 작성한 논문인 "Writing Good Requirements (Hooks 1993)"에서 잘 설명하고 있다. 그러나 여기서 논의하고자 하는 요건에 관한 몇몇 원리들은 요건 분석자들 및 요건 작성자들에게 도움이 될 것이다.

(1) 요건 관련 활동

"품질이란 요건을 따르는 것이다(Crosby 1979)"라는 말이 있다. 품질은 고객의 요구를 만족시키는 것이고, 고객의 요구가 바로 요건이기 때문이다. 요건 개발과 관리에는 아래의 활동들이 포함된다.

○ 고객, 제품/서비스의 잠재 사용자로부터 요건들을 도출

○ 위 고객/사용자 요건들을 논증, 정의하고 우선순위 부여

○ 이행, 검증이 가능하도록 요건들을 구체화

○ 요건들을 이행하기 위한 대안들을 도출

○ 요건들에 가장 합당한 균형 있고 확고한 대안을 선택

○ 선택한 대안을 실행한 결과 요건에 합당함을 검증

이들 역무 중 첫 번째와 두 번째는 일반적으로는 시스템엔지니어링 관련 역무로 간주되지 않고 있다. 이는 전통적으로 이 두 역무를 정부 내 계약담당기관(정부 구매 시스템) 또는 영업조직(상용 시스템)이 수행해 왔기 때문이다. 그러나 현재, 또 앞으로 시스템엔지니어링 기술자들이 성공적으로 일을 하기 위해서는 사용자와 고객들이 진정으로 필요로 하는 것이 무엇인가를 더욱더 잘 알아야 한다.

(2) 문제 영역

본질적으로 요건들이 문제 영역(problem space)을 정의하는 반면에 설계는 해법 영역(solution space)을 정의한다. 요건을 만족시키는 설계는 하나 이상일 수도 있다. 그러나 시스템엔지니어링 기술자의 목표는 가장 균형 있고 확고한 해결책을 찾는 것이다. 최적이라는 용어는 통상적으로 달성할 수가 없는 수학적 정확도를 내포하므로 여기서는 사용하지 않는다.

요건을 고려하는 다른 방법은 '이 요건이 어떤 질문에 대해서 해답이 되는가?'를 생각해 보는 것이다. 한 요건에 대해서 주어질 수 있는 질문들로는 다음을 들 수가 있다.

○ 무엇이 필요한가? (능력)

○ 무엇이 허용되지 않는가? (제약)

○ 이 능력이 얼마나 잘 발휘되어야만 하는가? (성능)

○ 어떤 조건하에서 이 능력이 발휘되어야만 하는가? (조건)

세 번째의 '얼마나 잘'이라는 질문에는 다음이 포함된다.

○ 얼마나 빨리 또는 얼마나 자주?

○ 얼마나 많이?

○ 얼마나 멀리 또는 얼마나 오래?

'얼마나 잘'의 기준은 제한사항(예: 결과물에 소요되는 비용)이 될 수도 있고 능력(예: 전달 가능한 힘)이 될 수도 있음에 유의해야 한다. 조건 기준은 환경조건 또는 순차조건(예: A라는 기능이 B라는 기능 종료 후 즉시 발휘되어야 한다), 시기조건(예: C라는 기능은 10초 이내에 종료되어야 한다.)을 규정한다.

2) 요건 분류

요건은 기본적으로 두 종류로 분류할 수가 있다.

(1) 능력

○ 희망하는 특성 또는 기능

○ 필요성을 충족시키는 능력

(2) 제한사항

○ 제약 조건, 기관 또는 힘

○ 통제 능력 밖인 제한 또는 한계

제한사항을 제거하거나 우회하지 않으면 능력이 탄생하지 못한다. 이 두 종류의 요건 범주는 이미 인도된 제품/서비스이거나 프로젝트 역무(제품 또는 서비스의 설계, 구축, 투입 등)에서나 동등하게 적용된다. 시스템을 엔지니어링 함에 있어서는 첫째로 능력들 간, 둘째는 제한사항과 능력 간, 셋째로 제한사항들 간에 균형을 이루어야 한다.

[그림 2-15]는 능력형 요건과 제한형 요건의 관계를 보여주고 있다. 능력 중에서, 시스템에 부가될 경우, 한 개 이상의 시스템 제한사항과 대치하여 작용하는 것을 설

계유발자(design drivers)라고 칭한다. 간혹 어떤 한 능력이 보다 난이도가 큰 능력의 우산 속에 묻혀 있게 되면 그 능력이 '거저(freebee)'라고 여기게 된다. 그러나 이것이 항상 거저인 것은 아니다. 왜냐하면 이 거저가 미지의 제한사항 중 하나에 저촉될 수 있기 때문이다. 부가되는 능력은, 설사 거저일지라도, 사용자로 하여금 운영을 어렵게 하고 훈련 요건이 증가하는 부담을 종종 지니게 한다.

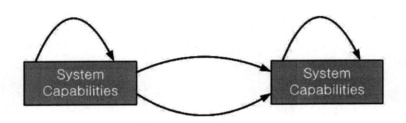

[그림 2-15] 능력형 요건과 제약형 요건의 절충

3) 요건 수명주기

요건을 다룰 때 기본적인 어려움 중의 하나는 문제 영역 '전공간' 내의 모든 요건들을 고려해야 한다는 점이다. [그림 2-16]은 요건 수명주기에서, 말하자면 요건의 전체 영역에서, 고려되어야 할 것들을 보여 주고 있다.

어떠한 개발 프로젝트에도 다음 두 종류의 수명주기 요건 조합이 존재한다.

○ 제품/서비스 요건 조합
○ 개발 요건 조합

개발 요건은 설계, 제작, 시험, 인도와 같은 계획된 요소들에 적용되는 역무 요건이다. 이들은 계약서, 업무 설명서, 일정, 프로젝트 계획서 같은 것들에 자주 예속된다. 개발 요건들은 제품/서비스 요건 조합만큼 프로젝트 성공에 많은 기여를 한다.

요건 수명주기로 프로젝트의 단계들을 표현할 수도 있다. 만약에 어떠한 요건이라도 이를 무시한다면 시스템의 실패를 초래할 수도 있는 핵심적인 요건 조합을 누락시킬 위험 부담을 지니게 된다.

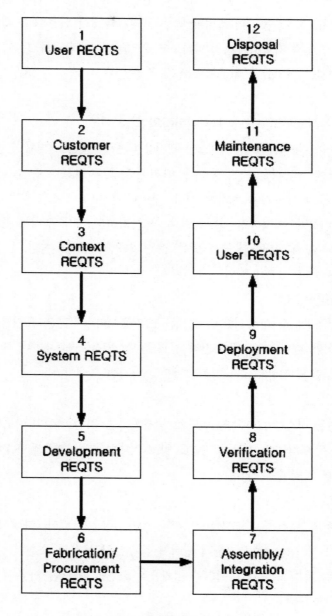

[그림 2-16] 요건 수명주기(요건의 문제 영역)

여기서 시스템 실패란 시스템의 한 구성요소가 소기의 기능 수행에 실패하는 것에 한정되지 않고, 고객의 미적 흥미 유발에 실패하는 것 등으로까지 확대될 수도 있다.

시스템엔지니어링 기술자들은 단지 시스템 요건에만, 심한 경우에는 개발 요건에만, 관심을 두는 경우가 종종 있다. 즉, 시스템엔지니어링 기술자들이 사용자 요건, 고객 요건, 정황 요건들을 영업조직과 임무 분석가들에게 위임하고, 때로는 대부분의 개발 요건을 설계 기술자들이 정의하도록 위임하며, 제작/구매 요건을 설계, 생산 기술자에게 위임하는 오류를 범하는 경우가 종종 있다.

(1) 요건 수명주기에서의 시스템엔지니어링의 역할

시스템엔지니어링 기술자들은 시스템 요건을 다루는 것만도 벅차서 종종 다른 수명주기 요건들에는 신경을 쓰지 못한다. 따라서 다른 사람들이 이들 수명주기 요건은 다른 사람들이 다루기를 바라게 된다. 그러나 만약에 시스템엔지니어링 기술자들이 모든 요건들을 관리하지 아니하면 누가 관리하겠는가? 우리는 중요한 요건들이 문제 영역의 다른 어디엔가 숨어 있는 것을 자주 목격하곤 한다.

(2) 요건의 하향적 흐름

시스템 요건들로부터 하향적으로 흐르는 요건들보다 더 많은 요건들이 존재하며 이들을 다루어야 한다. 시스템 요건과 결과물/시스템을 구축하는데 필요한 요건들 간에 유지해야 할 추적성(traceability)은 필수 불가결한 수행이다.

사용자 요건을 시스템 요건과는 별도로 문서화하는 것이 최선의 방법인 경우가 자주 있다. 사용자 요건들에 미치는 영향을 알고 이해하는 한, 시스템 요건을 변경하는 데 다소 여유를 지닐 수가 있다.

가끔씩, 사용자 요건을 기술자가 작성하지 않는 경우가 있다. 따라서 엔지니어링 목적으로 직접 사용하기에는 기술적 형식이 불충분한 사용자 요건이 종종 있다. 시스템엔지니어링 과정을 통하여 이러한 비기술적 요건들을 관련 기술 부문의 전문용어로 변환시켜야 한다.

사용자가 원하는 것을 문서화하는 것만큼 누가 사용자인가를 문서화하는 것도 중

기업의 생존을 위한 시스템 콘셉트 개발 방법론

요하다. 사용자 요건을 음미함에 있어서 누가 사용자인지가 큰 영향을 줄 수 있기 때문이다. 사용 사례나 사용 시나리오의 정의가 필요할 수도 있다. 다시 말해서, '사용자가 최종 결과물을 어떻게 사용할 것인가?', '그들이 기대하는 것은 무엇인가?', '다른 상황에서 사용의 반응은 어떠할 것인가?'를 염두에 두어야 하는 것이다.

물론 사용자들이 시스템의 성공 여부를 최종 판단하므로 이들은 매우 중요하다. 그러나 다루고 있는 시스템이나 결과물에는 항상 다른 이해관계자들이 존재하게 마련이다([그림 2-18]). 이들은 제작, 시험, 구매, 유통, 현장지원 등 여러 분야에서 나올 수가 있다.

우선, 누가 이해관계자인지를 모두 알아내야 한다. 그다음에 이들 이해관계자들의 요건을 나열하고 기술해야 한다. 이들 요건들이 정당한 지를 확인하기 위하여 우선 순위를 부여하고 논증해야만 한다. 대부분의 이해관계자 요건들이 결과물에 직접적인 영향을 주지는 않는다. 이해관계자들이 도출한 '역무 요건'들이 그 예이다. 예를 들어, 사업 조직이 개발비용을 줄이기 위하여 특정 소프트웨어 언어를 표준화하기로 결정한 경우와 소프트웨어 개발에 적용할 표준 과정을 정의한 경우를 살펴보자.

소프트웨어 언어의 표준화는 결과물에 직접적 영향을 미치며 동시에 어떤 방식으로 수행해야 할 몇몇 역무들을 필요로 할 수가 있다. 소프트웨어 개발과정의 표준화는 개발역무(역무 수행 방법, 사용 도구, 결정의 문서화 등)에 직접적 영향을 미친다.

요건은 종종 응분의 대접을 받지 못하였다. 아마도 요건은 지루한 반면 설계는 가시적이고 재미있기 때문일 것이라고 기존에 생각하였으나 요건을 올바르게 확보하는 것이 설계를 정확히 하는 것보다 많은 이득이 있다는 점이 4차 산업혁명이 도래하면서 인식의 전환이 이루어지고 있다.

4) 요건 작성의 유의점

요건 작성을 위한 여러 많은 견해와 기준 또는 지침들을 앞에서 열거하였지만 실제 요건 작성에 착수해 보면 그 작업이 쉽지 않은 것임을 실감하게 된다. NASA의

스페이스 셔틀 프로그램에서 30년 이상을 근무한 시스템엔지니어링 전문가인 Ivy Hooks의 실무관점에서 요건 작성 시 피해야 할 사항으로 제시한 다음 내용은 무엇을 어떻게 해야 한다는 것이 아니라 어떤 것은 하지 않아야 한다는 관점에서 본 것이므로 이 역시 좋은 지침이 될 수 있을 것이다.

(1) 훌륭한 요건이란?

요건이란 필요한 것, 검증 가능한 것, 달성 가능한 것을 기술해야 한다. 이 중 하나라도 누락되어서는 안된다. 예를 들어 검증과 취득이 가능하나 불필요하다면 이는 곧 무용지물인 요건이 된다. 요건은 검사, 분석, 시험을 통하여 검증이 가능한 무엇인가를 기술해야 한다, '쉽게' 등 주관적인 표현은 검증이 불가능하다. 그리고 요건은 명료하게 기술해야 한다.

필요성

어떤 요건의 필요성에 대해서 의문이 생길 경우, 그 요건을 빼면 최악의 경우 무슨 일이 생기는지를 알아본다. 심각한 결말을 발견할 수가 없다면 그 요건은 아마도 불필요할 것이다.

검증

요건을 만들면서 어떻게 검증할 것인지를 생각하고 허용기준을 설정한다. 그러면 요건 검증의 가능성을 확인할 수가 있다.

가능성

요건은 기술적으로 타당해야 하고 예산, 일정 기타 제약 요건에 맞아야 한다. 기술적 타당성에 확신이 없으면 타당성을 판정하기 위한 검토를 해야 한다. 그래도 확신이 서지 않으면 그때는 원하는 것을 요건이 아니라 목표로 기술한다. 그런데 기술적으로는 타당해도 예산, 일정, 중량, 환경, 기타 제약사항으로 인하여 달성이 불가능할 수도 있다. 감당할 수 없는 것을 요건으로 설정하면 안 된다.

명료성

각 요건은 하나의 생각만을 간단명료하게 표현해야 한다. 요건을 오해하지 않도록 하는 것이 중요하다. 훌륭한 요건은 간단한 문장으로 충분히 기술할 수가 있다.

(2) 자주 접하는 공통적 문제

요건 작성 시에 실무자들이 가장 범하기 쉬운 오류의 유형들로는 다음과 같은 것들이 있다. 이러한 오류의 유형을 잘 이해한다면 잘못된 요건을 작성함으로 해서 전체 프로젝트를 그르치는 경우를 최소화할 수 있을 것이다.

○ 잘못된 가정
○ 요건(what)이 아니라 해결책(how)을 기술
○ 요건이 아니라 운영을 기술
○ 용어의 오용
○ 부정확한 문장 구조와 문법 위배
○ 검증 불가
○ 요건 결여
○ 지나치게 상세히 기술

① 잘못된 가정

잘못된 가정을 하게 되는 이유는 요건 작성자가 정보에 충분히 접근하지 못하거나 정보 자체가 존재하지 않기 때문이다. 전자의 경우에는 프로젝트에 필수적인 정보들을 문서화하여 문제를 배제할 수가 있다. 필수정보는 다음과 같다.

○ 필요성
○ 목표(goal)
○ 대상(objective)
○ 임무
○ 운영 개념
○ 예산

○ 일정

○ 관리/조직

후자의 경우 즉, 정보 자체가 존재하지 않을 경우에는 요건 작성자가 가정사항들을 모두 문서화하여 향후 요건검토 과정에서 가정사항도 동시에 검토, 문제를 신속히 발견할 수 있도록 해야 한다. 정확한 정보에 근거한 가정사항들도 문서화하는 것이 유용하다. 이는 요건 작성자들이 주어진 정보를 모두 파악하고 정확히 해석했다고 확신할 수 없기 때문이다. 가정을 문서화해 두면 나중에 놀라는 일이 없어진다.

② 해결책을 기술

요건이 아니라 해결책을 기술하는 경우를 하나의 사례를 들어 설명하기로 한다. 즉, 요건관리 도구를 개발하기 위해 시방서를 발간한 경우를 보자. 첫째 요건은 '데이터베이스를 제공하라'였다. 이는 실행방안의 하나이지 필요성이 아니다. 이러한 오류는 요건 시방서에서 매우 자주 발견된다. 시방서는 무엇이 필요한지를 기술하는 것이며 필요한 것을 어떻게 제공할지를 기술하는 것이 아니다. 대부분의 요건 작성자들이 해결책을 기술할 의도가 없음에도 불구하고 필요한 사항을 정확히 기술할 줄을 몰라서 이러한 일이 생긴다.

해결책을 기술하는 것을 피하자면 자신에게 '왜 이 요건이 필요한가?'를 물어보면 된다. 앞의 사례에 대해서 이 질문을 해 보면 다음에 열거한 것들이 필요함을 알 수 있다.

○ 요건들 사이의 관계추적 능력

○ 요건에 대한 속성부여 능력

○ 요건 소트 능력

요건에 해결책을 기술하면 다음과 같은 위험에 직면하게 될 가능성이 있다.

○ 특정 방향으로 설계를 추진하게 된다. 만약에 앞에서 열거한 세 가지 필요성을 데

이터베이스 없이도 충족시킬 수 있다면 왜 데이터베이스의 필요성을 거론하는가?

○ 해결책을 기술하면서 요건 작성자는 모든 요건들이 반영되었다고 착각에 빠지게 된다. 실제로 가장 중요한 요건이 누락될 수도 있다. 따라서 요구받은 사항은 제공할 수 있지만 원하는 사항들은 제공하지 못하게 된다. 데이터베이스를 제공하는 것으로 요건관리 도구가 필요한 자를 충분히 만족시킬 수는 없다. 도구의 능력을 요건으로 기술해서는 안 된다.

요건 개발의 각 수준에서 '필요성 대 해결책'이 문제로 대두된다. 시스템 레벨 요건에서는 무엇이 필요한 지를 반드시 기술해야 한다. 시스템 설계자는 이 요건을 어떻게 달성할 것인지를 결정하며, 하부시스템 수준에서 무엇이 필요한지를 정의해야 한다. 하부시스템 설계자는 상부시스템이 요구하는 것을 어떻게 만족시킬지를 결정하고 부품 수준에서 무엇이 필요한 지를 정의해야 한다.

해결책을 기술하지 않았음을 확인하려면 왜 이 요건이 필요한 지를 자문해 본다. 만약 그 요건으로부터 숨어 있던 필요성이 유도되지 않는다면 필요성을 기술한 것으로 확신해도 무방하다.

해결책의 함정

시스템 하부 수준에서 설계 스터디를 한 경우에 설계 결과를 상부 수준의 요건으로 문서화할 위험성이 있다. 이것이 바로 해결책의 함정이다. 승무원 귀환선(ACRV: Assured Crew Return Vehicle)에 관한 요건을 정의하는 과정에서 생겼던 다음 사례를 보자.

위 과정에서 작성된 요건 중 'ACRV 시스템은 해면착수 상태일 때 진입해야 한다'라는 요건이 있었는데 ACRV의 해면착수는 요건이 아니고 선택사항이었다. 하부시스템 설계자는 설계 선택사항에 대해서 일을 했었고 아폴로 계획의 경험상 승무원 귀환은 특정 해면 조건에서만 가능하다는 것을 알고 있었다.

그 설계자에게 왜 이러한 요건이 필요하냐고 묻자 그는 '승무원이 귀환 모듈 안에 오래 머무를 수가 없으므로 승무원을 구조할 수 있는 해면 조건을 지닌 지역과 시점에 착수를 해야 한다'라고 답변했다. 그는 정당한 요건을 지니고 있었지만 그가 작성한 것은 올바른 요건은 아니었다. 해면에 내리건 육지에 내리건 제한된 시간 내에 승무원을 구조하는 것은 필수적이다. 따라서 제대로 쓴 요건은 'ACRV 시스템은 착륙 후~시간 이내에 승무원을 구출할 수 있어야 한다'이다.

---

③ 용어의 오용

시방서에는 사용할 용어와 사용하지 말아야 할 용어를 확실히 구분해야 한다. 다음의 표준 용어를 사용하지 않으면 혼동이 생긴다.

○ 요건: '해야 한다(shall).' (검증 가능해야만 함)
○ 사실: '될 것이다.' 또는 '할 것이다(will).'
○ 목표: '하는 것이 좋다(should).'

'○○ 이다(are, is).', '○○○ 이었다(was).' 등의 용어는 요건에 들어 있으면 안 된다. 이러한 용어들은 서술부 또는 시방서 요건 절의 도입부에만 사용해야 한다. 다음 용어들은 요건 기술 시에 사용하면 안 된다. 왜냐하면 초점을 흐리고 불필요한 비용을 지출하게 하기 때문이다.

○ '○○○ 을 지원한다(support).'
○ '○○○ 에 한정되지 않는다(but not limited to).'
○ '○○○ 등(etc)'
○ '및/또는(and/or)'

'○○○ 을 지원한다(support).'는 요건 기술 시 자주 오용되는 단어이다.

○ 오용 예: 시스템은 훈련 간사가 훈련 시나리오를 정의하는 것을 지원해야 한다.
○ 시정: 시스템은 훈련 시나리오 설정을 위한 입력을 제공하고 훈련 시나리오 자동 설정 기능을 제공해야 한다.

'○○○ 에 한정되지 않는다.'(but not limited to), '○○○ 등'(etc)은 요건 작성자가 추가 사항이 필요하다고 의심할 때 사용하게 된다. 이 용어를 쓰면 작성자의 의도가 달성되지 않고 오히려 실패를 맞게 된다. 이는 곧 잘 알지 못하는 사항을 대충 넘어가려는 데서 나오는 행동이기 때문이다. 계약자가 이러한 애매한 요건을 추가한다고 돈을 더 내는 것은 아니다. 시방서에 이러한 용어가 들어 있다고 해서 추가로 대가지불을 받는다는 보장은 없다.

'및/또는'(and/or)은 시방서에 사용하는 것이 부적절하다. 만약 시방서에 요건 작성자가 '및/또는'으로 요건을 표현했다 하더라도 계약자는 '또는' 만을 따라도 계약조건을 준수하게 된다. 요건 작성자 입장에서는 두 가지를 모두 원할 수도 있고 한 가지만 원할 수도 있으므로 원하는 것을 정확히 표현해야 한다.

④ 부정확한 문장 구조와 문법

요건은 읽기 편하고 이해하기 쉬워야 한다. 시스템 시방서의 요건은 시스템 또는 하부시스템들을 모두 위한 것이다. 각 요건들은 다음과 같은 형식으로 시작되며, 문장이 너무 길어지는 경우에 대비하여 가능하면 약어를 사용하는 것이 좋다.

'시스템은 ---을 제공해야 한다.'

'시스템은 ---을 할 수 있어야 한다.'

이렇게 시작된 각 요건은 각 시스템이 무엇을 할 것인가를 기술하게 된다. 이때에 이들 '무엇'들을 나열하지 말고 각각의 '무엇'에 대해서 정확히 기술한다. 때로는 나열하는 것이 적합할 때도 있으나 이를 지나치게 남용하는 경향이 있다. 나열한 모든 항목에 대한 검증이 필요한데 이들을 동시에 같은 방법으로는 검증할 수 없기 때문에 가능하면 이를 피하는 것이 좋다.

운영, 설계 기타 관련 정보들을 설명하면서 요건을 복잡하게 기술해서는 안 된다. 이러한 비요건적 설명들은 몇몇 요건 조합에 대해 도입부에서 한 번에 기술해야 한다.

요건의 형식을 엄격히 준수하면 두 가지 이점을 얻을 수가 있다. 우선 주어의 함정(subject trap)에 빠지지 않을 수 있다. 두 번째는 문법이 틀리지 않을 수가 있다.

주어의 함정(subject trap)

다음 사례를 들어 주어의 함정이 어떤 것인지를 살펴보기로 한다.

○ 유도 및 제어 하부시스템은 6개의 자유도에 대해서 제어를 할 수 있어야 한다.
○ 유도 및 제어 하부시스템은 비행 자세를 2 +/− 0.2도로 제어할 수 있어야 한다.
○ 유도 및 제어 하부시스템은 초당 0.5 +/− 0.05도 비율로 제어할 수 있어야 한다.

여기서 주어의 함정이 발생하였다. 이는 작성자가 유도 및 제어 하부시스템을 정의했기 때문이다. 각도와 비율 제어는 시스템의 문제로서 유도 및 제어 하부시스템만 필요한 것이 아니고 추진 하부시스템 역시 필요하다. 어떤 하부시스템이 각도와 비율 유지에 필요한지를 결정하는 것은 설계과정의 일부이다. 따라서 위 요건은 다음과 같이 기술해야 한다.

○ 시스템은 6개의 자유도에 대해서 제어할 수 있어야 한다.
○ 시스템은 비행 자세를 2 +/− 0.2도로 제어할 수 있어야 한다.
○ 시스템은 초당 0.5 +/− 0.05도 비율로 제어할 수 있어야 한다.

즉, 당초 요건 작성자는 하부시스템에서의 충돌을 정의하지 않았다. 아마도 그는 제어전문가라서 그의 관점에서만 시스템을 조망했을 것이다. 이러한 그릇된 요건의 하방 흐름은 많은 악영향을 초래하게 된다.

문법 준수

문법에 맞지 아니한 요건은 오해를 초래한다. 위에서 예시한 것처럼 문장을 구사하면 복잡한 문장의 사용으로 인해 야기되는 문법 문제를 방지할 수 있다. 또 다른 방안은 요건을 개조식으로 기술하거나 유능한 편집자를 활용하는 것이다.

예를 들어 'ACRV 시스템은 한 명의 환자 또는 부상자를 위해서 생명유지 의료기기 및 감시기기를 갖추고 그 환자에 가해지는 충격가속도가 (   )를 초과하지 않고 충격량 합계가 (   )를 초과하지 아니하는 생명유지를 위한 특수 의료공간을 제공해야 한다.'로 기술된 요건을 보다 이해하기 쉽게 개조식으로 고치면 다음과 같이 된다.
'ACRV는 환자 또는 부상 승무원을 위한 구급차로 사용된다. 한 번에 한 명만을 수용한다. 다음은 이를 위한 특별요건이다.'

○ 한 명에 대한 생명유지 의료지원 공간 제공
○ 한 명에 대한 의료 감시장비 제공
○ 환자, 부상자에 가해지는 충격가속도가 (   )를 초과하지 않도록 제한
○ 환자, 부상자에 대한 충격량 합계가 (   )를 초과하지 않도록 제한

⑤ 검증 불가

모든 요건은 검증을 해야 한다. 따라서 요건 작성 시에 검증성을 고려해야 한다. 요건은 몇몇 이유로 인해 검증이 불가능할 수가 있으며, 특히 모호한 용어의 사용이 가장 문제가 된다.

용어는 주관적일 경우에 모호해진다. 이는 사람마다 해석이 다를 수 있기 때문이다. 다음과 같은 용어들은 사용하지 말아야 한다. 초안에서는 불가피하게 사용하는 경우가 있다 하더라도 분명히 표시를 하여 추후에 수정해야 한다.

- ○ 최대화: 검증 불가
- ○ 최소화: 검증 불가
- ○ 빨리: 고객, 사용자, 설계자의 입장이 틀림
- ○ 사용자 편의: 고객, 사용자, 설계자의 입장이 틀림
- ○ 용이
- ○ 충분
- ○ 적절
- ○ 신속

작성자의 수준으로는 무엇이 정확히 필요한 지를 정의할 수 없는 경우도 있다. 이 때는 설계요건이 아니라 설계목표를 기술해야 한다. 이 경우에는 분명하게 요건이 아니고 목표임을 명기해야 한다. 즉, '-을 해야 한다.'가 아니라 '-을 하는 것이 좋다.'라고 표현해야 한다.

⑥ 요건 결여

요건을 작성하는 팀원들은 대개 시스템의 한 분야에만 집중하기 때문에 많은 요건들이 누락되곤 한다. 예를 들어 적재물에 대한 프로젝트라면 적재물의 기능과 성능에만 관심을 둘 뿐, 중요하지만 명확하지는 아니한 다른 요건들을 간과하게 된다. 요건 누락을 방지하기 위해서는 표준규격, 즉 MIL-499나 IEEE-P1233을 이용하여 각자의 프로젝트를 확장해 보는 것이 좋다. 다음에 열거하는 사항들을 점검항목으로 고

려해야 한다.

○ 기능
○ 성능
○ 인터페이스
○ 시설
○ 수송
○ 투입
○ 훈련
○ 인력
○ 신뢰도
○ 정비성
○ 운전성
○ 안전성
○ 규제적 합성
○ 보안
○ 사생활
○ 설계 제약

모든 요건들이 구비되었는지를 확인하기 위한 상세 요건분석을 실시해야 한다. 이를 위한 여러 가지 방법과 도구들이 있다.

⑦ 지나치게 상세

지나치게 상세한 요건은 비용 초과의 주요 요인이다. 불필요한 기술과 너무 엄격한 요건이 가장 큰 문제이다.

불필요한 기술

불필요한 요건이 여러 가지 형태로 시방서를 훼손한다. 이를 해결할 수 있는 방법은 단지 세심한 검토와 통제뿐이다. 요건을 작성하는 자는 자기가 아는 모든 것을 기술하려고 들게 마련이다. 요건이 시방서 기준이 되기 이전에 각 요건이 필요한 사유를 상세히 검토하여야 한다. 그렇지 아니하면 불필요한 요건들이 너무 많아진다. 다음은 요건에 대한 구체적인 검토의 한 예이다.

[요건 초안]
우주정거장 훈련 설비의 배경은 스페이스 셔틀 시뮬레이터의 배경을 참조할 것.
[검토]
우주정거장 훈련 설비의 배경은 별이 보이도록 해서 단지 실감을 주기 위한 것인 반면 스페이스 셔틀 시뮬레이터의 배경은 실제로 비행에 필요한 별자리를 관측하는 데 목적이 있음.
[수정]
배경 요건을 낮춤.

너무 엄격한 요건

요건이 너무 엄격해도 전혀 여유가 없어지므로 문제가 발생한다. 다음 사례를 예로 들어보자.

[요건]
200kg의 적재물
[검토]
정확히 200kg인지 어떻게 알 것인가?
[수정]
200 +/- 20kg의 적재물

실제로 미국 정부에 납품한 비행기용 커피포트가 대당 25,000불인 사례가 있었다. 공급자는 심한 비난을 받았다. 그러나 문제는 지나치게 엄격한 요건 때문이었다. 즉, 비행기가 추락해도 커피가 쏟아지면 안 된다는 요건을 따라야 했던 것이다.

제3장

PMTE 패러다임

시스템엔지니어링 역무를 수행하기 위해서는 PMTE, 즉 프로세스(Process), 방법 (Methods), 도구(Tools), 환경(Environment) 간에 적절한 균형을 유지하는 것이 매우 중요하다. 부적절한 균형은 기술자들과 관리자들이 낭패를 보게 하는 것 이외에도 비용의 증가와 품질의 저하를 초래한다. 이 장에서는 시스템엔지니어링의 PMTE 요소들을 이해하기 위한 패러다임을 기술한다.

　PMTE 요소들 간의 관계에 대한 지침은 문헌에 나타난 것이 별로 없다. 시스템엔지니어링 관련 산업계 표준인 EIA/IS 632조차도 과정을 "시스템엔지니어링의 범위와 요건은 무엇을 달성해야 하는가에 대해서 정의하지 어떻게 달성해야 하는가에 대해서는 정의하지 않는다."라고 기술하고 있을 뿐이다. 이러한 격차를 극복하기 위해서 이 장에서는 PMTE 패러다임 즉, 시스템엔지니어링 프로세스 및 도구를 위한 자료와 정보를 선택하기 위한 지적 모델을 기술하기로 한다.

　[그림 3-1]을 보면 PMTE 요소들 간에는 긴밀한 상호지원 관계가 있음을 알 수가 있다. 시스템엔지니어링의 이점을 살리기 위해서는 이들 요소들이 상호 일치하는 가운데, 적절히 균형을 유지하며 통합을 이룰 수 있어야 한다. 프로세스는 각 단계별로 알맞은 방법을 사용하여 집행된다. 다시 말해서, 특정 프로세스는 어떤 방법의 지원을 받아야 한다. 다른 각도에서 보면 한 방법은 한 개 이상의 도구의 지원을 받을 수가 있으며, 도구는 특정 환경에 의해서 지원을 받아야 한다.

[그림 3-2]는 이러한 개념을 다른 방식으로 도식화한 것이다. 적절한 환경으로 토대를 구축하지 아니하면 어떠한 프로세스도 오래 버틸 수가 없다. 프로세스는 피라미드의 정상과 파이의 한가운데에 위치한다.

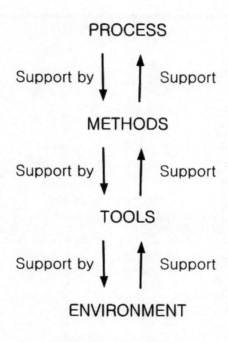

[그림 3-1] PMTE 패러다임

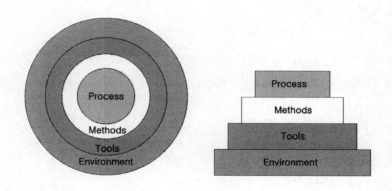

[그림 3-2] PMTE 파이와 피라미드

1.
PMTE 요소에 대한 정의

PMTE 패러다임을 완전히 이해하려면 우선 간략하게 다음과 같은 정의가 필요하다.

<표 3-1> PMTE 요소의 정의

프로세스	정의한다	무엇을
방법	정의한다	어떻게
도구	증진한다	무엇을, 어떻게
환경	집행한다(또는 방지한다)	무엇을, 어떻게

1) 프로세스에 대한 정의

프로세스란 특정 목표를 달성하는 데 필요한 역무들의 논리적 순서이다. 프로세스는 무엇을 해야 하는가를 정의하는 것이지 각 역무를 어떻게 수행해야 하는지는 설명하지 않는다.

프로세스 구조를 통하여 여러 수준의 업무집합(aggregation)을 얻을 수가 있으므로 정책결정을 그 목적별로 지원하기 위한 다양한 심도의 분석과 정의가 가능하다. [그림 3-3]은 일반적인 과정 구조를 나타내고 있다. 한 단계(phase)는 역무(task)들로 구성되며 각 역무는 소단계(step)들로 구성된다. 이 밖에 분해(decomposition)와 업무집합 수준의 도출도 가능하다.

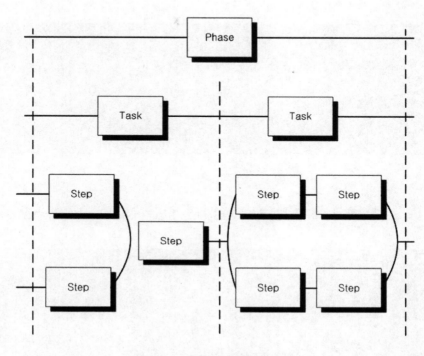

[그림 3-3] 일반적인 과정 구조

2) 방법에 대한 정의

방법(method)은 역무를 수행하기 위한 기법(technique, 어떻게 수행하는가)들로 구성된다.

방법은 통상 어떤 수준의 훈련과 규범을 필요로 한다. 좋은 방법을 사용하면 일반적으로 역무의 구조와 효율을 증진시킬 수 있음에도 불구하고 방법을 아무렇게나 사용할 수도 있는 것이다.

모든 시스템엔지니어링적 방법은 아이디어를 다루고 있다. 이 아이디어는 다른 것들보다도 기능, 요건, 아키텍처, 검증에 집중되어 있다. 방법은 다음과 같은 속성을 지닌다.

방법의 속성
- ○ 사고 패턴 및 과정
- ○ 지식 기반
- ○ 규칙과 스스로 발견하는 학습(heuristics)
- ○ 구조와 질서
- ○ 표현

모든 시스템엔지니어링적 방법들은 다음의 기본 방법 중 하나 이상에 해당된다.

기본 방법
- ○ 관찰
- ○ 분석
- ○ 합성
- ○ 개념화
- ○ 특성화
- ○ 최적화
- ○ 문서화
- ○ 의사소통

시스템엔지니어링적 방법들에는 두 가지 기본 범주가 있다. 하나는 관리이고 하나는 엔지니어링이다. 각 범주의 하부 역무는 다음과 같다.

기업의 생존을 위한 시스템 콘셉트 개발 방법론

기본 범주

1) 관리
- ○ 계획
- ○ 조직
- ○ 통제
- ○ 지시
- ○ 통합

2) 엔지니어링
- ○ 요건 분석
- ○ 기능 분석(또는 구조적 분해)
- ○ 아키텍쳐 합성
- ○ 시스템 분석 및 최적화
- ○ 시스템 요소 통합 및 검증
- ○ 엔지니어링 문서화

3) 도구에 대한 정의

도구란 어떤 특정 방법에 적용할 때 역무의 효율을 증진시킬 수 있는 수단(instrument)을 의미한다. 물론 도구를 부적절하게 사용하면 효율을 증대시킬 수가 없다. 시스템엔지니어링에서의 대부분의 도구는 컴퓨터 또는 소프트웨어이다. 도구의 목적은 '어떻게(how)?'를 촉진하는 데 있다. 예를 들어서 삽은 '구덩이 파기' 프로세스의 역무에 사용되는데 쓰는 방법을 모르는 사용자에게는 아무 소용이 없다.

시스템엔지니어링 도구들은 앞에서 열거한 '방법'에 대한 것과 기본적으로는 동일한 범주들로 구분할 수가 있다. 그러나 많은 시스템엔지니어링 도구들은 하나 이상의 범주에 해당된다. 예를 들어서 요건관리 도구는 모든 범주의 방법에 연계되어야 한다. 이는 요건 관리의 목적이 기술 항목 간(기능, 요건, 아키텍쳐), 관리 항목 간(프로젝트 역무, 프로젝트 요건, 인원, 조직, 시설)에 적절한 관계를 확립하고 유지하는 데 있기 때문이다.

시스템엔지니어링 도구는 기술 측면(결과물) 또는 관리 측면(과정) 중 한 측면에 대해서만 잘 동작하고 양측면 모두에 대해서는 그렇지 못한 경우가 자주 있다. 시스템엔지니어링에서는 이러한 결점을 보완해야만 복잡한 결과물을 더욱 효과적, 효율적으로 시장에 내놓을 수가 있는 것이다.

4) 환경에 대한 정의

환경은 목표 혹은 개인 또는 그룹의 활동에 영향을 주는 주변 여건, 외적 목표, 조건 및 요인들로 구성된다. 이 조건들은 사회적, 문화적, 개인적, 물리적, 조직적 또는 기능적일 수가 있다. 프로젝트 환경은 프로젝트에 사용되는 도구와 방법의 사용을 통합하고 지원하는 데 목적이 있다.

(1) 환경의 범주
환경은 다음과 같은 범주로 분류할 수가 있다.

○ 전산
  - 플랫폼
  - 운영체제
  - 응용 소프트웨어
  - 전산망
  - 통신

○ 의사소통
  - 개인
  - 전화
  - 영상
  - 방송
  - 우편

- 전자 우편
- 인터넷

○ 인원
- 팀
- 실무 그룹
- 사적 연락망

○ 조직
- 프로젝트 조직
- 기능 조직
- 비공식 Power Structure
- 기관 조직
- Force Structure

○ 관리
- 정책 및 절차
- 훈련
- 재원 조달
- 착수(committment)

○ 위치
- 사무실
- 주택
- 이동 주거(호텔, 자동차, 비행기 등)

○ 시스템 수명주기 환경
- 개발
- 제작

- 시스템 통합 및 시험
- 투입
- 운영 및 정비

(2) 특수 사례로서의 IPD 환경

통합제품개발(IPD: Integrated Product Development)팀은 현대의 개발환경 중 비교적 새로운 요소이다. IPD팀을 운영하려면 새로운 도구와 방법을 사용하여 각 팀 내부 및 팀 간의 의사소통을 촉진시켜야 한다.

2.
프로세스와 방법의 차이점

1) 기능분석 프로세스와 방법을 통한 예시

이 책에서 정의하는 기능분석은 9종류의 기본 역무들로 구성된다([그림 3-4]). 그림에는 이 역무들의 논리적 순서와 수 개의 반복 루프들이 나타나 있다. 이 프로세스 다이어그램은 각 역무들을 어떻게 수행하는지는 정의하지 않는다. 기능적 인터페이스 정의를 위한 각 방법은 서로 다른 분석, 합성 및 문서화 방식을 가진다. 각 방법은 고유의 규칙과 표시법(notation)을 갖는다.

James R. Armstrong이 1993년 발표한 논문에서 설명, 비교한 기능분석 방법들 중 기능 인터페이스 정의에 사용할 수 있는 몇 가지 방법을 아래에 열거하였다.

○ IDEF 다이어그램
○ N × N(N2 또는 N2) 다이어그램
○ 거동(behavior) 다이어그램
○ 기능 흐름(functional flow) 블록 다이어그램
○ 활동(action) 다이어그램
○ 상태(state/mode) 다이어그램
○ 과정 흐름(process flow) 다이어그램
○ 기능 계층구조(functional hierarchy) 다이어그램

○ 정황(context) 다이어그램

특정 상황에 대하여 어떤 방법을 적용할 것인가를 결정하기 위해서는 다음의 인자들을 감안해야 한다.

○ 프로세스의 다른 부분에서 사용되고 있는 기타 방법들
○ 사용 중인 다른 방법들과의 통합 수준
○ 보유 또는 가용성 있는 도구에 의한 지원 가능성
○ 기술자들의 친숙도, 경험
○ 사용 간편성
○ 결과의 문서화 간편성
○ 기술 부문(예: 시스템, 기계, 전기, 소프트웨어) 간의 융통성(portability)
○ 표현성(다른 사람들이 쉽게 이해할 수 있는가? 발표 시 정보나 개념을 쉽게 보여줄 수가 있
   는가?)
○ 문서화 수준

특정 프로젝트를 위하여 방법을 선택할 때에는 매우 조심해야 한다. 특히 지난번에 사용했다고 다시 사용하는 것은 절대 바람직하지 못하다. 더 중요한 사항은 시스템엔지니어링 도구의 선정이다. 부적절한 도구는 실제로 생산성 저하, 품질 저하, 비용 상승을 초래한다.

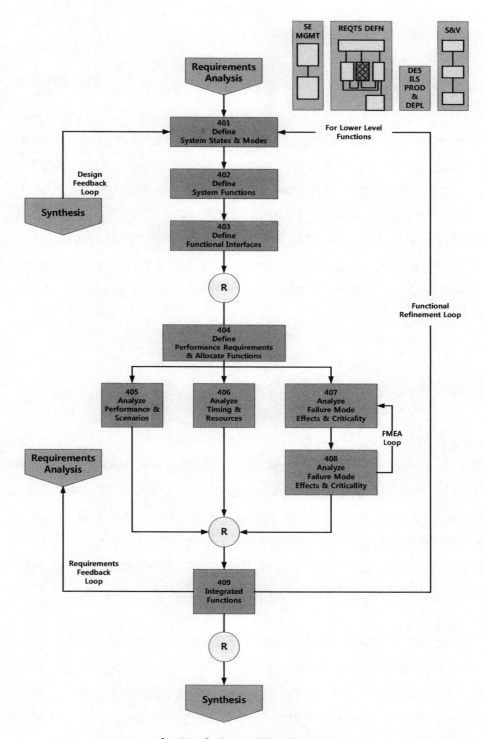

[그림 3-4] 기능 분석/할당 프로세스

2) 객체지향적 분석 및 설계(OOA/OOD) 방법

객체지향적 분석 및 설계는 시스템엔지니어링의 새로운 과정이라고 과대평가되어 왔다. 그러나 실제로는, OOA(Object Oriented Analysis)와 OOD(Object Oriented Design)는 단지 시스템엔지니어링 프로세스를 지원하는 새로운(일부는 오래된) 방법들의 모음일 뿐이다. 다른 방법들처럼 OOA와 OOD 또한 적절한 방식으로 적용할 필요가 있다. OOA/OOD는 객체지향적 기법의 특수한 규칙과 표현을 지원할 수 있는 특별한 도구가 없이는 적용하기가 어렵다. 다양한 종류의 객체지향적 방법과 도구가 존재하나 이들을 적절히 응용하기 위해서는 조심스러운 분석이 필요하다. 객체지향적 방법은 표준적인 기능분석 기법을 대체할 수가 없으며 단지 이들을 보완할 뿐이다. 객체 자체도 이들의 적절한 기능 거동을 확인하기 위하여 결국에는 분석되어야 한다.

3) 자발적 학습기법(Heuristics)의 역할

시스템 아키텍트 업무는 자발적 학습기법(heuristics)을 최근 도입하면서 시스템엔지니어링의 새로운 패러다임으로서 일부의 지지를 받고 있다. Eberhardt Rechtin의 저서 "시스템 아키텍팅(System Architecting), 1991"과 "시스템 아키텍팅 기법(The Art of System Architecting), 1996"에 기술된 것과 같은 자발적 학습기법은 시스템엔지니어링 역무를 수행하기 위한 방법이다. 이들 저서는 시스템엔지니어링의 전 프로세스에 적용할 수 있는 많은 자발적 학습기법을 수록하고 있다. 자발적 학습기법은 통상적 기법이나 방법을 사용하면서 필요한 정보가 부족할 경우에 특히 유용하다.

시스템엔지니어링 프로세스에서 자발적 학습기법은 통상적으로 비자발적 학습기법보다 더 높은 수준의 추상화에 사용된다. 아직까지는 이 기법을 지원하는 도구가 별로 없다. 하나의 가능성이 있다면 Rechtin의 저서를 하이퍼텍스트 방식의 데이터베이스로 이용하여 관련 자발적 학습기법을 끄집어내는 것이다. 이는 유사어 전자사전에 기본 개념을 입력하면 비슷한 단어들을 출력하는 것과 비슷한 방식이다.

4) 다른 방법들과의 비교

James R. Armstrong의 논문은 여러 가지 시스템엔지니어링적 방법들에 대해 비교를 하고 있다. 특히 이 논문에서는 요즈음 유행하는 객체지향적 분석(OOA: Object Oriented Analysis), 품질함수기법(QFD: Quality Function Deployment)에 대해서 고찰하였는데 OOA나 QFD는 시스템엔지니어링 분석 역무 전체 중 극히 일부에 초점을 두고 있는 것으로 결론지었다. 따라서 OOA나 QFD 기법만을 적용하여 분석을 한다면 시스템 전반에 대한 이해에 심각한 결함이 생길 수가 있다는 것이다. 이 논문에서 Armstrong은 "시스템 기술자가 광범위한 범위의 방법들을 잘 이해할수록 더욱 잘 이용할 수가 있으며 시스템엔지니어링 결과물도 더 좋아질 수가 있다"라고 주장하고 있다.

3.
프로세스와 도구의 관계

   이 절에서는 시스템엔지니어링을 위한 프로세스와 도구의 연관성에 대해서 알아보기로 한다. 아직은 많은 프로세스들이 개발 중이고 사용 중이더라도 근본적인 효과는 별로 없으나 프로세스의 성숙도에 대한 많은 관심이 집중되고 있다. 실제로 표준화된 프로세스와 도구로도 엔지니어링 조직의 전반적 건전성이 개선되지 아니하는 경우가 많다.

   시스템엔지니어링 프로세스와 시스템엔지니어링 도구를 적절히 이용하기 위해서는 양자 간의 관계를 이해해야만 한다. 이 절에서는 이 관계에 대하여 살펴보기로 한다.

   시스템엔지니어링적 방법은 시스템엔지니어링 프로세스와 시스템엔지니어링 도구 간의 가교 역할을 한다. 시스템엔지니어링 프로세스의 지속적인 개발과 성숙도 평가에 대한 관심이 커짐에 따라 절차를 지원하는 방법에 더 많은 관심을 둘 필요가 있다. 프로젝트 수행 중에 프로세스 및 도구들을 사용하기 위해서는 적절한 방법을 사용하여야 하는데 이에 대한 배려가 이루어지지 않는 경우가 매우 자주 있다. 부적절한 방법을 사용하면 비효율을 초래하고 심지어는 실패를 초래하기도 한다.

4.
시스템엔지니어링 개발 환경

프로젝트에서 사용되는 특정 프로세스, 방법, 도구들을 지원하기 위해서는 올바른 시스템엔지니어링 개발환경(SEDE: System Engineering Development Environment)이 조성되어야 한다. 어떤 기업의 경우에는 새로운 방법이나 도구의 도입에 적대적이기도 하다. 고품질의 결과물을 얻고 훌륭한 시스템엔지니어링 능력을 개발하기 위해서는 지속적인 프로세스의 개선을 가로막는 장애물을 극복해야 한다.

대부분의 책들이 단지 방법만을 기술하고 있으며 양질의 엔지니어링을 위한 프로세스, 도구 또는 환경에 대해서는 다루고 있지 않다. 공학도들이 프로세스, 도구 및 환경에 대해서 강의 또는 실험을 통하여 일부 내용은 알 수가 있지만 광범위하게, 심층적으로 알 기회가 없다. 따라서 PMTE 관련 지식과 기법을 실무를 통해서 습득하는 경우가 대부분이다.

프로젝트를 시스템엔지니어링적으로 효과적이고 효율적으로 수행하기 위해서 시스템엔지니어링 방법과 도구들은 적절한 환경과 프로세스의 지원을 받아야 한다. 프로젝트의 모든 프로세스와 환경이 잘 통합되고 적절히 사용되도록 확인하는 것이 시스템엔지니어링의 일반적인 역할이다. 그러나 이 역할은 방법과 도구에도 확대되어야 한다. 이것이 바로 SEDE 계획의 목적인 것이다.

1) 관리자의 SEDE(System Engineering Development Environment) 지원

[그림 3-5]에서처럼 방법(Methods)과 도구(Tools)는 적절한 환경(Environment)과 프로세스(Process)에 의해서 확고하게 지원받아야 한다. 관리자의 역할은 엔지니어링이 적절한 프로세스를 거치며 환경이 이를 지원하는가를 확인하는 것이다.

관리자는 엔지니어링에 적절한 방법과 도구의 사용지침을 기술자들에게 제시하고, 기술자들이 이들 방법과 도구에 합당한 훈련을 받도록 해야 한다. 이와 유사하게, 경영자는 관리에 적절한 방법과 도구의 사용지침을 관리자들에게 제시하고, 관리자들이 이들 방법과 도구에 합당한 훈련을 받도록 해야 한다. 이러한 관점에서 최일선 관리자는 '프로세스' 기술자 역할을 해야 할 것이다. 바꾸어 말해서 관리자들이 프로젝트를 시스템엔지니어링으로 관리해야 한다.

[그림 3-5] 시스템엔지니어링에서의 프로세스와 환경의 지원

2) PMTE 패러다임의 조직 적응

기업이나 프로젝트에서 어떠한 PMTE 요소라도 변경을 하려면 반드시 경과기간을 고려해야 한다. 어떤 경과조치들은 조직이나 인원의 타성으로 인하여 매우 실행이 힘들다. [그림 3-6]에서 보듯이 PMTE 패러다임 구조에서 하부 요소일수록 안정적이기 때문에 그만큼 변경도 힘이 든다. 실제로 변경을 실시하다 보면 기존 방법, 도구, 환경의 이해관계자들의 신앙과 같은 집착에 직면하게 된다. 이는 관리자로서는 매우 어려운 장애물이다. PMTE 요소의 변경은 지혜와 추진력을 필요로 한다.

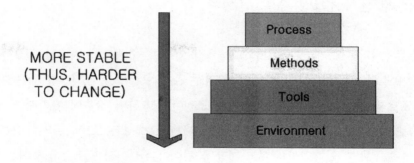

[그림 3-6] PMTE 패러다임 구조에서 자주 야기되는 정체 현상

3) 시스템엔지니어링 관리계획과 SEDE 계획의 관계

[그림 3-7]에 나타낸 것처럼, 대부분의 시스템엔지니어링 관리계획(SEMP)은 PMTE 모형의 전부를 다루지는 않는다. 일부 SEMP가 시스템엔지니어링 도구를 다루고는 있으나 각 도구에 필요한 방법을 정의하지도, 매뉴얼 성격의 방법도 정의하지 않는 경우가 자주 있다. 시스템엔지니어링 개발환경(SEDE) 계획은 프로젝트 SEMP 내에 존재하는 빈틈(gap)을 메워야 한다.

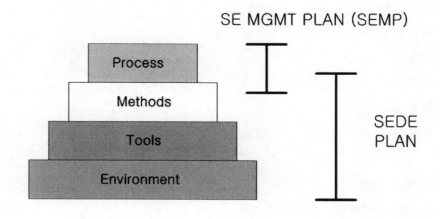

[그림 3-7] SEDE 계획과 SEMP 간의 빈틈 극복

4) 시스템엔지니어링 개발 환경의 조정

시스템엔지니어링 개발환경(SEDE)은 특정 업무를 수행하기 위해서 필요한 모든 PMTE 요소들로 구성된다. 일반적인 SEDE는 모든 프로젝트에 적합한 것은 아니다. 실제 프로젝트를 위해서는 어느 정도의 조정이 필요하며 경우에 따라서는 새로운 PMTE 요소를 개발하여야 한다. 상용화된 PMTE 요소들은 프로젝트의 수요를 진정으로 만족시킬 수 있다면 언제이고 활용을 하여야 한다. 적용 조정이 용이한 SEDE 요소들이 정적이고 변경이 불가능한 요소들보다 바람직하다.

5) SEDE 계획서의 내용

시스템엔지니어링 개발환경(SEDE) 계획서는 기업 차원에서 또는 각 프로젝트 차원에서 필요에 따라 개발할 수가 있다. 프로젝트 SEDE 계획서는 프로젝트 특성에 맞도록 적용 조정해야 하며 다음의 내용들을 수록해야 한다.

(1) SEDE의 통합 및 통제
- 실행 일정
- 기술 정책
- 사내 협약(corporate agreement)
- 관리 구조
- 팀 구조
- 훈련 계획
- 변경 통제

(2) 프로세스 설명
- 시스템엔지니어링 프로세스의 조정
- 다른 프로세스와의 인터페이스

(3) 방법 설명

○ 프로세스/방법 상관표

(4) 도구 기술

○ 전산기 플랫폼

○ 전산 소프트웨어

○ 전산망

○ 기타 도구

○ 프로세스/도구 상관표

(5) 환경 설명

○ 전산 시설

○ 사무실 시설

○ 실험 시설

○ 통신 시설

- 전화, 화상 회의, 네트워킹, 전자 우편과 파일 전송, 비전자 우편

5.
PMTE 간 관련성 도출

1) PMTE 빈틈 분석

특정 프로젝트나 조직의 프로세스 역무, 방법, 도구, 환경 간의 지원 연계성을 분석해보면 연구 대상 PMTE 요소들의 집합에서 몇 가지 흥미로운 빈틈을 발견할 수가 있을 것이다([그림 3-8]). 바로 도구의 지원을 전혀 받지 못하는 방법들이 있을 수도 있다. 이러한 사례가 나쁜 것은 아니지만 기업 내에서 혹은 프로젝트에서 균형 및 통합된 PMTE 요소들을 사용하려면 요소 간 연계성을 이해해야 할 필요가 있다.

토론의 방법론 중에 하나인 난상토론(brainstorm)은 거의 모든 프로젝트 역무들에서 필요한 방법인데 대개의 경우 필요한 도구는 연필, 종이, 칠판 정도로 간단하다. 그러나 심상포착(mind mapping)과 같은 정교한 형태의 난상토론의 이득을 얻기 위해서는 자동화가 필요하다. 실제로 시판 중인 몇몇 도구들은 심상포착이나 기타 복잡한 난상토론 방법을 잘 지원하고 있다.

기업의 생존을 위한 시스템 콘셉트 개발 방법론

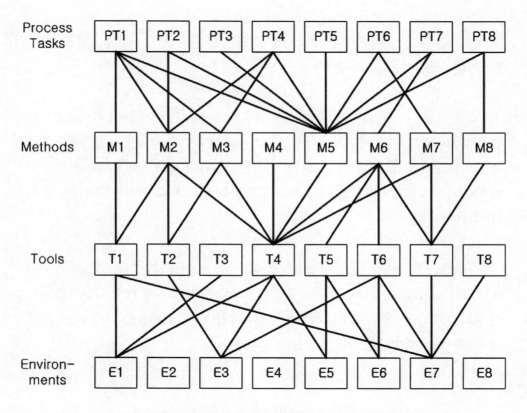

[그림 3-8] PMTE 빈틈 분석을 위한 PMTE 요소간의 관련성

6.
기술과 인력의 역할

1) 기술 맥동(Pulsation) 효과

개발에 필요한 신기술은 새로운 방법의 개발을 촉진한다. 예를 들어 마이크로프로세서는 시스템의 동시 거동(behavior)을 보다 용이하게 허용한다. 그런데 동시 거동은 모형화하고 분석하기가 더 어려워서 동시성을 다루기 위한 방법들이 필요하게 된다. 그런데 이 새로운 방법들은 새로운 도구들을 필요로 한데, 여기서 적용하는 분야가 시뮬레이션 분야이다.

새로운 도구는 새로운 환경을 필요로 한다. 예를 들어서 증가된 복잡성을 고려할 때는 IPD(Integrated Project Development)팀이 필요하다. 그런데 IPD 팀을 운영하면 이 환경을 위한 더 좋은 도구와 방법을 사용하게끔 된다. 또한 IPD 팀은 '지시, 통제, 의사소통'에 더 익숙한 관리자를 필요로 한다.

2) PMTE 구동체로서의 기술

  시스템엔지니어링 개발 환경(SEDE)을 구축할 때에는 기술이 지니는 능력과 한계를 고려해야 한다. 기술이 기술만을 위해서 사용되어서는 안 된다([그림 3-9]). 기술은 시스템엔지니어링적 노력을 도울 수도 방해할 수 있다.

  수학과 과학은 기술의 바탕이다. 기술을 PMTE의 요소에 적용하여 요소들의 효과를 증진시킬 수 있음에 주목해야 한다. 예를 들어, 컴퓨터를 환경에 추가하여 생산성과 의사소통을 향상시킬 수가 있다. 객체 지향 이론은 소프트웨어 컴파일러와 CASE 도구와 같은 도구들에 적용할 수 있다. 프랙털(Fractal) 이론을 방법에 적용하여 방법이 지니는 능력을 향상시킬 수 있다. 하이퍼텍스트 개념을 과정에 적용하면 정의 작업과 과정 활용을 지원할 수가 있다.

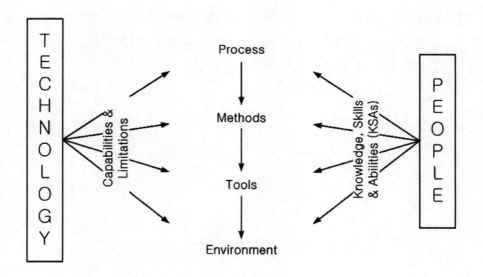

[그림 3-9] PMTE 요소들에 대한 기술과 인력의 효과

3) 인력은 시스템엔지니어링의 초석

PMTE 요소들을 적절히 조합하려면 투입될 인력들의 지식(Knowledge), 숙련도(Skills), 능력(Abilities), 즉 KSA를 고려해야 한다. 새로운 PMTE 요소들을 사용하려면 특별 훈련이나 특별 과제 부여를 통해 인력들의 KSA를 향상시킬 필요가 자주 생긴다.

[그림 3-10]은 개인 KSA의 시간 효과를 보여준다. 능력은 일생을 통해 거의 일정한 반면, 지식은 일반적으로 증가한다. 특정 도구 사용 등의 숙련도는 현재의 숙련성을 요구하기 위한 특별한 주의를 기울이지 않는 한, 대개 대학을 졸업한 후 곧바로 정점에 올랐다가 계속 감소한다. 값비싼 도구를 구입하면서 사용 훈련을 받지 못하면, 도구를 오용하거나 전혀 사용하지 못하여 개발 과정을 향상시키지 못한다.

몇몇 기업들은 자신들이 가장 뛰어난 기술자들을 채용하므로 지식과 숙련도가 그다지 중요하지 않다는 기업문화를 지니고 있다. 불행히도, 학점이 좋다는 것과 시스템엔지니어링 지식이나 숙련도와는 상관이 별로 없다.

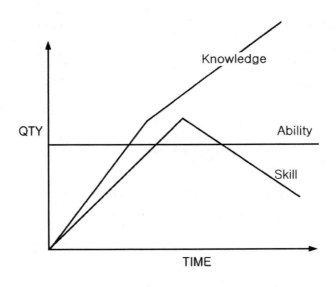

[그림 3-10] 지식, 숙련도, 능력에 대한 시간 효과

4) 창의성 대 체계적 사고

전통적으로 대부분의 시스템엔지어링 기술자들은 설계자로서 훈련되어 자신들이 창의적이라고 자부하고 있다. 그러나 종종 창의력은 체계적 사고에 대한 숙련도나 시스템엔지니어링 업무를 원활히 수행할 수 있는 능력과는 대조적인 개념으로 인식되고 있다. 실로 시스템엔지니어링은 창의력을 더욱 적절히 집중시키기 위하여 문제 해결을 위한 체계를 마련할 필요가 있다. 시스템엔지니어링 기술자는 이러한 문제해결 체계를 발견하고 잠재 고객과 설계팀 간의 구조화된 정보 소통에 극도로 창의적이어야 한다.

대부분의 엔지니어들은 문제의 체계화에 대해서 배우는 것이 없다. 이는 교수들이 문제를 체계화하며 학생들은 교수들이 만든 문제 풀이에만 도전하기 때문이다. 따라서 대학에서 구조적 사고 능력을 지닌 졸업생이 배출되지 않음이 별로 놀랄 일이 아니다. 현실 세계의 문제들은 강의실에서처럼 체계화되어서 나타나지는 않는다.

7.
관리 문제

  이 장에 기술된 개념들은 관리자들이 프로세스와 방법들이 특정 환경 내에서의 도구의 역할을 이해하는 것을 돕기 위해 많은 조직에서 성공적으로 사용되어 왔음을 보여준다. 예를 들면, 시스템엔지니어링 기술자들이나 이들의 관리자들과의 인터뷰를 거치며 과정 개선을 위한 의견수렴이 이루어졌다. 의견 수렴의 결과를 PMTE 범주에 연관시킴으로써 의견수렴의 효용성을 증진시켰다. 특정 과정 개선책을 도출하고 이들을 실행 계획 목표로 설정하기가 용이함을 알 수 있었다.

  프로젝트나 기업에서 시스템엔지니어링 기술자들이 사용할 방법에 대해서 문서화를 잘해야 한다. 이 방법들은 프로젝트의 특정 목적에 맞도록 조정할 필요가 있다. 만약에 프로젝트 참여자 모두가 선정된 방법들을 일관성 있게 사용한다면 프로젝트 팀 내부나 고객 간 의사소통을 현저히 증진하여 의사소통 실패로 인한 기술적 실수를 줄이고 생산성과 품질을 향상시킬 수가 있다.

  프로젝트 및 기업이 사용하는 프로세스, 방법, 도구 및 환경은 기술정책적으로 확립해야 한다. 특정 방법들은 기술업무절차서에 문서화해야 한다. 가능하다면, 항상, 특정 방법에 대한 핸드북이나 참고할 만한 서적에 명기해야 한다.

  관리자들은 도구 및 방법 그리고 사용 훈련의 필요성을 자주 간과하고 있다. 프로젝트 참여자들이 도구를 적절히 사용하지 못했음에도 불구하고 프로젝트 실패의 책임을 도구에게 전가하는 경우가 많다. 프로젝트 단계 혹은 기술의 종류에 따라서 어떤 도구들은 사용하면 안 됨에도 불구하고 기술자들이 그들이 지닌 도구가 지원하는 방법들을 고수하는 경우도 있다. 더 한심한 경우는, 어떤 방법을 지원하지 못하는 도구를 사용하면서 그 방법을 사용하는 것이다. 프로젝트에서 도구와 방법을 사용하려면 훈련을 투자 결정 공식에 반영하여야 한다.

프로젝트에 새로운 프로세스, 방법, 도구 및 환경을 도입하는 것은 현저한 위험 부담을 초래하므로 위험도를 허용 가능 수준으로 완화시켜야 한다. 소규모의 실험 프로젝트에 새로운 요소들을 적용하여 봄으로써 위험도를 줄일 수가 있다. 그러나 소규모 프로젝트에서 적용 가능하던 PMTE 요소들이 대규모 프로젝트에서는 선형적으로 적용되지 않는 경우가 있음에 유의해야 한다.

시스템엔지니어링이 PMTE요소들과 관련된 기획을 주도해야 한다. 시스템엔지니어링을 통하여 이 요소들이 서로 균형적이고 건전하게 통합되었는지를 확인하고 영업, 프로젝트 관리, 생산, 투입 등 비기술적 요소들과의 통합도 확인해야 한다.

시스템엔지니어링 역무를 수행하기 위해서는 프로세스, 방법, 도구 및 환경 간의 적절한 균형을 유지하는 것이 중요하다. 불균형은 기술자와 관리자들에게 낭패감을 줄 뿐 아니라 비용 증가와 품질 저하를 초래한다.

제4장

시스템엔지니어링 과정의
개관

1.
시스템엔지니어링 프로세스의 역할

이 책에서 정의된 시스템엔지니어링 프로세스의 활동들을 수행하기 위하여서는 다음과 같은 네 가지 유형의 팀 조직이 통상적으로 이용된다.

○ 시스템엔지니어링 관리팀
○ 요건 및 아키텍처팀
○ 개발팀
○ 시스템 통합 및 검증팀

개발팀들은 기술관리 지시를 관리팀으로부터 받고, 개발팀들은 기술진도를 관리팀에 보고한다. 개발팀은 요건 및 아키텍처팀으로부터 개발 요건을 접수하고, 생산한 제품, 공정설계 및 프로토타입을 시스템 통합 및 검증팀에 제공하여 설계 인증 및 사용자 확인을 받도록 한다.

이 책에서 제6장에서는 프로젝트 조직 및 팀의 구조를 시스템 아키텍처와 일치하도록 확립하는 방법에 대하여 기술하고 있다. 또한 한 결과물 팀의 소관을 벗어난 문제들을 해결하기 위한 결과물 팀 간, 프로젝트 간 팀 구성에 대하여 기술하고 있다.

기업의 생존을 위한 시스템 콘셉트 개발 방법론

2.
시스템엔지니어링 프로세스

    [그림 4-1]은 상위 수준에서 본 시스템엔지니어링 프로세스이다. 프로세스는 다음에 열거하는 세 종류의 하부 프로세스(subprocess)로 구성되며 이들 하부 프로세스 설계, 현장지원(ILS: Integrated Logistics Support), 생산, 투입 프로세스들과 인터페이스를 지닌다.

       ○ 시스템엔지니어링 관리 하부 프로세스
       ○ 요건 및 아키텍처 정의 하부 프로세스
       ○ 시스템 통합 및 검증 하부 프로세스

    이들 하부 프로세스에 대해서는 제4장 3절에서 상세히 기술하고 있다. 여기서는 시스템엔지니어링 프로세스에 대한 명료한 이해를 위해서 하부 프로세스 간의 중요 관계와 인터페이스들을 다루기로 한다. 시스템엔지니어링 프로세스와 프로세스 단계의 세부 사항에 대해서는 제8장에서 다루기로 한다.

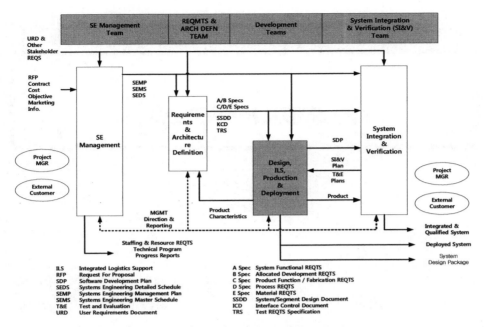

SE Management Team	REQMTS & ARCH DEFN TEAM	Development Teams	System Integration & Verification (SI&V) Team

URD & Other Stakeholder REQS

RFP Contract Cost Objective Marketing Info.

SE Management

Project MGR

External Customer

SEMP
SEMS
SEDS

Requirements & Architecture Definition

A/B Specs
C/D/E Specs

SSDD
KCD
TRS

Design, ILS, Production & Deployment

SDP

SI&V Plan

T&E Plans

Product

System Integration & Verification

Project MGR

External Customer

MGMT Direction & Reporting

Product Characteristics

Staffing & Resource REQTS
Technical Program
Progress Reports

Integrated & Qualified System

Deployed System

System Design Package

ILS	Integrated Logistics Support		A Spec	System Functional REQTS
RFP	Request For Proposal		B Spec	Allocated Development REQTS
SDP	Software Development Plan		C Spec	Product Function / Fabrication REQTS
SEDS	Systems Engineering Detailed Schedule		D Spec	Process REQTS
SEMP	Systems Engineering Management Plan		E Spec	Material REQTS
SEMS	Systems Engineering Master Schedule		SSDD	System/Segment Design Document
T&E	Test and Evaluation		ICD	Interface Control Document
URD	User Requirements Document		TRS	Test REQTS Specification

[그림 4-1] 시스템엔지니어링 프로세스 개관

시스템엔지니어링 프로세스는 일반적인 요건에서 출발하여 요구되는 결과물이나, 프로세스까지의 개발 전 프로세스에 대하여 정의된다. 프로젝트는 고객이 통상적인 구매의사 표명을 하면 개시되고, 시스템이 고객에게 전달되어 고객의 환경에 성공적으로 통합되면 종료된다.

개발 프로젝트에 적용되는 많은 시스템 요건들의 초기 문서는 사용자 요건서(URD: User Requirements Documents)이다. URD는 시스템에 대한 최소 허용성능 요건들을 운영 및 성능 관점에서 규정한 것이다. URD는 영업조직, 사용자 대리 기관, 또는 사용자 자신이 직접 작성할 수 있다. 사용자 요건은 대개의 경우 기술 용어를 사용하지 아니한다. 시스템엔지니어링 프로세스 역무를 통하여 이들 사용자 요건들을 검증 가능한, 그리고 관련 기술 부문의 특수 용어로 기술된, 기술적 요건으로 변환한다.

시스템엔지니어링 프로세스는 엔지니어링 조직 내부 및 외부의 수많은 참여자들에 의해서 진행된다. 내부 참여자에는 전통적인 하드웨어, 소프트웨어 기술자, 시스템엔지니어링 기술자, 시험 기술자, 시스템 분석가들이 포함된다. 외부 참여자는 프로젝트 관리자, 생산, 투입, 보급(logistics), 현장지원, 특수분야 기술자, 외부 고객들로 구성된다. 이러한 다분야 참여 방식이 시스템엔지니어링 프로세스의 고유 특성이다.

프로젝트나 계약 관련 시스템엔지니어링 업무는 프로세스의 어느 시점에서도 개시가 가능하다. 단, 프로젝트의 전 단계, 계약 과정, 제의 과정에서 무엇이 이루어졌는가에 따라 차이는 있다.

설계, 생산, 시험, 투입, 특수분야, 보급 등의 여러 분야가 시스템엔지니어링 프로세스를 이용하여 결과물과 프로세스 요건을 완전히 정의하며 이러한 요건들을 충족시키기 위한 인터페이스에 합의한다.

위험도 관리는 기술 업무의 전반적 관리에 핵심적 구성요소이며, SEMP(Sys-tems Engineering Management Plan)에서 상세히 규정하고 있는 항목이다. 위험도 분석 및 평가의 결과는 기술진도측정(TPM: Technical Performance Measurememt)에 대한 정의 및 파악에 입력으로 사용된다. 시스템엔지니어링을 통하여 고객 요건부터 시험까지 추적 가능한 추적성(traceability)을 확보할 수가 있으며, 시스템 통합 및 검증(Systems Integration & Verification) 과정의 검증 활동은 설계와 요건 사이의 순환 루프를 형성한다.

시스템엔지니어링 프로세스를 통하여 설계, 생산, 투입, 현장지원 등 개발팀에 요건, 기술 감시 기준이 제공되며 이들 과정 간 업무 조정이 가능하다. 이러한 개발팀들은 소관 분야에 따른 요건분석을 실시하며 소관 분야의 분석, 설계, 개발 및 시험을 시스템통합 및 검증(SI&V) 팀 및 특수분야와 조정한다. 전체적인 개발 프로세스는 시스템엔지니어링 관리 역무 수행자가 관리한다.

3.
시스템엔지니어링 프로세스의 요소

각 하부프로세스에 관련되는 업무들은 [그림 4-2]에 나타나 있다. 이 그림에는 또한 업무번호(activity identification number, 예: 500)가 나타나 있다. 각 업무별 관련 역무(task)들은 고유의 역무번호를(예: 503) 지닌다.

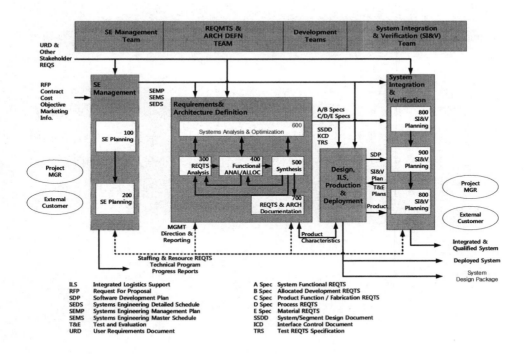

[그림 4-2] 시스템엔지니어링 프로세스

1) 시스템엔지니어링 관리 하부 프로세스

이 하부 프로세스(subprocess)들은 프로젝트 기술 활동(설계, 현장지원, 제조, 투입 등 개발 활동)을 관리하는 데 필요한 업무들을 포함하고 있다. 이 하부 프로세스에는 프로젝트 기술관리계획 수립, 기술활동의 통제, 프로젝트 참여자들의 모든 활동 통합이 포함된다. 이 활동들은 통합제품개발팀의 기초가 된다. 시스템엔지니어링관리계획서(SEMP)는 프로젝트 관리 및 집행의 근거가 된다(제4장 4절 참고). 이 하부 프로세스에서의 필수요소들은 다음과 같다.

○ 전반적인 기술 프로그램 목표를 정의한다.
○ 기술 관리 프로세스를 선정하고 조정한다. 여기에는 효과 제고를 위한 방법 및 기법과 위험도 분석, 기술 삽입, 기술성능측정(TPM), 현장지원이 포함된다.
○ 프로젝트에 적용된 시스템엔지니어링 프로세스를 SEMP/SEMS로 문서화, 조정, 배포하여 기술 프로그램을 통제, 통합하는 데 사용한다.
○ 프로젝트 기술 진도를 추적 관리한다.
○ 형상 관리(Configuration Management)를 통하여 형상 변경을 통제하며 해당 기술 문서를 유지한다.
○ 위험도 관리를 지속적으로 진행한다.
○ 결과물 개발팀들이 특수분야를 포함한 모든 관련 분야의 대표자를 적기에 적절히 보유하도록 한다.

2) 요건 및 아키텍처 정의 하부 프로세스

이 하부 프로세스는 고객의 요건을 기술 요건과 아키텍처(시스템, 시스템 일부, 하부시스템, 시스템 요소, 항목, 구성요소, 또는 기타 수준 단위)로 변환 및 문서화하는데 관련된 활동을 포함한다. 이 과정은 반복적인 성격을 지니는 프로세스로서 설계의 상세도 수준별로 내용은 상이하나 프로세스 단계들은 동일한 성격을 지닌다. 이 하부 프로세스의 목적은 모든 수준에서 결과물과 프로세스 관련 추적이 가능한 완전한 요건들을 제시하여 설계가 고객의 수요에 초점을 맞추었음을 확인하는 것이다. 이 하부 프로세스에서의 필수 요소들은 다음과 같다.

○ 이 하부프로세스의 착수 시점에서 고객의 수요와 요건을 정의 또는 재정의한다.
○ 합성을 통하여 요건 및 아키텍처 정의 하부프로세스 전체에서의 제약사항을 알아낸다.
○ 시스템 운영 및 지원 개념을 정의 또는 재정의한다.
○ 임무 특성과 고객 수요에 근거한 효과 측정 척도를 정의한다.
○ 요건들을 분석하고, 도출하며, 필요시 보다 상세히 재정의한다.
○ 최적화 분석을 통해서 필요 특성을 확인한다.
○ 기능 분석을 통해 시스템 거동을 정의하고, 기능적 성능 요건을 각 기능에 배분한다.
○ 합성을 통해 아키텍처를 정의하고 모든 시스템 요소까지 요건 추적이 가능하도록 한다.
○ 절충 스터디를 통하여 대안들을 분석하며, 균형 있고, 최적화된 시스템 요소들을 선정하는 것을 지원한다.
○ 각 시스템 요소에 대한 요건들을 시방서, 도면, 인터페이스 문서로 문서화하고 형상 관리를 받도록 한다.
○ 이 하부프로세스의 결과를 발표하고 주요 기술검토 시 합의를 도출해 낸다.

3) 시스템 통합 및 검증(SI&V) 하부 프로세스

시스템 통합 및 검증(SI&V) 하부 프로세스는 모든 하부 프로세스들의 통합과 검증에 관련된 활동들을 포함한다.

○ 통합 및 시험 절차서 작성
○ 시스템 통합
○ 통합 시험

기업의 생존을 위한 시스템 콘셉트 개발 방법론

○ 설계 인증 시험
○ 결과물 인증 시험
○ 프로세스 인증 시험

이 하부 프로세스에서의 필수 요소들은 다음과 같다.

○ 시스템 통합/검증(SI&V) 계획을 수립하여 전반적인 시험 프로그램, 검증 방법, 기술 요건의 수준을 정의한다. SI&V 계획에는 시험의 원리와 지침이 포함된다. 특수 시험 장비, 시설, 소프트웨어들 역시 포함된다.
○ 시험 및 평가 요건들을 정의하고 이들을 해당 시스템 또는 요소 수준의 시방서에 포함시킨다. 요건 검증 매트릭스(RVM: Requirement Verification Matrix)를 작성하고 필요시 검증 절차를 정의한다.
○ 요건 및 설계 검토 과정에서 요건들에 대한 시험 가능성을 판단한다.
○ 통합 및 시험 관련 활동들을 도출하고 각 시스템 요소별로 이들을 시험계획에 문서화한다. 공장인수시험(FAT: Factory Acceptance Test) 및 현장인수시험(SAT: Site Acceptance Test) 계획과 요건을 작성한다.
○ 설계의 적합성과 시험 준비성을 시험 준비성 검토(TRR: Test Readi-ness Review) 과정에서 검토한다.
○ 시험은 시험/분석/확정(TAAF: Test, Analyze and Fix)식 접근 방법을 사용하여 수행한다. 불합격한 시험은 실패보고 및 시정조치시스템(FRACAS: Failure Reporting and Corrective Action System)을 이용하여 기록하고 분석한다. 필요시 재시험을 실시한다. 시험 결과는 시험보고서에 문서화한다.
○ 생산과 투입 과정의 적합성을 검토하고 전면적인 생산/투입 준비성을 생산준비성 검토(PRR: Production Readiness Review)와 투입준비성 검토(DRR: Deployment Readiness Review)를 실시하여 검토한다.
○ 기능형상감사(FCA: Functional Configuration Audit) 및 시스템검증검토(SVR: System Verification Review)를 통하여 모든 시험, 설계 인증 활동의 종료를 확인한다.

4) 설계, 현장지원, 생산, 투입

프로젝트에서는 통상 8개의 별도 시스템들을 개발하는데 이들은 모든 운영 요건을 만족시키며 완전한 시스템으로 통합되어야 한다. 이들 시스템들은 EIA 632 및 IEEE 1220에서 정의한 "8개의 일차시스템 기능들", 즉 개발, 생산, 시험, 투입, 운영, 훈련, 지원 및 폐기이다. 운영에 관련된 결과물은 최종 결과물(end product)이라고 칭한다. 그 외의 7개 시스템 기능들에 관련된 결과물들은 보조 결과물이라고 하며, 보조 결과물들은 제2장 2절 5항('(5) 시스템 보조 결과물')에서 예시하고 있다.

[그림 4-3]에 나타난 네 가지 형태의 개발팀, 즉 설계, 현장지원(ILS), 생산, 투입팀은 각각 다음과 같이 상기 8개 시스템과 연관된다.

○ 설계팀은 운영 관련 최종 결과물들과 시험 관련 보조 결과물들을 개발한다.
○ 현장지원팀은 지원 및 훈련 관련 보조 결과물들을 개발한다. 여기에는 정비시설, 지원시설 훈련교재, 포장, 취급, 저장, 수송(PHS&T) 절차 및 시설, 예비 계획 및 시설, 기술 매뉴얼, 지원 장비, 전산자원 지원이 포함된다.
○ 생산팀들은 생산 관련 보조 결과물들을 개발한다. 여기에는 생산시설, 제조 작업 지시, 생산품 시험 설비 및 장비 그리고 구매절차가 포함된다.
○ 투입팀은 투입 및 폐기 관련 보조 결과물들을 개발한다. 여기에는 투입 절차 및 시설, 과도기 계획, 특수 설치 도구, 폐기 시설, 설치 및 점검 절차와 도구 등이 포함된다. 또한 제품 및 이들의 수명기간 이력을 추적하기 위한 행정 절차 및 장비가 포함된다.
○ 관리팀 및 다른 팀들은 개발 관련 보조 결과물들을 개발한다. 여기에는 엔지니어링 계획, 일정, 프로토타입 개발, 분석 도구, 실험실 설비 밀 장비 등이 포함된다.

이들 각 기능 분야들은 시스템엔지니어링 프로세스를 통하여 시방서, 요건, 인터페이스 정의, 기타 설계 문서들을 받는다. 이들은 시스템엔지니어링 관리, 요건 및 아키텍처 정의, 시스템 통합 및 검증 활동에 통합제품팀(IPTs)의 일원으로서 참여한다. 모두가 요건 및 아키텍처 정의팀의 일원으로서 반복적인 요건 개발 및 검토에 참여하여 요건의 조정과 검증을 수행하는 것을 그 예로 들 수가 있다.

이들 각 기능 분야는 소관 분야의 업무를 계획하는 과정에서 소프트웨어개발계획 (SDP), 현장지원(ILS) 계획, 생산가능성계획, 투입가능성계획 등 중요 프로젝트 계획 수립을 지원한다. 또한 요건 및 아키텍쳐 정의 하부 프로세스에서는 시방서 및 문서의 입력 사항이 된다. 다음에, 이들 기능별 개발팀들은 시방서를 만족시키는 설계를 개발하고, 시스템 통합 및 검증 프로세스로 설계 결과물을 제공하여, 설계 인증, 시험과 모든 시스템 요소들의 완전한 통합을 가능하도록 한다.

위에서 열거한 각 기능 분야들은 프로세스들을 지닌다. 여기에 기술한 역무들은 시스템엔지니어링 프로세스와의 인터페이스들이다. 상세한 인터페이스 내용은 제8장에서 기술하고 있다. 이들 인터페이스 관련 요소들 중 중요한 것들은 다음과 같다.

○ 계획 개발에 참여
○ 시스템 수준의 요건 분석과 정의 지원
○ 통합제품팀(IPTs)의 일원으로서 시스템, 시스템 일부(segment) 그리고 또 다른 수준의 시방서 작성에 참여
○ 통합개발 프로세스의 일환으로서 위에서 열거한 모든 요소들의 반복적 최적화 루프에 참여
○ 계획, 문서, 결과물들을 시스템 통합 및 검증 하부 프로세스에 제공
○ 시스템 결과물의 제조, 투입, 지원을 위한 계획 입안, 문서화, 과정 확립

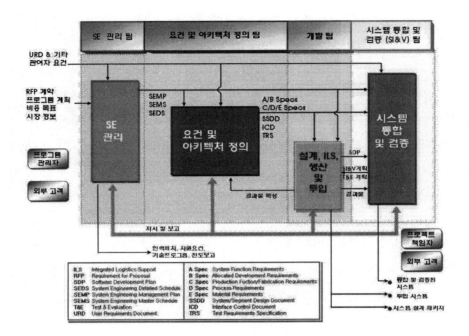

[그림 4-3] 시스템엔지니어링 프로세스 개요

기업의 생존을 위한 시스템 콘셉트 개발 방법론

4.
시스템엔지니어링관리계획(SEMP)

시스템엔지니어링관리계획(Systems Engineering Management Plan)은 프로젝트 계획의 확대 선상에서 모든 기술활동을 통합하기 위해 사용되는 1차적인, 최상위 수준의 기술관리 문서이다. 시스템엔지니어링관리계획은 각 프로젝트에 대하여 작성해야 하며 프로젝트 진행에 따라 정기적으로 수정 및 보완해야 한다.

시스템엔지니어링관리계획은 반드시 두꺼워야 할 필요는 없다. 어떤 프로젝트에서는 한 페이지이고 또 어떤 프로젝트에서는 수백 페이지일 수도 있다. 중요한 점은 시스템엔지니어링관리계획이 프로젝트가 필요로 하는 수준의 심도를 지녀야 한다는 것이다. 시스템엔지니어링관리계획은 새로운 정보가 생길 때마다 필요하다면 수시로 개정할 수 있는 활성문서(living document)로 관리해야 한다. 시스템엔지니어링관리계획 작성 시 기존 조직의 정책이나 절차를 준용하는 것이 매우 바람직한 경우가 자주 있다. 왜냐하면 이미 존재하는 것을 별도로 복제할 필요는 없기 때문이다.

1) 시스템엔지니어링관리계획(SEMP)의 내용

시스템엔지니어링관리계획의 내용은 EIA 632에 기술되어 있는데 [그림 4-4]과 같이 나타낼 수 있으며, 아래에 설명한 세 부분으로 구성할 수 있다.

제1부: 기술 프로그램 입안 및 통제

시스템 설계, 개발, 시험 및 평가에 관련된 기술 활동들을 계획, 통제하기 위한 추천 과정을 기술

제2부: 시스템엔지니어링 프로세스

시스템엔지니어링 프로세스의 적용 조정(tailoring), 집행 절차, 절충(Trade-Off) 스터디 방법론, 시스템 평가 모델의 형태, 비용효과 평가 모델의 형태, 문서 및 시방서 작성에 대하여 기술

제3부: 전문 기술분야 통합

각 기술분야의 임무와 기술 변수들을 시스템엔지니어링 프로세스로 통합하는 것에 대하여 기술. 여기에는 각 기술분야의 임무에 대한 요약과 임무 관련 특정 계획의 명시가 포함된다.

시스템엔지니어링관리계획은 프로젝트 전체 기간에 걸쳐서 모든 기술 활동들의 근거기반을 형성하며 특정 프로젝트에 사용할 시스템공학적 조정 접근 방식을 문서화한다. 시스템엔지니어링 관리자가 시스템엔지니어링관리계획의 작성 책임을 지는데 작성 과정에서 프로젝트 책임자를 위시한 프로젝트 참여자 모두로부터의 입력을 종합, 조정하여 반영해야 한다.

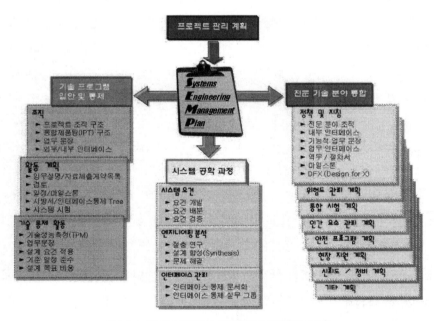

[그림 4-4] 시스템엔지니어링관리계획(EIA 632)

2) 시스템엔지니어링관리계획(SEMP) 점검표

포괄적이고 사려 깊은 SEMP는 시스템엔지니어링 과정 계획의 핵심 요소이다. SEMP는 다음에 열거하는 질문들에 답할 수 있어야 한다.

(1) 문제
○ 우리가 해결하려는 문제는 무엇인가?
○ 영향을 주는 인자는 무엇인가?
○ 핵심 사안은 무엇인가?
○ 비용, 일정, 기술적 성능 관점에서 전체 프로젝트의 제약조건은 무엇인가?
○ 문제를 적절하게 정의하였는지를 어떻게 판단할 수 있는가?
○ 문제를 적절하게 해결하였는지를 어떻게 판단할 수 있는가?
○ 누가 고객인가?
○ 누가 사용자인가?
○ 고객과 사용자 관점에서 우선순위는 무엇인가?
○ 다른 프로젝트와의 관계는 어떠한가?

(2) 인원
○ 비용, 일정을 준수하며 문제를 해결하기 위해서 어떻게 프로젝트를 구성할 것인가?
○ 시스템엔지니어링 관리의 역할은 무엇인가?
○ 여러 분야를 어떻게 통합할 것인가?
○ 어떤 지식, 숙련도, 능력이 요구되는가?
○ 어떤 훈련이 필요한가?

(3) 정보
○ 기술 진도를 측정하기 위해서 어떤 척도를 사용할 것인가?
○ 과정 개선 필요사항을 도출하기 위해 어떤 척도를 사용할 것인가?
○ 계획 및 일정 대비 진도를 어떻게 측정할 것인가?

○ 진도를 얼마나 자주, 누가, 누구에게 보고해야 하는가?

○ 위험도를 어떻게 평가할 것인가? 위험도 완화 활동을 개시하는 기준은 무엇인가? 위험도 관리를 어떻게 기술 결정 프로세스에 통합시킬 것인가?

○ 프로젝트 내부, 외부와 어떻게 의사소통할 것인가?

○ 결정 사항들을 어떻게, 어디에 기록할 것인가?

○ 다른 프로젝트로부터 얻은 교훈을 어떻게 반영할 것인가?

(4) 과정

○ 이 프로젝트를 위한 우리의 시스템엔지니어링 프로세스는 무엇인가?

○ 각 시스템엔지니어링 역무에 적용하고자 하는 방법은 무엇인가?

○ 이 방법들을 지원하기 위해서 사용할 도구들은 무엇이며 어떻게 이 도구들을 통합할 것인가?

○ 형상 개발을 어떻게 통제할 것인가?

○ 기술 검토를 언제, 어떻게 실시할 것인가?

○ 절충 스터디는 어떠한 경우에 착수하고 어떻게 관리할 것인가?

○ 기술 변경 통제 관련 권한을 누가 지니는가?

○ 요건, 인터페이스, 문서를 누가 관리할 것인가?

(5) 기술

○ 신기술 또는 특수 기술을 프로젝트에 언제, 어떻게 삽입할 것인가?

○ 프로젝트와 연구개발 실험실과의 관계는 무엇이며 실험실이 어떻게 프로젝트를 지원하는가? 실험 결과를 어떻게 반영할 것인가?

○ 고객과 사용자가 제시한 시스템 요소들을 어떻게 반영할 것인가? 이들 요소들의 타당성을 어떻게 인증할 것인가?

○ 어떤 시설이 필요한가?

○ 생산으로 언제 어떻게 전환할 것인가?

○ 생산지원 체제로 언제 어떻게 전환할 것인가?

5.
시스템엔지니어링 기본일정과 상세일정

시스템엔지니어링 기본일정(SEMS: System Engineering Master Schedule)는 SEMP와 상세일정(SEDS: System Engineering Detail Schedule)에 기술된 모든 중요 역무와 공정의 달성 기준을 기술한다. SEMS는 기술 변수들과 역무별 성공 기준을 포함한 척도로써 진도를 평가한다. [그림 4-5]는 SEMP, SEDS, WBS, SOW와 요건들의 관계를 보여주고 있다.

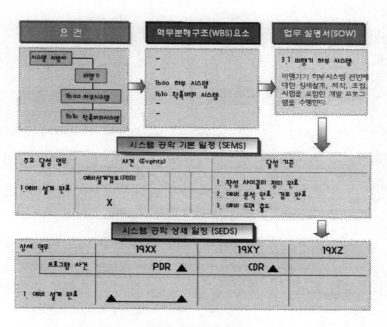

[그림 4-5] 시스템엔지니어링 기본공정(SEMS)의 상호 관계

SEMS는 일반적으로 프로젝트 관리 검토와 같은 간접활동(progra-mmatic events)은 다루지 않으나 이들 간접활동들은 상위 수준의 기본 공정에 포함된다. SEMS는 자신의 상위 수준 프로젝트 기본 공정(project master schedule)과 일치해야 한다.

SEMS는 통상적으로 제안서와 함께 제출된다. SEMS나 상위 수준의 SEDS는 계약 조건이 될 수도 있고, 임무설명서(SOW: Statement of Work)를 통해서 실행되기도 하며, 자료제출계약목록(CDRL: Contract Data Requirements List)에 보고사항으로 포함되기도 한다. 이러한 경우 SEMS를 수정하려면 계약 변경이 필요하다.

SEMS의 주요 목적과 특성들은 다음과 같다.

○ SEMS에서 정의한 정량적 기준을 만족하는 계약/기성수령 상의 인센티브를 준비
○ 역무의 달성을 확인하기 위한 과정 통제 도구 기능 수행
○ 진도 기준에 입각한 프로젝트 관리
○ 개발 위험도 감소
○ 설계 훈련
○ 의사 결정을 지원
   - 중요 역무들 및 관련 공정과 성공 기준에 대한 고객의 사전 동의 확보
   - 사건지향적(시간지향적이 아닌)이고 기술검토 및 감사 기능을 강화한 달성기준을 제공

SEMS는 SEDS의 지원을 받는다. SEDS는 SEMS상의 각 역무와 사건(event)을 달성하기 위해서 필요한 상세 기술 역무들을 도출한다. SEDS가 시간 지향적인 반면에 SEMS는 사건지향적이다.

6.
시스템엔지니어링의 다른 측면

다음의 설명에서는 단계별 아키텍처의 수준, 시스템엔지니어링의 문서화 그리고 검증에 관한 시스템엔지니어링적 관점을 기술하고자 한다. [그림 4-6]를 보면서 아래의 설명들을 읽으면 시스템엔지니어링 업무의 골격을 이해하는 데 도움이 될 수 있을 것이다.

1) 아키텍처 수준과 프로젝트 단계의 연관성

시스템엔지니어링 방법론은 시스템 정의 수준이 진전되면서 반복적으로 사용된다. 즉, 이 방법론은 시스템 아키텍처의 수준이 전체 시스템 수준에서 단위 수준으로 하향 진전되면서 또한 시스템 수준으로 상향 회귀되면서 반복적으로 사용되는 것이다. 시스템, 시스템 일부(segment), 시스템 세부(subsegment) 수준에서는 설계공학이 시스템엔지니어링을 지원한다. 이 이하 수준의 반복과정에서는 설계공학이 책임을 지되 시스템엔지니어링이 총괄 및 감사기능을 수행한다. 이러한 시스템엔지니어링 방법론이 개발 수명주기의 모든 단계에서 사용된다.

이러한 시스템엔지니어링 방법론은 [그림 4-6]에 나타낸 것처럼 아키텍처의 각 수준과 획득단계들에 적용된다. 이 그림에 나타난 것이 바로 시스템엔지니어링의 낙수모형(Waterfall)이다. 이러한 접근방식은 불필요한 위험도와 지연을 초래하므로 대부분의 시스템 개발 활동에 권고되지 않고 있다. 그러나 이러한 접근 방식은 매우 유사한 과거 경험이 존재하는 개발 업무, 즉 신기술, 신환경이 필요 없고 유경험자들만이 투입되는 경우에는 매우 유용할 수가 있다.

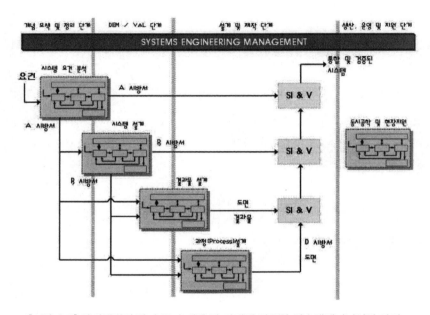

[그림 4-6] 아키텍처의 각 수준과 개발 각 단계에 적용한 시스템엔지니어링 과정

2) 문서화 관점에서의 시스템엔지니어링 관점

[그림 4-7]은 고객 요건으로부터 출발한 시스템엔지니어링 과정의 문서화 흐름의 개념을 보여주고 있다. 이 특수 사례에서 시스템엔지니어링 분야는 요건분석을 수행한 다음에 기능흐름블록다이어그램(FFBD: Functional Flow Block Diagrams)을 사용하여 고객 요건을 만족시키는 성공적인 시스템 기능요건을 도출한다. '해야 할 일'에 대한 정의가 필요한 수준까지 기능들은 분해된다.

시간표(Timeline) 분석, 운영 개념, 그리고 비용, 신뢰도, 안전성 등 고객 요건을 반영하여 예산을 배분한다. 이 과정에서 기능 배분, 허용 하부시스템, 설계 기술자가 개입한다. 설계 기술자는 주어진 제약과 요건을 만족시키는 타당한 해법을 도출하기 위해 절충 스터디(Trade-off Study)를 한다. 절충 스터디의 결과로 하부시스템이나 구성요소의 시방서를 형식을 갖추며, 적합하게, 기능적으로 작성할 수가 있다. 동시에 필요 시설, 장비, 인력 및 훈련을 도출해 낼 수가 있는데 이들은 프로세스의 상세 반복을 통해서 더욱 최적화된다.

개략도(schematic diagram)는 시스템, 하부시스템, 주요 구성요소 간의 인터페이스를 나타내 준다. 기능 분해, 절충 스터디 및 지원개념 선정 시에, 시험 요건, 제조 특이 사항, 위험 분야, 지원 필요성 등에 대해서 모두 문서화해야 한다.

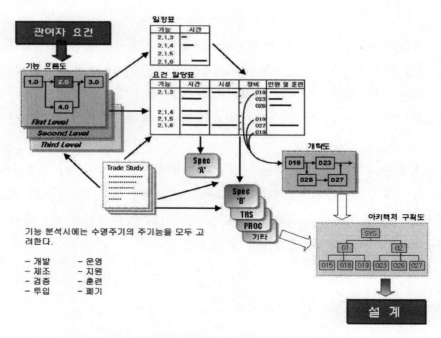

[그림 4-7] 시스템엔지니어링 문서 간의 관계

3) 검증을 통한 순환 루프 형성

일단 A 시방서와(기능 요건) B 시방서(배분개발 요건)가 정의되고 설계가 완료되면([그림 4-7]의 출력 부분) 검증과 시험 과정을 통해서 실제 설계가 시방서 요건을 만족하는지를 판정한다. [그림 4-8]에 도해한 검증 과정을 보면 첫째는 시험계획의 작성 또는 분석, 둘째는 시험의 실시 및 결과 분석, 셋째로 감사를 통한 시험 결과 평가를 통해 설계안이 시방서 요건에 합당한가를 확인하는 순환루프가 형성된다.

각 시방서의 제4장은 통상적으로 요건 검증표를 담고 있다. 각 요건별 검증 방법은 T(시험), D(시연), A(분석), I(검사)로 명시한다. 간혹 검증 수준도 단위(unit) 수준, 형상품목(CI: Configuration Item) 수준, 하부시스템 수준, 시스템 일부(segment) 수준 또는 시스템 수준으로 명시한다.

기능형상감사(FCA: Functional Configuration Audit)는 최종적으로 실시하여 모든 규정 요건을 완전히 충족시키는가를 확인한다. 실물형상감사(PCA: Physical Configuration Audit)는 시험 대상에 대하여 실시하는데 실제로 검사 대상물이 기준 도면, 원시 프로그램 리스트, 연결 지침 기타 다른 절차를 적용하여 축조되었는지를 확인한다.

그림에서 볼 수 있듯이 상호 작용하는 두 개의 루프가 완전한 검증을 가능하게 해준다. 첫 번째 루프는 요건으로부터 출발하여 설계를 거쳐 검증 대상 품목의 프로토타입 또는 모델을 축조한다. 두 번째 루프는 요건으로부터 출발하여 요건 충족여부를 점검하기 위한 검증 방법 및 검증 절차를 거친다.

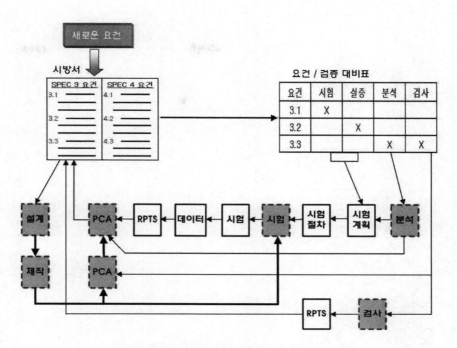

[그림 4-8] 요건 검증 과정을 통한 요건 루프 형성

제5장

시스템엔지니어링
프로세스 지원요소

이 장에서는 시스템엔지니어링 프로세스의 실행을 지원하기 위한 훈련, 도구, 척도 및 적용조정 지침에 대해서 다루기로 한다. 프로세스를 적용하기 위한 다양한 방식들을 이해하는 데 도움을 주기 위해서 사례에 대해서도 기술하였다.

이 장에서는 한 조직 내에서 프로세스 개선을 위한 활동이 이루어지고 있다고 가정하였다. 즉, 프로세스 관리팀이나 프로세스 수행팀이 프로세스 개선 책임을 지니고 있으며, 각 프로젝트마다 프로세스 담당자가 임명되어 있다고 가정하였다. 프로세스 담당자는 한 프로젝트에만 전념할 필요는 없으며 수 개의 프로젝트에 대해서 책임을 질 수도 있다.

프로세스 지원은 기업 차원의 조직 또는 프로젝트별 조직에서 수행할 수가 있다. 훈련 같은 경우에는 외부 조직에서 지원을 받을 수도 있다.

Philip Crosby는 "품질은 무료로 얻을 수 있다(Quality is free)."라고 주장했다. 이는 물론 순 비용만을 고려한 경우이며, 실은 대차대조표의 차변, 대변을 모두 고려해야 한다. 전반적인 품질 향상과 생산성 향상을 위하여 프로세스, 방법, 도구 및 환경 개선에 시간과 노력을 경주해야 한다. 이를 통한 비용 절감과 개발 기간 단축은 이러한 개선 노력을 상쇄하고도 남을 것이다.

1.
훈련

아래에 열거한 문서들을 모든 시스템엔지니어링 엔지니어들의 참고자료로 권고한다.

- ○ EIA 632, System Engineering(산업계 표준)
- ○ IEEE 1220, Standard for Application and Management of the System Engineering Process(산업계 표준)
- ○ System Requirements Analysis, Grady
- ○ The Art of Systems Architecting, Rechtin and Maier
- ○ System Engineering and Analysis, Blanchard Report

아래의 문서들을 위의 문서들과 더불어 시스템엔지니어링 관리자용 참고자료로 권고한다.

- ○ System Engineering Management, Blanchard
- ○ System Engineering Management, Lacy

기타 훈련 기회로는 국제시스템공학회(INCOSE: International Council on System Engineering)가 주최하는 심포지엄들이 적합하다. 이 심포지엄의 보문집은 경험 사례, 도구 평가, 과정 척도에 관련하여 매우 훌륭한 정보 자료이다. INCOSE에 대해서는 제1장 4절 3항('4. 3) 국제시스템엔지니어링학회')에서 설명하고 있다.

2.
도구

이 절에서는 특정 도구의 사용을 권하지는 않는다. 도구의 성능과 기능은 너무나 급속히 변하므로 특정 도구를 평가한다 하더라도 그 정확성이 오래가지 못하기 때문이다.

Eisner의 저서 "Computer-Aided Systems Engineering"은 많은 도구들에 대해서 기술하고 있다. INCOSE의 "도구 및 자동화 실무 그룹"은 매우 훌륭한 시스템엔지니어링 도구 관련 정보원이다. INCOSE에 대해서는 제1장 4절 3항('4. 3) 국제시스템엔지니어링학회')에서 설명하고 있다.

1) 시스템엔지니어링 관리 도구

가능하다면, 프로젝트에서 사용하는 프로젝트 관리 도구와 동일한 도구를 시스템엔지니어링 관리에 사용하는 것이 바람직하다.

2) 요건 및 아키텍처 정의 도구

일반적으로 요건 및 아키텍처 데이터베이스를 구축하고 유지하기 위해서는

CAE(Computer Aided Engineering) 도구가 필요하다. 소규모 프로젝트에서 이 도구는 단순한 관계형 데이터베이스일 수 있다. 보다 큰 규모의 프로젝트에서는 시스템 엔지니어링을 지원하도록 특별히 설계된 CAE 도구가 통상적으로 필요하다.

3) 시스템 통합 및 검증 도구

시험(Test) 엔지니어들은 소관 분야의 특정 도구를 보유하고 있다. 불필요한 추가 작업을 사전에 배제하기 위하여서는, 요건 및 아키텍처 정의 하부과정에서 사용한 요건 추적사항 도구를 시험 계획 수립 시에 사용하는 것이 중요하다.

3.
척도

1) 척도의 목적

프로세스 관련 척도를 수집하는 데에는 적어도 세 가지 이유가 있다. 첫째, 프로세스를 개선하기 위해서는 프로세스를 측정할 수 있어야 한다. 둘째, 척도는 비용 산정 및 필요 업무, 일정 계획에 필요한 자료를 제공한다. 셋째, 척도는 프로젝트의 실적을 다른 프로젝트나 기업들의 사례들과 벤치마킹할 수 있는 자료를 제공한다. 일반적이고 표준화된 프로세스의 실질적인 이득을 입증할 수 있는 척도를 보유한 경우에는 이러한 프로세스가 선호되게 마련이다. 척도에 대한 지침서로는 INCOSE의 "Metric Guidebook for Integrated Systems and Product Development"를 들 수가 있다.

2) 척도와 시스템엔지니어링 프로세스 담당자

프로젝트 관리 및 기능 관리 조직에 의해 선임된 시스템엔지니어링 프로세스 담당자들은 척도자료를 수집하고 이를 시스템엔지니어링 프로세스 관리팀에게 보고할 책임이 있다.

이 척도자료들을 결과물 개발 프로세스상의 확인시점이나 결정시점에서 수집하여 이를 시스템엔지니어링 프로세스 관리팀에게 보고한다. 척도자료들의 수집을 촉진하고 일반적 프로세스를 프로젝트에 맞도록 적용조정하기 위해서는 프로젝트 수준의

기업의 생존을 위한 시스템 콘셉트 개발 방법론

시스템엔지니어링 프로세스 관리팀을 구성할 수도 있다.

3) 척도자료 수집

시스템엔지니어링 프로세스 관리는 각 프로젝트가 척도자료 한 벌을 수집하고 이 프로세스 진행을 보고할 것을 요구할 수가 있다. 이 한 벌의 자료로부터 척도를 도출할 수가 있고 이 척도는 시스템엔지니어링 프로세스의 효율과 효과를 측정하기 위한 정보를 시스템엔지니어링 프로세스 관리팀에 제공할 수 있다.

이 척도를 지속적으로 파악함으로써 시스템엔지니어링 프로세스 관리팀은 첫째로 하층 시스템엔지니어링 프로세스 관리팀과 소관 프로세스 집행자들에게 전반적인 조망과 지침을 제공하고, 둘째로 일반적인 프로세스를 지속적으로 개선할 수 있도록 해야 한다. 비용, 성능, 생산성 및 기간에 대한 척도는 시스템엔지니어링 프로세스 관리팀이 도출하고 경영층에게 보고하는 경우도 있다.

척도자료는 여러 가지 방법으로 수집할 수 있다. 어떤 자료는 프로세스 담당자를 통해 프로젝트 내에서 얻을 수 있다. 다른 자료는 재무관리 시스템(비용/일정) 같은 기존의 자료원이나 탐문자료(고객 만족도)로부터 수집할 수도 있다.

4) 척도의 형태

척도는 〈표 5-1〉과 같이 분류할 수 있다. 이 표는 또한 각 척도 형태별 용도를 보여주고 있다. 척도 사용자들은 매우 다양하다. 척도 사용자들은 각기 매우 상이한 수요를 지닌다. 어떤 사용자는 프로젝트나 역무의 효율적인 진행을 위하여 거의 매일 척도가 필요한 반면에 일부 사용자들은 기업의 목표 달성을 확인하기 위하여 분기 또는 매년 단위로 척도가 필요하다. 나머지 사용자들은 시스템엔지니어링 프로세스를 전반적으로 개선하기 위해서나 단기적인 수요에 의하여 중간 정도의 빈도로 척도가 필요할 것이다.

추가로 척도 분석자들에게 유용한 정보들로는 다음에 열거하는 것들이 있다.

○ 정규화 인자

○ 품질 상관 인자

○ 비용산정 인자

정규화 인자는 프로젝트 및 기업들을 합리적으로 비교하기 위하여 원시 자료나 척도 자체를 정규화하는 데 사용한다. 그 예로는 다음을 들 수가 있다.

○ 프로젝트 형태(상업용 대 군사용)

○ 프로젝트 단계(개념조사 대 실제 개발)

○ 시스템 현황(신규 개발 대 개량 개발)

○ 복잡성(기능 요구사항 대 비기능 요구사항)

품질 상관 인자는 개발 활동의 품질을 무슨 요인들이 증진 또는 저하시키는지를 결정하기 위한 정보이다. 품질상관 인자는 몇몇 프로젝트에서 어떤 도구를 사용하였더니 품질과 생산성을 20% 이상 일관되게 증진시킨 사례를 척도 자료로서 분석함으로써 결정을 할 수가 있다. 이러한 도구의 조달, 훈련, 지원을 위한 투자를 정당화하기 위해서라도 품질상관 인자를 찾아낼 필요가 있다. 반대로, 어떤 특정 방법을 적용한 결과 역무 완료 기간이 길어진 반면 이에 상응하는 품질과 생산성 증진효과가 없었던 사례도 있을 것이다. 이 경우에는 그러한 방법을 배제 또는 개선하기 위한 적절한 조치가 필요하다.

〈표 5-1〉 척도의 기본 형태

기본 명칭	다른 명칭	전형적 용도
고객만족	품질가치 부가가치	• 개발비와 수익을 극대화하기 위한 우선순위 설정 • 고객의 수요와 지속적 접촉 • 하부(downstream)의 내부 고객을 위한 부가가치 결정
성능	결함률 품질 기능성	• 인도된 결과물의 신뢰도 결정 • 하부 조직에서의 재작업 비용 부담을 회피하기 위해서 결함을 충분히 사전에 발견할 수 있음을 판단 (시스템엔지니어링을 위해서 이 척도는 매우 중요하다. 이는 요건 정의 시점에서 개재된 결함들이 향후 프로젝트 비용/일정에 가장 심각한 영향을 미칠 수가 있기 때문이다.) • 결함의 근본 원인 색출 및 개선이 필요한 과정 도출

생산성	효율	• 주어진 역무 수행에 필요한 인력 또는 현물 자원(시설, 장비, 도구)의 효율 결정 • 새로운 방법, 도구, 시설에 대한 투자 정당화
비용	소요 인력 가격	• 다른 사업 조직이나 기업들을 대상으로 한 비용 벤치마킹 • 비용 지출 목표 만족 여부를 판정 • 예산액 대비 집행액 비교 • 프로젝트나 역무 비용을 산정
시간 간격	주기 시의적절성 일정	• 다른 사업 조직이나 기업들을 대상으로 한 역무 기간 벤치마킹 • 예정 시간 대비 실제 소요 시간 비교 • 프로젝트 역무 일정 개발
프로세스 성숙도	능력 성숙도	• 공정, 방법, 도구, 환경에 대한 동급 최고 수준 도출 • 프로세스 성숙도의 목표를 설정 • 다른 사업 조직이나 기업들을 대상으로 한 벤치마킹
프로세스 준수	정책 준수	• 프로세스 및 관련 자원(훈련, 도구, 문서) 투입의 성공도를 판정 • 정책 및 절차의 효과를 판정
프로세스 개선 기회의 수	고객 제의의 수	• 프로세스 개선 활동의 수준을 판정 • 프로세스 품질에 대한 경각심 수준을 판정 • 조직의 의욕 수준을 판정
결과물 성숙도	기술 성숙도 기술진도	• 기술적 위험도 수준 판정 • 기술 성숙도 판정 • 기술 이전 계획의 실현성 판정 결정 • 주요 일정 대비 수준 평가(예: TBDs/TBRs) • 주요 일정 대비 달성도 평가(예: 조치 사항)

비용산정 인자(CER: Cost Estimation Relationship)는 비용에 대한 변수분석(parametric analysis)에 사용된다. CER은 비용 기술자가 다른 프로젝트의 비용자료를 사용하는 것을 가능하도록 해준다. 특히, 개념정립 및 사전연구 단계에서 단순한 유사성 분석(similarity analysis)을 정당화할 만큼 다른 프로젝트의 하드웨어나 소프트웨어 개발을 기반으로 CER을 사용하여 비용의 정확도를 높이고 이 비용추정 역무 자체를 위한 소요비용을 줄일 수가 있다. CER 인자의 예로서는 인터페이스의 개수, 인터페이스의 복잡성, 인터페이스의 형태, 설치 위치(해변, 선상, 해저, 선로변 등), 신뢰도 수준, 지원 요소(현지조달 대 재고유지, 고객 대 계약자) 등이 있다.

제6장

체계적 적용

시스템엔지니어링 과정은 아무것도 없는 상태에서는 실행될 수가 없다. 시스템엔지니어링은 적합한 인원, 이 인원들을 위한 적절한 조직, 그리고 적절한 기능설계분야 (FDD: Functional Design Disciplines, 예: 소프트웨어, 기계, 회로기판, ASIC/FPGA, 마이크로웨이브, 시험장비 등)의 참여를 필요로 한다. 물론 계약, 구매, 제조, 투입, 특수공학(신뢰성, 정비성, 안전성, 인간공학, 현장지원, 훈련, 환경보전 등) 등 다른 분야의 참여도 있을 수가 있다.

또한 다양한 수준의 시스템 아키텍처를 정의하고 관련 설계 분야를 투입하는 시기가 적절해야 한다.

이 장에서는 시스템엔지니어링 프로세스 수행을 위한 프로그램 골격을 기술한다. 이 골격에는 시스템 분해구조(또는 결과물 계층구조), 조직분해구조(또는 프로젝트 팀 조직표) 및 프로젝트 공정이 포함된다.

1.
시스템 아키텍처

　이 책에서 기술한 시스템엔지니어링 프로세스는 시스템 결과물 계층구조의 각 수준에 대하여 반복적으로 적용해야 한다. 시스템은 필요 설계기능 분야가 독자적으로 고유의 전문 역무를 수행할 수 있는 수준까지 하향 방향으로 정의해 나가야 한다.

　다른 결과물에 최소한의 영향만을 미치며 여러 결과물을 동시 개발하기 위해서 이러한 연결고리의 해제가 필요하다. 이러한 '분할 후 통합' 접근 방식을 통해서 많은 업무를 동시에 수행할 수가 있고, 따라서 최단 개발 주기 달성이 가능한 경우가 자주 있다. 이렇게 하기 위해서는, 한 결과물에 대한 어떠한 변동도 다른 결과물에 영향을 거의 미치지 않도록 하기 위해서 혁신적인 시스템엔지니어링이 필요하다. 그러나 이러한 접근방식의 성패는 시간과 인원에 대한 초기 투자에 달려 있다. 만약에 시스템 하부 측의 이해관계자들이 초기의 시스템엔지니어링 프로세스에 참여하지 않으면 시스템 결과물을 충분한 수준까지 분해를 할 수가 없고 중요한 요건을 간과하는 경우가 발생할 우려가 매우 높다.

[그림 6-1]은 시스템 아키텍처를 개념적으로 보여주고 있다. 이 사례에서 시스템엔지니어링 프로세스는 결과물 계층구조 다이어그램 내의 각 음영된 블록에서 1회씩 도합 7회 수행된다. 계층구조 내의 각 수준은 '개발의 수준'으로 간주할 수 있다. 결과물 계층구조의 어느 수준에서도 기능설계 분야별 항목이 필요할 수 있음에 유의해야 한다. 예를 들어 두 개의 하부시스템이 서로 통합된 후에 시스템 수준에서 시스템의 기능성을 시험하기 위한 장비가 필요할 수도 있을 것이다. 이 시험 장비는 프로젝트 전체에서 유일성을 지닐 수도 있고 하부 수준의 시험 장비와 공통적인 특성을 일부 지닐 수도 있다.

가정을 논증하고, 성능 변수를 정의하고, 비용 및 공정상의 문제점을 도출하고, 위험도를 파악하는 등을 목적으로 시험장비 기능설계 분야에서 프로젝트 공정 초기에 시험장비 설계, 분석, 모형화 업무를 수행할 수도 있다. 사실 시험장비 기능설계분야의 역무는 절충 스터디, 기술 평가, 위험도 평가, 시스템 평가 등 시스템엔지니어링 프로세스 역무에 필요한 데이터를 제공하기 위해서 필요할 수 있다. 이러한 견해와 동일한 형태의 견해가 성공적인 시스템 개발을 위해서 필요한 다른 기능설계 분야에도 적용될 수 있을 것이다.

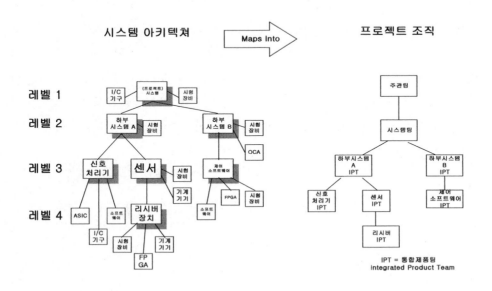

[그림 6-1] 시스템 아키텍처 내의 시스템 항목과 기능설계 분야 항목

기업의 생존을 위한 시스템 콘셉트 개발 방법론

2.
프로젝트 조직

프로젝트 수행 과정에서 역할과 책임에 관한 혼선 때문에 많은 문제들이 일어난다. 어떤 요건에 대한 책임을 누가 지니느냐에 대한 혼선이 자주 일어나며 특히 시스템 결과물 간의 인터페이스 요건에 대한 책임소재 혼선이 빈번하게 발생한다. 이러한 문제들을 방지하기 위해서는 프로젝트 조직을 시스템 아키텍처를 중심으로 구성하는 것이 최선인 경우가 자주 있다. [그림 6-2]는 앞에서 보여준 개념적 시스템 아키텍처에 대응하여 구성한 개념적 프로젝트 조직 구조이다. 유의할 점은 결과물 계층구조 상의 모든 블록에 대응하는 팀이 프로젝트 구조에 존재한다는 것이다. 이를 통해서 팀 간, 결과물 간의 명료한 책임 소재를 규정할 수가 있다.

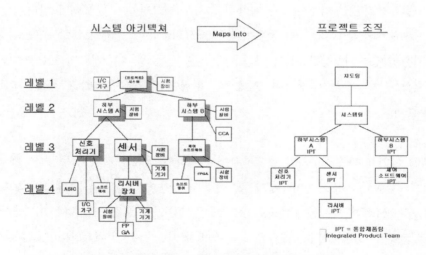

[그림 6-2] 시스템 아키텍처와 프로젝트 조직의 관계

시스템팀은 프로젝트의 시스템에 대해서 책임을 진다. 각 하부 결과물들은 고유의 통합제품팀(IPT)이 개발한다. 시스템팀과 통합제품팀은 기술적인 사항에 주로 집중하는 반면에 지도팀은 대고객 인터페이스, 영업, 사업개발, 프로젝트 전략, 기업 간 제휴, 자원 계획(인력, 시설), 계약 등 프로그램적 문제에 대해서 폭넓은 시야를 가진다.

보다 작은 규모의 프로젝트에서는 시스템팀과 지도팀을 합쳐서 운영할 수도 있지만 여러 가지 이유로 인하여 이 두 팀을 분리 유지하는 것이 바람직하다. 왜냐하면 시스템팀은 어떤 특정 접근 방식에 감정적으로 얽매이는 경우가 많은 반면 지도팀은 보다 객관적인 입장을 취하는 경우가 많기 때문이다. 그러나 지도팀은 기술적인 쟁점에 대하여 지나치게 간여하지는 말아야 한다. 이는 객관성에 영향을 받을 수가 있기 때문이다.

시스템팀과 각 IPT는 그들의 고유 결과물과 관련된 기능설계분야 항목에 대해서 전적인 책임을 가져야 한다. 각 팀에는 관련 기능설계 분야 및 특수전문 분야의 대표들이 임명되어 있어야 한다. 프로젝트 초기에는 시스템 아키텍처를 모를 수도 있으므로 IPT를 구성할 필요는 없다. 그러나 일단 IPT를 구성한 후에는 결과물을 나올 때까지, 어떤 경우에는 현장 인계 시까지, IPT가 책임을 갖는다.

모든 결과물지향적 팀들에서는 제한된 수의 정예요원들이 활동해야 한다. 이상적인 정예요원의 수는 7명(± 2명) 정도이다. 정예요원들은 일반적으로 팀 존속 전 기간에 걸쳐서 활동한다. 정예요원이 아닌 팀원들은 다른 분야의 기술적 또는 비기술적인 인력으로서 임무를 수행하며, 지속적인 투입이 필요하지는 않고 적절한 임무를 부여받는다.

정예팀은 언제 특수전문가가 필요한지를 결정하여 필요 기간과 업무량을 정의해야 한다. 시스템팀과 지도팀은 IPT에게 특수전문가 활용에 대한 지침을 제공해야 한다. 지도팀과 시스템팀은 통상적으로 초기에 정예요원을 모집, 배치하여 IPT 구성을 촉진할 필요가 있다. 초기 정예팀은 그다음에 어떠한 다른 정예요원들이 필요한지를 결정한다.

각 팀은 명확한 규칙을 제정하는 것이 매우 중요하다. 팀이 실패하는 주원인 중의 하나는 임무와 책임에 대한 오해이다. 팀원들의 임무, 책임, 권한(RRA: Roles, Responsibilities and Authority)을 확정하고 팀원들의 동의를 얻어야 한다. 모든 이해관계자들은 각 팀의 입장을 명확히 이해할 필요가 있다.

　　이러한 프로젝트 조직구조를 반드시 준수할 필요는 없다. 왜냐하면 상이한 조직구조를 지니게끔 하는 각 프로젝트 고유의 제약요인들이 존재하는 경우가 자주 있기 때문이다. 많은 프로젝트들이 고객의 조직구조에 맞추어 조직을 구성하기도 한다. 그러나 가능한 한 결과물 계층구조와 일치하는 조직을 구성하는 것이 최선책이다.

3.
프로젝트와 결과물 간의 문제점

[그림 6-3]에 나타난 팀들로서는 프로젝트가 직면한 어떤 문제들을 해결할 수 없는 경우가 있다. 이러한 경우는 문제가 여러 결과물이나 여러 프로젝트에 관련되어 있을 때 발생한다. [그림 6-3]은 여러 종류의 CPT(Cross Product Team/Cross Project Team)가 어떻게 결과물 지향적 팀에 관련되는지를 보여주고 있다. CPT 문제의 예로는 설계목표 비용, Six-Sigma, 개발기간, 결과물 재활용, 요건관리, 형상 관리, 정보관리, 품질보증, 인터페이스 정의를 들 수가 있다.

CPT와 일반 프로젝트 팀과의 관련성에는 종속, 지배, 정보교환의 세 가지 유형이 있다. IPT는 소관 결과물과 기타 여러 항목 간의 인터페이스 정의 등 특별한 문제 해결을 위해서 CPT를 구성할 수가 있다. 이 경우 CPT는 자신을 구성한 IPT에 종속된다. 또는, IPT가 상위 수준 팀의 지시를 따를 의무를 지니기도 한다. CPT는 CPT의 결정 사항의 영향을 받는 다른 결과물팀들 또는 기업, 기관 내의 다른 프로젝트들, 다른 그룹들 등과 정보교환망을 지닐 수도 있다. 간혹 기능설계 분야의 프로젝트 간 문제점들을 해결하기 위하여 CPT가 구성될 수도 있다. 예를 들어서 소프트웨어 개발 기술자들은 공통의 절차, 도구, 용어, 구성요소 재사용 등을 목표로 협력할 필요가 있다. 왜냐하면 통상적으로 IPT는 특정 분야만이 아닌 다른 분야의 인원들로 구성되는 반면에, 각 개인은 소관 분야의 동료들의 생각과 아이디어를 공유할 필요가 있는데 CPT가 특정 분야의 발전을 위한 매개체가 될 수 있기 때문이다. 프로젝트 차원에서는 지도팀이 CPT를 구성하여 결과물 재활용, 품질보증 등 프로젝트 간 문제점들을 해결할 수가 있다. CPT는 잠정적으로 또는 프로젝트 전 기간에 걸쳐서 운영할 수 있다.

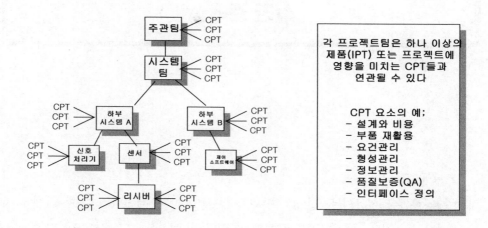

IPT = 통합제품팀 (Integrated Product Team)
CPT = 중첩제품/프로젝트팀 (Cross-product/Project Team)

[그림 6-3] 결과물과 프로젝트 간 문제의 해결

4.
시간 종속성

시스템엔지니어링 프로세스는 시스템 결과물 계층구조 내의 각 시스템 항목에 대하여 개념화와 특성화의 두 단계로 적용될 수도 있다. 이 절에서는 이 두 단계를 시간 관점에서 초점을 두어 다루기로 한다. 그러나 이 두 단계는 예시용으로만 제시한 것이다. 비록 이 두 단계 분류가 어떤 경우에는 유용한 것으로 판단되었지만 각 기업이나 기관은 시스템엔지니어링 프로세스를 자신의 개발 프로세스에 응용하기 위한 최선의 방식을 결정해야 한다.

개념화 단계의 업무량은 특성화 단계에 필요한 업무량에 비하면 미미한 경우가 종종 있다. 개념화 단계에서의 주목적은 지평선을 죽 훑어서 땅이 어떻게 놓여 있는지를 이해하고 방해물을 찾아내는 것으로 비유할 수가 있다. 그다음에 특성화 단계에서는 가장 위험도가 높은 결과물 요소에 치중하여야 한다. 개념화는 특성화를 위한 기초 공사로서 프로젝트 전반적인 위험도를 줄이는 것이다.

두 단계를 거치며 각 단계에서 동일한 분량의 프로세스 역무를 수행한다면 개발 주기가 짧아지는 것이 아니라 길어질 뿐이다. 이것이 동시공학의 미스터리 중 하나이다.

1) 공정과의 관계

개념화 단계와 특성화 단계의 접근방법으로 별 보상이 없는 역무들에 힘을 낭비하지 않을 수가 있기 때문에 개발기간을 줄일 수가 있다. 이들 두 단계의 반복적 성질은 양파의 껍질을 하나씩 벗기는 것과 마찬가지이다. [그림 6-4]는 어떻게 이 두 단계가 프로젝트 일정에 나타날 수 있는지를 예시하고 있다. 두 번째 층 결과물의 개념화 단계는 첫 번째 층의 개념화 종료 이전에 개시할 수도 있으며, 아마 개시할 필요가 있을 수도 있음을 나타낸다. 또한, 두 번째 층 결과물의 특성화 단계는 첫 번째 층의 특성화 개시 이전에 개시할 수도 있다. 기능설계 분야 항목을 위한 계획 및 설계업무는 프로젝트 전반적인 위험도를 조심스럽게 평가한 결과에 의거, IPT가 필요하다고 판단하면 항상 개시할 수가 있다. 너무 늦게 개시하면 개발기간이 길어지며 너무 일찍 개시하면 재작업이나 자원 낭비라는 허용할 수 없는 위험도를 초래한다.

비록, 두 단계 사이에 명료한 구분이 있을 것처럼 보이지만 현실에서는 어떠한 프로세스도 단계가 명료히 구분되지 않는다. 어느 정도의 중첩을 허용하는 예외나 환경이 반드시 존재하기 마련이다. 이를 충분히 이해하여 어느 정도의 중첩이 적절한지를 시스템엔지니어링 계획 역무를 통해서 결정해야 한다.

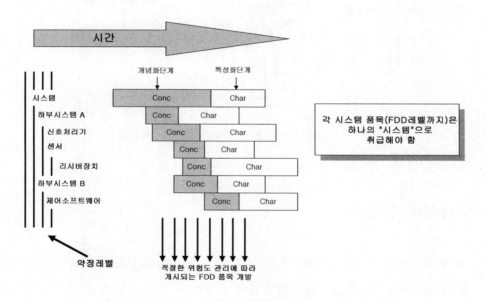

[그림 6-4] 개념화 및 특성화 단계의 시간 종속성

2) 개념화 및 특성화 단계 간의 시간차

　[그림 6-5]는 특정 결과물 개발 프로젝트에서 두 단계 사이에 어떻게 시간차가 존재할 수 있는지를 예시하고 있다. 이러한 사례가 가능한 데는 이유가 있을 수 있다. 상위 수준에서의 특성화 업무는 하위 수준 결과물의 개념에 좌우된다. 또는 상위 수준의 특성화 담당자가 하위 수준 결과물의 개념화에 참여할 수도 있다. 어떠한 수준에서도 시스템엔지니어링 역무들 간의 시간차로 인해서 비용, 공정, 위험도 측면에서 프로젝트에 악영향을 미치지 않도록 확인하는 것은 시스템팀과 지도팀의 책임이다.

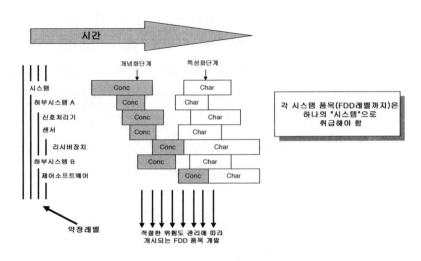

[그림 6-5] 개념화 및 특성화 단계의 시간차

3) 계약의 영향

　어떤 경우에는 두 단계 간의 시간차 설정에 제안요청서(Request for Proposal)나 수주와 같은 계약상의 요인을 반영해야 한다. [그림 6-6]은 일부 개념화 역무들이 제안요청서 접수 이전에 개시되어 수주 시점까지 계속됨을 보여주고 있다. 수주 시점이 바로 특정 프로젝트에 대한 특성화가 처음으로 개시되는 시점일 수도 있다.

　예시한 사례에서는 시스템에 책임을 지는 주계약자가 있고 하부시스템 A에 대해서는 세 개의 잠정 협력업체 계약자가 존재한다. 각 잠정 협력업체 계약자는 소관 부분에 대한 개념화를 각기 다른 시기에 다른 방식으로 수행한다. 이 중 세 번째 업체는 자신의 센서가 리시버장치를 필요로 하지 않거나 리시버장치가 기존의 상용제품이라서 개발 필요성이 없으므로 리시버장치에 대해서는 아무런 업무도 수행하지 않고 있다. 주계약자가 결국에는 위험도 분산 차원에서 셋 중 두 업체에 발주를 하였다.

이 장에서 설명한 시나리오들은 단지 예시일 뿐이다. 각 프로젝트는 고유의 특성을 지니는 바 경우에 맞는 프로젝트 구조와 공정을 마련할 필요가 있다.

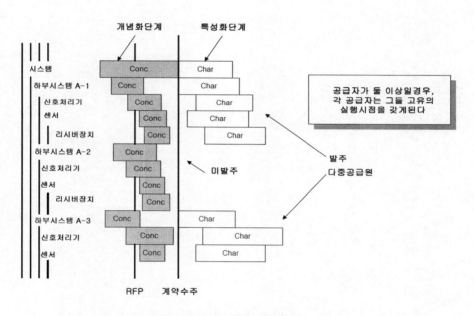

[그림 6-6] 계약 수주 및 하청계약 발주 시나리오

제7장

시스템엔지니어링
적용 사례

이 장에서는 프로젝트팀이 시스템엔지니어링 과정을 좀 더 효과적으로 사용하는 데 도움이 되도록 하기 위해 실제 산업현장에 적용한 시스템엔지니어링 사례들을 살펴보기로 한다.

1.
소규모 프로젝트에서의
SEMP 적용조정과 사용

    소규모 프로젝트 혹은 보다 큰 규모의 프로젝트로서 대체로 성숙 단계에 있으나 시스템엔지니어링 분야를 도입하여 이득을 얻을 수 있는 경우에는 기술관리 계획에 다음과 같은 접근방식을 고려해야 한다.

    계약상으로는 SEMP를 필요로 하지 않을 수 있다. 그렇지만, 모든 프로젝트는 내부의 각 분야를 유지하고, 우수한 품질의 결과물을 생산하며 비용목표를 달성하기 위해서 기술역무 관리계획을 필요로 한다. 이러한 경우에는 완전한 SEMP 내의 각 역무들을 부분적으로 수행하거나 역무 중 일부를 모아서 재정의한 후 수행하는 것이 꼭 필요한 목표는 아니다. 오히려 시스템엔지니어링 관리자는 시스템엔지니어링 유의를 필요로 하는 프로젝트의 요소들을 도출하고 더 상세한 수준의 SEMP 양식이나 기존 보유 과정들을 근간으로 하여, 계획을 조정·수립해서 프로젝트를 시스템엔지니어링적으로 관리해야 한다. 그러한 계획은 수 페이지로 문서화하여 프로젝트 및 내부 조직의 승인을 얻어야 한다.

    일반적으로, 모든 프로젝트는 공정 Time-Line이나 Mircosoft Project와 같은 유명한 프로젝트 관리 소프트웨어를 사용하여 수립한 공정 및 시험을 포함한 요건 추적 매트릭스(소규모 프로젝트에서는 dBase, Paradox, Access와 같은 상용 데이터베이스를 사용하는 것이 좋다), 형상 관리, 변경관리 시스템을 보유해야 한다.

비록 계약서에 명시되지 않았더라도 적어도 다음의 문서들을 생산해야 한다.

○ 계획 자체
○ 공정(자원, 비용, 그리고 역무 간 상호의존성을 포함한)
○ 요건 시방서
○ 요건 추적 매트릭스(시스템 시험을 포함할 수도 있는)
○ 형상 품목 목록(모든 참여자들이 무엇을 생산하는지를 알 수 있도록 하드웨어 및 소프트
    웨어 모두에 대해서 충분히 상세하게)
○ 수정요청서 모음(주기적인 검토의 대상인)

과정의 다른 요소들도 프로젝트에 이득이 되는 경우에는 이를 사용하고 규정해야
한다. 최소한 비용, 일정, 생산성 및 성능에 대한 척도를 유지해야 한다. 이러한 접근
방식의 사례를 아래에 소개하기로 한다.

기업의 생존을 위한 시스템 콘셉트 개발 방법론

2.
DCSS

디지털 회의 및 스위칭 시스템(DCSS: Digital Conferencing and Switching System)은 기존의 시스템에 특수 설계된 하드웨어 스위치와 스위치 및 PC 제어기 모두에 내장된 복잡한 회의 진행 소프트웨어를 부가한 것으로 특정 지울 수 있다. 이는 상용 제품으로서 장치와 기능에 대한 빈번한 보완이 이루어지고 있다. DCCS는 많은 컴퓨터 사이트들에서 채택되고 있는데 고객들이 매우 특수한 회의 진행 기능을 강조하고 있다.

특정 고객을 위한 프로젝트로서 수년 전에 설계에 착수하였으나 아직 시방서 및 요건 계층구조를 개발하지 못했었다. 따라서 고객들의 대부분은 DCCS를 이익 창출에 사용하려는 사람에게 미치는 심각한 영향을 배제하기 위하여 추가나 변경을 엄격하게 실시하였다.

시스템이 성장하여 시장에서 성공을 거둠에 따라서 상대적으로 낮은 비용으로도 현저한 이득을 실현하기 위하여 기존 과정 및 기술 관리 계획을 수정할 필요성이 생겼다. 이 프로젝트의 계획은 시스템엔지니어링 프로세스와 SEMP에서 해당되는 부분을 추출, 적용 조정하여 수립하였다. 이 계획은 단순화시킨 "ESS 기능 정의 및 평가 양식"을 토대로 하여 새로운 기능을 도입하기 위한 선행 과정들을 확립하였다. 또한 정비 기록 및 변경 관리 처리 프로세스를 검토하여 고객이 제시한 의문점과 문제점들을 소프트웨어 및 하드웨어 변경에 반영하였다.

또한 기능 요건 및 성능 요건을 데이터베이스화했는데 여기에는 시험 절차 및 결과, 기발행 변경 요청서의 추적이 포함되었다. 변경 요청서 추적 프로그램은 DCSS 프로젝트에서 이미 수년간 사용해 온 것이다. 개인별 상세 역무와 투입률(비용 산정 및 통제를 위한)을 포함한 프로젝트의 모든 개발 프로세스에 대한 상세 공정을 수립하였다.

위에서 설명한 모든 방법과 프로세스들은 수 페이지 정도의 계획서에 기술했는데 이 계획서는 수행할 시스템엔지니어링 활동의 개요와 작성할 문서 목록을 담고 있다. 개선 사항들을 시행하여 모든 역무의 60~70% 정도를 개선하였다.

3.
대 잠수함 음향감지시스템 통합

　대 잠수함 음향감지시스템(SOSUS: Sound Surveillance System) 통합 프로젝트는 종료 단계에 접어들자 주로 유지보수에 집중하게 되었다. 고객이 시스템 설치 장소를 줄이며 통합을 계획함에 따라 시스템의 하드웨어 및 소프트웨어의 변경이 이루어졌다. 동시에 예산이 급격히 삭감되어 참여 인원도 줄여야만 하였다. 이러한 상황 때문에 프로젝트에 취약 부분이 발생하였는바, 프로젝트를 성공적으로 완수하기 위해서는 문제 파악 및 해결해야만 했다.

　잔여 프로젝트는 통합제품팀(IPT)이 수행하였는데 다음 열거한 사항들에 대한 시스템엔지니어링적인 노력에 주목되었다.

　○ 잔여 역무들에 대한 상세 일정 수립
　○ 장소 통합을 위한 다음번 월례 요건 검토
　○ 자재 관리 프로세스
　○ 소프트웨어 수정 요청 통제 프로세스
　○ 형상 정의에 필요한 업무의 순서 및 효율 관리
　○ 운영 개요 제정
　○ 시공 계획 수립 및 실행

　중점 분야 및 이에 대한 접근 방식은 수 페이지 정도의 계획서에 문서화하였는데 이 계획서에는 공정 및 각 중점 분야별 프로세스 문서가 첨부되었다.

4.
NASA의 사례

　이 절에서는 미국의 NASA가 수행한 시스템엔지니어링 표준화 작업의 내용을 살펴보기로 한다. NASA는 동시공학 기법을 토대로 통합제품팀을 구성하고 표준화를 추진하였는데 표준화 작업의 결과물로 만들어진 NASA Handbook의 구성내용을 중심으로 시스템엔지니어링의 기본요소들이 어떻게 반영되었는지를 소개하였다.

　NASA는 첫째로 공통의 상호 이해 가능한 출발점을 만들어 논리적이고 모순 없는 계획을 쉽게 수립하고, 둘째로 모든 중요 활동들을 잊어버리지 않기 위한 상시 참고 자료를 제공하며, 셋째로 성공적인 사례들을 농축하여 개선 가능하고 확고한 사례 기반으로 활용하기 위하여 핸드북을 만들었는데 그 핸드북은 다음의 핵심 4분야로 구성되어 있다.

　○ 업무 정의 및 논리적 흐름(수명주기 모델)
　○ 특정 시점에서의 요건 완성도 정의(통제 마일스톤)
　○ 제품(컨셉 및 시제품 포함)에 대한 설명과 완성도(제품 사전)
　○ 표준정의집

1) 업무 정의(수명주기 모델)

업무정의 편에서 NASA는 업무를 초기 임무에서 최종 시스템 폐기까지 수명주기를 [그림 7-1]에서와 같이 10단계로 구분하고 있는데 전 단계에서 다음 단계로 갈수록 기술활동의 특성이 바뀌고 업무량이 대폭 늘어난다. 다음 단계로의 전환은 입출력 기준 통과 즉, 통제 게이트(Control Gate) 통과를 필요로 한다.

수명주기 단계 중에서 시스템 정의 단계를 요약하면, [그림 7-2] 및 <표 7-1>과 같다.

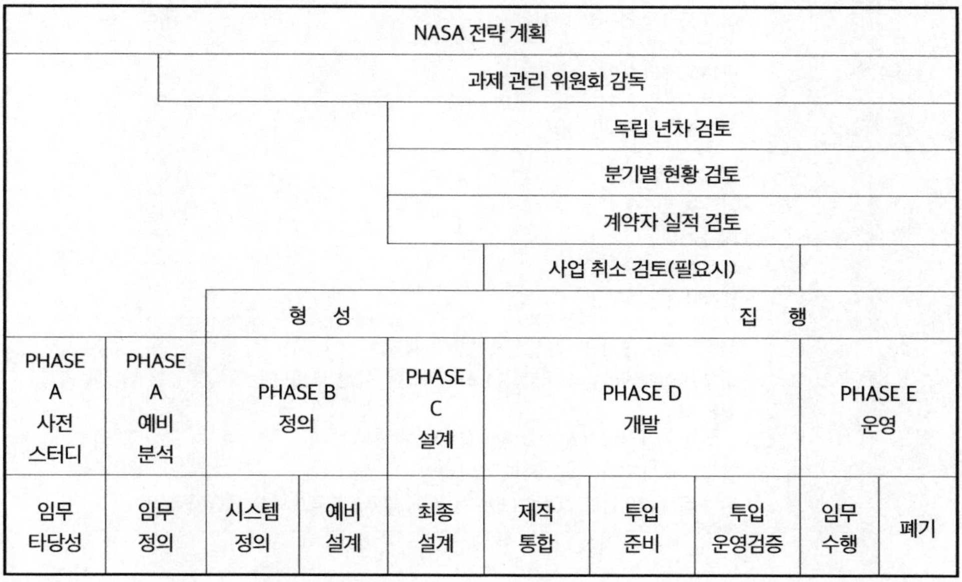

NASA 전략 계획									
	과제 관리 위원회 감독								
		독립 년차 검토							
		분기별 현황 검토							
		계약자 실적 검토							
			사업 취소 검토(필요시)						
	형　성				집　행				
PHASE A 사전 스터디	PHASE A 예비 분석	PHASE B 정의		PHASE C 설계	PHASE D 개발			PHASE E 운영	
임무 타당성	임무 정의	시스템 정의	예비 설계	최종 설계	제작 통합	투입 준비	투입 운영검증	임무 수행	폐기

[그림 7-1] NASA 제품 수명주기 단계

목표	- 최종 결과물에 대한 논증된 요건을 확립(기능 기준을 완료) - 설계 아키텍처를 완성 - 기술적 위험도 완화(특히 핵심기술과 제작기간이 긴 품목) - 소요 자원 산정 및 확정 - 프로그램상의 위험도 완화 - 시스템이 비용, 일정, 성능 제약요건을 만족시킴을 입증 - 본격적 전면 개발을 위한 준비 완료
주요 출력	- 예비 설계 시방서 - 인터페이스 요건 - 기술개발 결과 - 엔지니어링, 기술관리 계획 - 비용, 일정 산정 결과
주요 결정 사항	- 시스템 및 각 부분을 획득 개시할 만큼 충분히 이해했는가? - 어떤 품목을 획득해야 하는가?
시점	- PHASE B의 초기
통제 관문	- 시스템 정의 검토(SDR)
주요 내부 문서	- 인터페이스 요건 - 검증 매트릭스 - 폐기 계획 - 제품 보증 계획 - 엔지니어링 계획
특성	- 정부 기관이나 계약자가 일차적인 연구 책임 - 최상위 설계에서부터 시작하여 하부시스템, 핵심 부품 수준에서의 집행 업무에 초점을 두게 됨 - 구매 및 상세설계 계획 업무가 많음 - 설계와 분석을 위한 비교적 대형 팀 운영 - 팀 활동을 고위험도, LONG LEAD 품목에 대한 프로젝트 개념 입증에 주력

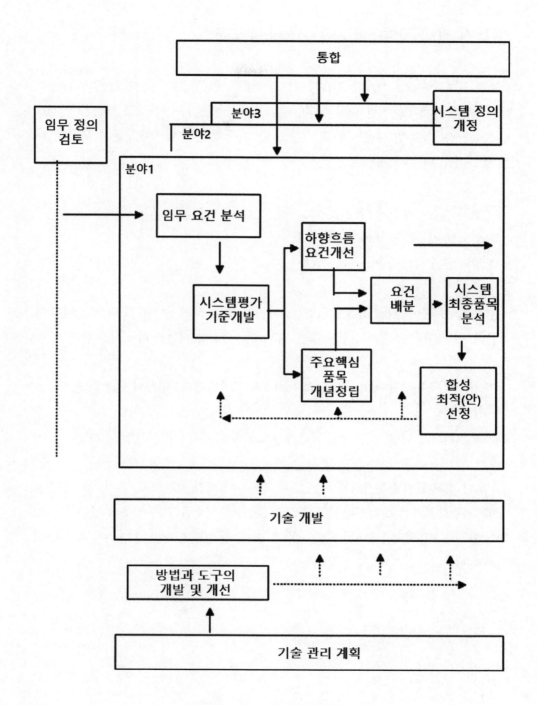

[그림 7-2] 시스템 정의 과정

2) 요건 진도 정의(통제 게이트, control gate)

통제 게이트란 프로젝트의 기술적 진도를 당초 계획과 대비평가하는 업무로 정의한다. 즉, 통제게이트는 한 번의 회의나 검토가 아니라 지속적인 프로세스이다. 검토 결과가 만족스러우면 다음 단계로 이동을 할 수가 있다. 통제게이트 통과 방법은, 다음 세 단계로 나누어진다.

○ 권고를 받아들이고 다음 단계로 이동
○ 권고를 거부하고 프로젝트를 종결
○ 방향을 수정하여 현 단계를 반복

통제 게이트는 두 가지 목표를 갖는다. 다음의 두 가지 목표를 각기 다른 조직이 점검한다. 만약 같은 조직이 점검을 하는 경우에는 점검의 관점을 바꾸어야 한다.

○ 기술적 측면에서 이제까지를 돌아보아 프로젝트가 현 단계의 목표를 달성했는지 확인
○ 프로젝트가 다음 단계 진입 완료가 되었는지를 기술관리 측면에서 전망

시스템 정의 단계를 완료하기 위한 통제 게이트의 예를 살펴보자. 먼저 시스템 정의에 대한 검토절차를 요약하면 〈표 7-2〉와 같으며, 시스템 정의 업무의 결과물과 이들의 완성도 정도를 나타내면 〈표 7-3〉과 같다. 완성도에 대한 설명은 〈표 7-4〉에 수록하였다.

기업의 생존을 위한 시스템 콘셉트 개발 방법론

〈표 7-2〉 시스템 정의 검토 절차

목적	제안된 시스템 아키텍처를 검토하고 시스템의 모든 기능 요소로의 요건 하향 흐름을 검토
목표	· 아키텍처가 허용가능하고, 요건 배분이 합당하여 임무목표를 만족시킬 수 있는 시스템을 제약요건 내에서 축조 가능함을 입증 · 시험 및 검증 프로그램이 적절하고 시험기준이 정의되었음을 확인 · 최종 결과물 허용기준 설정 · 다음 단계의 개발이나 획득 활동에 적절한 상세 정보가 존재함을 확인
성공적 완료 기준	SDR 보고서의 점검표로 다음을 사용한다. · 최상위 수준의 시스템 설계가 시스템 요건, 안전 목표를 만족시키고 운영상의 필요사항을 지적하였는가? · 선정된 최상위 수준 시스템 설계로 비용 한도 내에서 일정 내에 시스템을 축조할 수 있는가? 시스템 요건 및 선정된 아키텍처로 볼 때 비용 및 일정 산정이 합당한가? · 모든 시스템 수준의 요건이 한 개 이상의 요소에 배분되었는가? · 하부시스템 및 요소에 대한 주요 설계 쟁점들이 파악되었는가? 주요 위험 부분이 완화 대책과 더불어 파악되었는가? · 개발 및 설계 과정을 통제하기 위한 계획이 수립되었는가? · 주요 설계 결정에 필요한 자료를 얻을 시험계획이 있는가? · 최종 결과물 성능에 대한 최소 허용기준이 문서화되었는가? · 제의활동을 지원하기 위한 충분한 정보가 존재하는가? · 논증된 요건 세트가 준비되었는가? · 시스템 정의는 충분한가? · 비용 및 일정 산정이 타당한가?
검토 결과	· 시스템 및 이의 운영에 대한 사항을 충분히 이해할 수 있을 정도이므로 최종 결과물의 설계와 획득을 추진해도 된다. · 시스템 및 segment에 대한 승인시방서를 발간해도 되며, 기능요소에 대한 예비시방서를 발간해도 된다. 설계 및 요건 변경을 통제할 수 있는 형상관리체제가 확립되어 있다. · 확장될 기술업무를 통합, 통제할 계획이 마련되어 있다.

<표 7-3> 시스템 정의 업무의 결과물

구분	결과물	성숙도(완성도)
제품 시스템	환경보호계획	P
	시방서 설계(design to spec.)	P
	폐기 요건	P
	환경 시방서	F
	인터페이스 요건서	P
	임무 필요 설명서	AE
	소프트웨어 시방서	P
	시스템 시방서	F
	검증 계획서, 검증 요건	P
	설계 설명서(일반)	P
	설계문서 및 도면	C
	하드웨어 설계 문서	C
	소프트웨어 설계 문서	C
	하드웨어/소프트웨어 목록	F
	계측제어 프로그램 및 명령 목록	P
	인터페이스 통제 도면	P
	임무 개념 및 아키텍처	F
	제품분해구조	◎
	제작 계획	C
	품질보증 계획	P
	운영 계획	C
	운영 개념서	◎
	통합 지원 계획	P
	부품 관리 계획	P
	수명주기 비용 산정서	◎
	절충 스터디 보고서	●
	비용/효과 분석 보고서	◎
분석 및 평가 제품 시스템	핵심 시스템/안전 위해 보고서	◎
	환경영향 평가서	◎
	고장 형태 및 효과 보고서	◎
	기능 흐름 분석	◎

기업의 생존을 위한 시스템 콘셉트 개발 방법론

분석 및 평가 제품 시스템		현장 지원 분석	◎
		신뢰도 분석	◎
		생산가능성/제조가능성 스터디 및 감사	◎
		특수 공학 분야 스터디	◎
		개발 시험 계획	F
		시범 및 시험 결과	●
		기술 시범 결과 평가 도구	●
		분석 모델	◎
		시스템공학 도구	●
		시험 시설/장비 관리 계획	◎
		통합현장지원 계획	◎
		신뢰도 계획	P
		소프트웨어 관리 계획	P
		소프트웨어 개발 계획	F
		SEMP	●
		시스템 안전 계획	F
		오염 관리 계획	P
		설계 개발 계획	P
		적재물/운송체 통합 계획	P
		TPM 계획	P
		엔지니어링 마스터 플랜/일정	●
		형상 관리 계획	F
		문서 수목	F
		도면 수목/엔지니어링 도면 목록	P
		시방서 수목	P
		위험도관리 계획	AE
		프로젝트 관리 계획	F
		임무 설명서(SOW)	F
기타		프리젠테이션 자료	●

C	개념 단계. 많은 변경 예상
P	예비 단계. 다소의 변경 예상
F	최종 단계. 승인대기 중. 변경 계획 또는 가능성 없음
AE	기존 결과물의 갱신
◎	부분완성, 불완전, 최상위 수준
●	완료
U	엔지니어링 부서
Q	인증 부서
E	최종 품목

제품의 완성도를 평가하는 기준을 살펴보면 다음과 같다.

FUNCTIONAL BASE LINE

주 아키텍처 관점에서의 설계 완료(시스템/세그먼트 A 시방서)

DESIGN TO BASE LINE

실행 관점의 설계 완료(주품목, 말단품목 최종품 설계 B 시방서)

BUILD TO BASE LINE

현실화 관점의 설계 완료(말단 품목 축조 C 시방서)

AS BUILT BASE LINE

제작 및 시험 완료(매뉴얼)

AS DEPLOYED BASE LINE

운영능력 입증

3) 제품(중간제품 포함)에 대한 설명과 완성도(제품사전)

수명주기 동안 다양한 결과물들이 존재한다. 이 결과물들은 각기 고유의 목적과 완성도를 지닌다. 따라서 각 결과물에 대한 명확한 정의를 내리고 완성도 모델을 제시하기 위하여 제품사전을 만든다.

주안점은 첫째로 프로젝트 문서의 종류를 줄이고, 둘째는 계약자의 양식을 수용하고, 셋째로 문서 전산화를 가능하도록 하는 데 있다. 이를 통해서 프로젝트의 총비용을 절감하고 계약자의 설계업무를 불필요하게 간섭하지 않게 되었다.

4) 표준 정의집

비록 사소한 업무 같지만 매우 중요하다. 조직이 다르면 다른 업무에 같은 용어를 쓰고 같은 업무에 다른 용어를 쓰게 마련이다. 따라서 용어에 대한 동일한 정의와 통용이 필요하다.

5.
TASC 사례

SE(systems Engineering) 전문 업체인 TASC Inc.은 100~125개의 다양한 프로젝트에 대한 자문을 동시에 수행하는 바쁜 회사로서 그동안 시스템엔지니어링에 대한 표준과정 없이 프로젝트별 참여 인력별로 과정을 다르게 적용해 왔으나 표준과정을 제정함으로써 첫째로 프로젝트의 착수 비용과 노동력을 줄이고, 둘째로 광범위한 최선책(best practice)들 중에서 선택의 여지를 확보하며, 셋째로 주요 고객이 표준과정 보유를 RFP의 요건으로 내세움에 대처하고자 하였다. 이를 위해 TASC는 표준 SE 과정을 정립하여 이 과정을 고객의 개발 활동에 적용하고 그 유용성을 확인하였다.

1) SEP(Systems Engineering Plan)의 개발 단계

(1) 1단계: SEP에서 필요한 과정을 도출

TASC는 SEP의 개발 1단계로서 [그림 7-3]과 같이 SEP의 구성요소를 도출하였다.

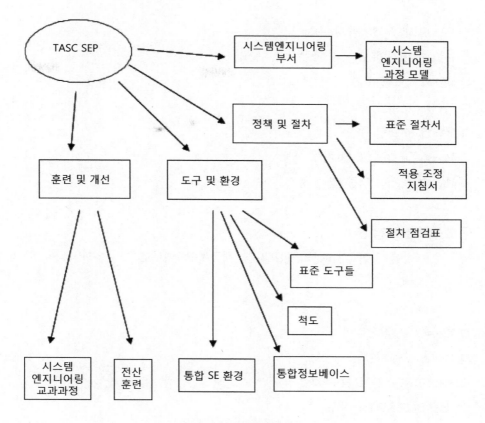

[그림 7-3] TASC SEP의 구성 요소

(2) 2단계: SE 능력 성숙도 모델 선정

강력한 능력 성숙도 모델을 선정하여 자체 과정 평가의 기초로 삼는다. 이를 위해서 EPIC(Engineering Process Improvement Consortium)의 SE 능력 성숙도(SE capability maturity model: SE-CMM)를 사용하였다. TASC의 SEP는 SECMM의 18개 과정 분야와 TASC 고유의 5개 과정 분야로 구성된다. 각 과정 분야는 3개의 일반 범주, 즉 엔지니어링, 프로젝트 그리고 회사로 분류된다.

① 엔지니어링 과정 분야

개발과정의 기술적, 엔지니어링적 관점에 주안점을 두며, 다음과 같은 역무들로 구성된다.

○ PA-01: 대안 해법들의 분석

○ PA-02: 요건의 도출 및 배분

○ PA-03: 시스템 아키텍처로의 진화

○ PA-04: 분야 통합

○ PA-05: 시스템 통합

○ PA-06: 고객 수요 및 기대 이해

○ PA-07: 시스템 검증 및 논증

② 프로젝트 과정 분야

성공적 개발을 위한 기술관리 인프라를 제공하는 역무로서 다음과 같은 것들이
있다.

○ PA-AC: 프로젝트 마감

○ PA-08: 품질 확인

○ PA-AE: 프로젝트 척도 정립

○ PA-AB: 프로젝트 착수

○ PA-09: 형상 관리

○ PA-10: 위험도 관리

○ PA-AA: 보안 관리

○ PA-11: 기술 업무의 모니터링 및 통제

○ PA-12: 기술 업무 계획 수립

③ 기업 과정 분야

프로젝트의 관점에서가 아니라 기업의 관점에서 시스템엔지니어링이 필요로 하는
것을 직접 지원하는 비즈니스 인프라를 제공하며, 다음의 역무들이 있다.

○ PA-AD: 이해 상충 방지

○ PA-13: 공급자 업무조정

○ PA-14: 기업의 시스템엔지니어링 프로세스 정의

○ PA-15: 기업의 시스템엔지니어링 프로세스 개선

○ PA-16: 생산라인 개선 관리

○ PA-17: 시스템엔지니어링 지원환경 관리

○ PA-18: 최신 지식과 기법 제공

(3) 3단계: 시스템엔지니어링 프로세스

이미 사내에서 사용되는 많은 모델 중 하나의 모델을 개발하고 과정 분야의 개발은 시스템 수명주기 전반에 대해서 이루어졌다. 아래의 [그림 7-4]처럼 SEP는 과정 분야들을 TASC의 각 분야 활동과 관련지었다.

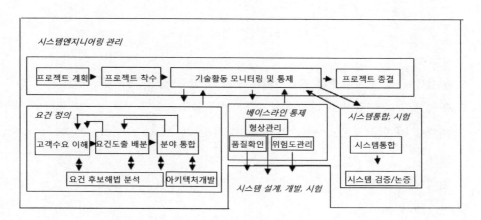

[그림 7-4] TASC 시스템엔지니어링 프로세스

(4) 4단계: 각 프로세스 내용의 문서화

네 번째 단계는 프로세스의 내용을 명료하게 문서화하는 것이다. 모든 프로세스 분야가 모든 프로젝트에 다 적용되는 것은 아니므로 프로젝트 책임자나 시스템엔지니어링 책임자는 각 프로세스 분야를 어떻게 프로젝트에 포함시킬지를 결정해야 한다. 따라서 각 프로세스 분야에 대한 문서에는 프로세스 분야의 선정, 사용 및 적용 조정 지침이 포함되어야 한다.

각 프로세스 분야의 문서화 과정에서 수록할 정보의 사례로 위험도 관리 프로세스를 예시하면 다음과 같다([그림 7-5] 참조).

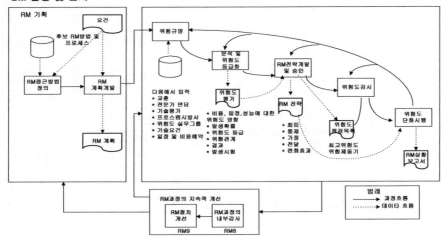

BM 활동 및 순서

[그림 7-5] 위험도 관리 프로세스

○ 위험도 관리 프로세스에 대한 개관: 목적, 일반적 접근방법(계획, 실행)

○ 위험도 관리 프로세스 각 업무에 대한 상세 설명

○ 위험도 관리 프로세스 선정 지침(어떤 특성을 지닌 프로젝트에 이 프로세스를 적용하는가?)

○ 입력 기준, 출력 기준

○ 후보 도구들

○ 적용조정 지침

○ 참고문서

(5) 5단계: 표준도구들의 파악 및 통합운영환경

표준 방법론들을 문서화하는 것은 ISO 9000의 요건을 충족시키기는 하지만 이를 지원할 수단이 편리하고 비용 효과적으로 프로젝트에 제공되지 아니하면 무용지물이다. 즉, 사용자들이 추가 부담 없이 시스템엔지니어링 프로세스를 자연스럽게 따를 수 있는 지원환경이 필요하다.

1995년, TASC의 통합시스템엔지니어링 환경(ISEE)의 핵심 아키텍차를 결정하기 위한 절충 스터디(Trade-off study)를 실시하여 COTS 패키지를 선정, 구매하고 핵심 인터페이스 설계에 착수하였다.

1996년에는 프로토타입을 Realogic사의 지원을 받아 Lotus Notes라는 그룹웨어를 기반으로 구축하였다. Lotus Notes는 프로젝트 내부 의사소통과 협조, 그리고 목표 유지에 전반적으로 최우수 성능을 지녔으며 사용자가 급속히 늘어나고 있었고 다른 대안보다 저렴했다. 이는 개방형 아키텍처와 더불어 분산 클라이언트/서버 데이터베이스로 다른 응용 소프트웨어들을 통합할 수 있어서 다양한 프로젝트의 수요를 만족시킬 수가 있었기 때문이다. ISEE의 주요 요건은 다음과 같다.

○ 전 수명주기 시스템엔지니어링 업무 및 기능을 다룸
○ 모든 공통된 시스템엔지니어링 기능에 대한 종합 지원
○ 시스템엔지니어링 관리 및 기술적 기능에 대한 종합 지원
○ SE-CMM Version 1.1을 준수
○ COTS(기성품)을 가능한 많이 채택
○ 모든 객체 및 데이터 형태를 다룰 수 있는 강력한 데이터 저장소 기능
○ 사용자가 프로젝트 데이터 저장소 전체를 항해할 수 있는 기능
○ 사용자 인터페이스(look and feel)
○ 공통 핵심적인 TASC 시스템엔지니어링 환경 및 템플릿 프로세스 세트를 정의하고 유지
○ 공통 핵심 프로세스 프로젝트별 적용조정 허용 기능

엔지니어링 환경은 LAN(Local Area Network)이나 WAN(Wide Area network)에 상주한다. 이 네트워크는 사내 TASCnet일 수도 프로그램 LAN일 수도 있다. 하드웨어 플랫폼, 네트워크관리, 운영체제, 그리고 일반 응용 소프트웨어가 LAN에 상주하고 시스템관리자에 의해서 유지되는 가운데 ISEE는 고유의 LAN 상주 응용 프로그램 세트들을 포함하고 있다. ISEE 응용 프로그램들은 시스템엔지니어링 업무를 수행하는 모든 TASC 프로젝트들이 필요로 하는 핵심 프로그램들을 의미한다. 그러나 프로젝트에서는 항상 각 전문부서별로, 고객별로 응용프로그램의 추가를 필요로 한다. 이러한 영역의 전산 프로그램들도 네트워크에 상주하며 ISEE의 응용 프로그램과 상호작용을 한다. 이러한 상호작용의 정도는 각 프로그램에 따라서 다르나 프로그램 간

의 데이터 유동량, 데이터 수정 및 교환 빈도, 과정 반복회수에 따라서 좌우된다. TASC는 소프트웨어 능력성숙도모델(CMM)도 같이 개발하여 소프트웨어 엔지니어링 환경을 구축하였다. ISEE는 소프트웨어 엔지니어링 환경과 인터페이스가 이루어져야 하며 ISEE를 위한 소프트웨어 개발은 소프트웨어 표준을 적용해야 한다.

최상위 아키텍처 내에서 ISEE는 TASC의 정보 인프라 조직이나 독립된 프로젝트 LAN 스텝의 지원을 받아 다양한 범위의 전산 프로그램들을 지원할 수가 있어야 한다. ISEE 내부의 도구들은 플랫폼별로 독립적으로 선정되어 PC, MAC, Sun 플랫폼에서 윈도우, Unix 운영체제로 운영된다. 통합정보베이스(IIB)는 ISEE의 일부로 사전 정의된 양식과 데이터베이스로 프로젝트 관리에 수반되는 체계화된 업무들을 지원한다. 또한 IIB는 모든 시스템엔지니어링 도구 세트(자원 관리, 일정 관리, 위험도 관리 및 제안서 작성)로의 접근을 제공한다.

Lotus Notes가 과정의 검토 및 승인을 위한 그룹웨어 환경을 제공하는 가운데 Notes와 Pinnacle 사이에 실시간 인터페이스가 개발되어 업무 흐름과 프로세스 관리 능력을 통합할 수가 있었다.

(6) 6단계: 적용 접근 방법

착수를 개시한 프로젝트와 이미 수행 중인 프로젝트에서의 SEP를 동시 적용하였다. 적용과정에서는 항상 비용 및 효과 분석에 의거 어떤 과정을 실행한 것인지를 결정하였다. 그 적용절차는 첫째로 프로젝트에 필요한 과정을 결정(선정 이유를 밝힘, 예: 척도, 과정 개선, 교훈), 둘째는 각 과정을 프로젝트에 알맞게 적용 조정(이유 및 결과를 밝힘), 셋째로 프로젝트 참여자를 훈련하는 것이다.

SE-CMM 및 TASC SEP는 공식적인 프로세스가 적합한 분야에 그 프로세스를 적용할 수 있도록 하기 위하여 체계화하였다. 보다 덜 공식적인 프로세스나 체계화되지 아니한 프로세스는 비공식적인 방법으로 적절히 관리 통제가 가능하다. 적용을 위한 핵심은 프로젝트의 실수요를 정확히 평가하여 계획을 잘 수립해야 한다는 것이다.

소요 비용 관점에서는 ISEE의 활용 여부가 핵심이다. ISEE는 시스템엔지니어링 과정 통제에 매우 유용한 도구이다. 그러나 설치 운영에는 많은 간접비가 소요된다. 비용 중 일부는 하드웨어나 소프트웨어 비용 관련이나 주된 비용은 환경을 구축하고 운영하기 위한 관리 경비이다. 수행 중인 프로젝트에 대해서는 전환에 소요되는 비용이 크며, 초기에는 프로젝트에 대한 지원이 매우 제한적이게 마련이므로 점진적인 전환을 필요로 하게 된다. SE-CMM 과정 분야의 모듈화 특성이 이러한 점진적 접근을 가능하게 한다. ISEE로의 전환에 고려되는 사항은 다음과 같다.

○ 프로젝트의 규모 및 기간
○ LOTUS NOTEs의 사용 여부
○ 소프트웨어 라이센싱
○ 인력 충원
○ 최소 장비 구성
○ 데이터 접근 및 로딩 제한

ISEE는 특정 프로젝트 수요에 맞추어 적용조정이 가능하다. 적용 조정 시에는 프로젝트의 특수 요건을 감안한 특정 데이터베이스, 양식, LOTUS NOTES 환경에서의 보고서 구축 능력이 중요하다.

ISEE를 적용 조정함에 있어서 일반적 접근방식은 어떤 데이터가 도구 내에 저장되어야 하는가를 정확히 결정하는 것이다. 일단 이것이 이루어지면 데이터베이스 구조를 개발하고 관련 화면, 양식, 보고서는 LOTUS NOTES 환경에서 쉽게 개발할 수가 있다.

(7) 7단계: 과정 개선
마지막 단계는 적용 경험으로부터 정보와 척도를 입수하여 프로세스 개선에 피드백하는 것이다.

2) 적용결과

SEP를 TASC의 대형 사업에 적용한 결과 다방면에서 매우 성공적이었으며 다음과 같은 교훈을 얻게 되었다. SEP 사업 책임자, 시스템엔지니어링 책임자 모두 결과에 만족하였고, 이들은 SEP의 개선작업을 계속하고 있다.

○ SEP를 통하여 TASC의 지식엔지니어들은 어떤 정보, 도구, 절차 및 지원이 필요한지를 아는 가운데 문제를 해결할 수 있는 식견을 지니게 되었다.

○ 이를 통해서 어떠한 프로젝트에서도 지식을 일관성 있게 활용하고 각자의 아이디어와 노력을 효과적으로 구축할 수 있었다.

○ 고도의 일관성을 지니는 데이터와 통합 도구 모음으로 프로젝트의 여러 분야가 정보를 공유하기가 쉬움을 알게 되었다.

○ 데이터를 공용 저장하여 프로젝트의 누구도 쉽게 검색할 수가 있었다.

○ 특히 SEP의 일관성 있는 적용으로 가장 이득을 본 것은 위험도 관리, 프로젝트 추적 과정이다. 이 분야는 문서화되지 아니한 절차에 대한 다양한 해석으로 인하여 특히 문제가 있던 분야이다. 예를 들어서 과거에는 프로젝트 위험도 평가 업무는 다수의 프로젝트로부터 초점과 양식이 다른 데이터를 수집하고, 원시 데이터를 검토하며 위험도 평가서를 초안하고 각 프로젝트가 전반적인 내용을 검토 및 평가서를 수정하며, 이를 고객에게 보고하였다. 그러나 이제는 일치된 절차와 도구로 인하여 프로젝트 위험도 평가는 항상 최신판을 유지할 수 있게 되었다.

○ 적용조정은 SEP의 또 다른 강점이다. 각 절차들을 보완하여 프로젝트 여건을 반영하고 불필요한 간접비를 줄였다. 예를 들어서 대안 프로세스 평가에 있어서 문서화와 공식화는 종전의 두 페이지 요약문에서 20페이지의 보고서와 첨부물로 바뀌었다.

6.
Rockwell의 사례

1) CPIT(Common Process Integration Team)의 구성

Rockwell의 항공본부는 자체 평가를 실시하여 현 상태를 불만족한 것으로 평가하고, 기업 내의 문화적·조직적 영향을 축소시키며 변화를 수용할 가능성을 높일 수 있는 기법을 사용하여, 지속적인 공정개선(CPI)과 전사적품질경영(TQM)을 병행함으로써 품질개선, 개발기간 단축, 개발비용 절감을 이루고자 하였다.

따라서 다음 그림과 같이 결과 지향적 조직에서 과정 지향적 조직으로의 조직개편 방향을 설정하였다.

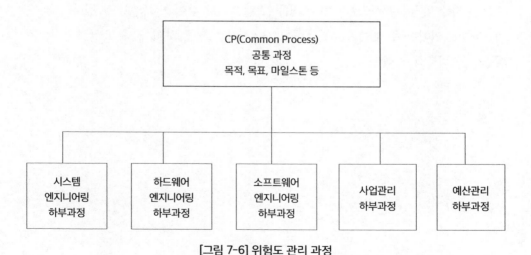

[그림 7-6] 위험도 관리 과정

우선 민간 항공본부는 CP의 목표를 다음과 같이 설정하였다.

○ 생산성 2배로 증진(일정, 비용, 오류 건수)
○ 본부 내 최소 비용 달성
○ 납기 준수
○ MTBF/MTBUR 목표 달성
○ 합격률 100%
○ 고객 반품 1%
○ 소프트웨어공학협회(SEI) level 3
○ 전 부문 ISO 9001 획득
○ DI 9000(Boeing) 획득

그리고 CP 개발을 다음과 같이 추진하기로 하였다.

○ 기간: 1년 반 소요
○ 주체: CPIT
○ 대상: 11개의 주요 과정과 15개의 마일스톤에 대해서 조직

이를 위해 항공본부는 그 추진 조직을 [그림 7-7]과 같이 개편하고 각 팀마다 간사가 주축이 되어 매주 회합을 갖고, 매회 3~4시간 토의를 하며, 간혹 소규모 task 그룹을 운영하도록 하였다.

기업의 생존을 위한 시스템 콘셉트 개발 방법론

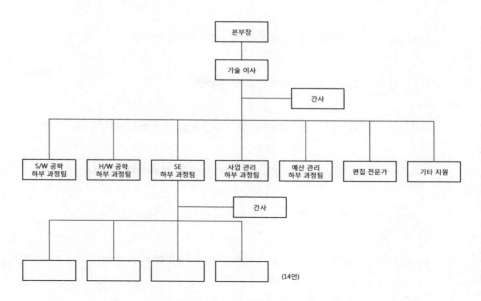

[그림 7-7] Rockwell의 공정개선 추진조직

2) 주요 프로세스 및 마일스톤

(1) 주요 프로세스

〈표 7-5〉 주요 프로세스

	프로세스	내용
1	개념형성	· 대고객 전략, 사업전략상 아이디어가 지니는 잠재력을 평가
2	타당성 검토	· 개념을 기술적, 시장 타당성 관점에서 평가 · 프로젝트 단계로의 전환
3	제의	· 개념에서 더 깊이 들어가서 프로젝트 관점에서 개발을 하며 내부 승인 후 잠재 고객 제시용으로 확대 개발
4	시스템 설계	· 시스템 요건과 아키텍처를 개발하고 고객 요건, 수요 및 제약사항을 문서화
5	S/W 설계	· 시스템 요건 및 소프트웨어 요건에서 출발, 소프트웨어를 개발

6	H/W 설계	· 시스템 요건 및 하드웨어 요건에서 출발, 하드웨어를 개발
7	시험 장비 설계	· 실험실, 공장 그리고 현장 지원용 시험장비를 개발
8	통합 및 시험	· 하드웨어, 소프트웨어를 완전히 시험 후 통합하여 시스템 환경 및 LRU에서 시험
9	고객 논증	· 프로젝트와 고객이 실험실 및 항공기 운항 환경에서 설계를 검증하고 논증
10	생산	· 승인된 LRU 및 시스템을 축조, 조립, 시험하여 고객에게 인도
11	변경 관리	· 개념형성 단계에서 출발하여 제품 수명주기 동안 발생하는 변경사항을 지속적으로 관리

(2) 주요 마일스톤

〈표 7-6〉 주요 마일스톤

	마일스톤	내용
1	개념 검토	시스템 개념에 대한 승인 획득 및 타당성 조사 단계 진입 여부 결정
2	타당성 및 위험도 검토	제안서 업무 진입 여부 결정
3	수주	수주 또는 기타 협약 체결
4	시스템 예비 검토(PDR)	시스템 요건 검토 및 예비 시스템 설계
5	시스템 핵심 검토(CDR)	시스템 상세설계 검토(상위 수준의 S/W, H/W 설계로의 요건배분 포함)
6	S/W 요건 검토	S/W 요건 검토(시스템 요건으로의 역추적 포함)
7	H/W 요건 검토	H/W 요건 검토(시스템 요건으로의 역추적 포함)
8	S/W PDR	S/W 예비설계 검토 및 S/W 요건의 설계로의 배분 검토
9	H/W PDR	H/W 예비설계 검토 및 H/W 요건의 설계로의 배분 검토
10	S/W CDR	S/W 상세설계 검토 및 실행 승인 획득
11	H/W CDR	H/W 상세설계 검토 및 실행, 제작 승인 획득

12	시험 준비 검토	통합 LRU 및 시스템을 검토하고 공식 시험 착수를 승인
13	적색 FAI	최종 품목 형상 감사 및 예비 제품의 시험용 인도 승인
14	흑색 FAI	최종 품목 형상 감사 및 고객으로의 인도 승인
15	인증	고객 및 인증기관이 요구하는 모든 사항을 완료하고 비행체 인도 승인

(3) 시스템엔지니어링 프로세스계획(SEP) 개발

① 정의

시스템

상호 연관이 있는 구성 요소들의 집합으로서 공통의 목적을 지니는 것

시스템엔지니어링

과학 및 기술적 노력으로 다음을 추구하는 것

○ 운영상의 수요를 시스템 성능변수 및 시스템 형상으로 변환하고 이 프로세스에서 정의, 합성, 분석, 설계, 시험, 평가를 반복한다.

○ 관련 기술변수들을 통합, 반영하고 모든 인터페이스(물리적, 기능적, 프로젝트)가 전체 시스템 정의 및 설계를 최적화하며 호환 양립됨을 확인한다.

○ 신뢰성, 정비성, 안전성, 생존성, 인간요소 등을 전체 엔지니어링 노력에 포함시켜서 비용, 일정 및 기술성능 목표를 만족시킨다.

② 목표

○ 공통 과정에서의 SEP(Systems Engineering Plan)의 위상 정립

○ SEP 운영 절차와 환경 개발

○ 측정 척도 개발

○ 상기 활동의 문서화

③ 시스템엔지니어링팀(SECT)의 업무분류체계(WBS)

<표 7-7> 시스템엔지니어링팀의 업무분류체계

역무	내용
계획, 관리	· SECT의 임무, 목표, 용어 정의, 업무 분장, · 전반적 계획 모니터링, 보고 체제 운영
프로세스, 방법, 도구 정의	· 기존 프로젝트 과정에 대한 예비 평가 · 기존 시스템엔지니어링 프로세스, 방법, 도구, 지원장비 예비 평가
제도화	· 경영층 및 기술부서로부터 SEP를 수락받기 위한 접근 방법 · SEP 실행 방법 · 다분야 협동팀 구성
전파, 교육	· 표준 SEP의 이득을 홍보하며 지속적 활용 · 프로세스, 방법, 도구 관련 교재 작성 · SEP의 실무 적용을 위한 간사 및 컨설턴트 이용 대책
평가	· 프로세스, 절차, 도구, 환경에 대한 목표 달성 평가 척도 개발 · 프로세스, 방법, 도구에 대한 지속적 개선 계획 수립 및 실행 · 평가결과를 경영층 및 고객에게 제공
문서화	· 시스템엔지니어링 프로세스, 방법, 도구, 환경, 척도, 훈련 관련된 문서화 대상 도출

④ 도출된 SEP 대상 업무

각 업무 간의 모든 인터페이스를 파악하고 그 결과를 상세 검토하여 아래와 같이 주요 SEP 대상 업무를 도출하였다.

<표 7-8> SEP 대상업무

업무	내용
시스템엔지니어링 관리	· 모든 시스템엔지니어링 계획 수립, 모니터링, 통제, 시정 · 시스템 개발, 논증, 인증 등 몇몇 결과물 생산
시스템 분석	· 시스템 요건 정의 및 논증과 관련 문서 생산 · 절충 스터디 · 모델링 · 프로토타이핑
시스템 설계 (시스템 분석과 상호 보완적)	· 기능 배분(사용자, S/W, H/W 토의) · 물리적 아키텍처 정의
고객 논증	· 대 고객 논증 · 대 경영층 논증 · 시스템 모델, 프로토타입의 논증/검증

시스템 통합 및 공식 시험	· 모든 S/W, H/W 요소 통합 · Qualification 시험 · Certification 지원
지원 및 시험 요소의 설계 및 통합	· 전술한 시스템엔지니어링 업무에 필요한 업무 - 개발 시스템 - 시험 시스템 - 지원 시스템 축조에 필요한 모든 시스템엔지니어링 업무들

⑤ SEP 실행 접근 방식

기준(baseline) 프로세스를 정의하기 위하여 SECT 팀원들은 인터뷰, 설문지 배포를 통하여 통용되는 업무를 파악했다. 대부분의 경우 프로세스가 문서화되어 있지 않았거나 문서화된 것이 있었어도 현업에서는 적용이 안 되고 있었다.

그래서 실제의 과정(as-is)을 문서화하고 이 중 최선의(best of the best) 프로세스를 엄선하여 기준 프로세스로 문서화하였다. 이 기준 프로세스를 이용하여 척도를 개발하고 프로세스 개선 목표 측정에 사용하였다. 기준 프로세스 채택 시의 접근 순서는 다음과 같다.

○ 모든 시스템엔지니어링 마일스톤과 프로젝트 마일스톤의 상호 연관성을 파악
○ 시스템엔지니어링 결과물(문서) 파악
○ 마일스톤과 결과물의 상호 관계 파악
○ SEP 내용과 인터페이스를 파악(예: 대 고객 인터페이스)
○ 결과물 생산 업무를 파악
○ 동시 진행, 순차 진행 업무 파악
○ 제품 및 업무 관련 척도 파악
○ 마일스톤, 결과물, 업무, 척도의 통합체 파악

(4) SEP의 적용

SEP(Systems Engineering Plan)의 적용에 있어서 가장 중요한 것은 프로젝트가 SEP를 수용하도록 지지를 얻어내는 것이다. 기존 프로세스를 수집하기 이전부터 분명했던 사실은 시스템엔지니어링의 의도를 각 부서들이 정확히 알지 못하고 있었으며, 안다 하더라도 부서마다 다르게 이해하고 있었다. 앞에서 기술한 마일스톤, 핵심 과

정, 주요 SEP 업무를 완전히 고려하고 있는 결과물 생산 부서가 하나도 없었다. 설혹 SEP가 '최선 중의 최선(best of the best)'에 근거했다 하더라도 여기에는 기존에 없던 많은 업무들이 추가되었다. 이를테면 시스템엔지니어링 관리, 시스템 분석, 시스템 설계, 고객 논증 그리고 PDR, CDR 관련 마일스톤이다.

1991년에 항공본부는 시스템엔지니어링 부서를 설치하여 기존 및 신규 프로젝트에 대한 시스템엔지니어링 관련 부서에 책임과 권한을 부여하였다.

(5) 적용 결과

Rockwell은 SEP를 개발, 적용한 결과 다음과 같은 교훈을 얻게 되었다.

○ 표준 프로세스의 정의 및 문서화는 매우 힘든 일이다.
○ 모든 관계자들의 동의를 얻는 데 시간이 필요하다.
○ 목표 달성을 위해서는 장기간과 경영층의 이해가 필요하다.
○ 주도면밀한 계획, 범위 도출, 핵심 분야의 정의가 중요하다.
○ 문화적 저항을 피할 수는 없었으나 극복이 가능했다.

SEP의 적용과정에서 가장 중요한 것은 경영층의 전폭적 지지이며, 정의된 과정이 특정 그룹이나 개인을 위한 것이 아니어야 하고, 가능한 많은 그룹의 참여가 필요하다. 즉, 초기부터의 적극적 참여를 통해서만 피드백이 가능하고 최종 결과물에 모두 만족하게 된다. 특히 이 점은 시스템엔지니어링 결과물들을 일정, 비용에 맞추어 만들어야 하는 중간관리층의 참여가 중요한데 이들 중간관리층들이 적용과정에서의 저항의 주체였다.

그 밖에 여러 그룹들의 동의를 얻어내기 위한 요소로는 첫째로 부가가치 창출, 둘째는 과정에서의 효과적이고 용이한 의사소통(예: 그래픽, 아키텍처 사용), 셋째로 각 프로젝트에 적용 조정이 가능한 신축성 등이 있다.

SECT, CP팀을 운영한 결과 다음과 같은 교훈을 얻게 되었다.

○ 공통적이고 표준적인 과정을 개발하는 임무를 지닌 팀은 독재 및 창의력을 지닌 자를 필요로 한다. 팀은 명확한 헌장을 지녀야 하고 재원과 별도 계정을 보유해야 한다.

○ 팀의 규모 및 구성원을 주의 깊게 선정해야 한다. 너무 작으면 관점이 제한적이고 너무 크면 비효율적이다.

○ 문화가 다양하면 한편으로는 같이 일하기가 어렵고 팀의 집중력이 저하되나 반면에 범위와 심도를 키울 수가 있다.

○ 개인적 충돌은 자주 일어나며 매우 위험한 요소이다. 팀들이 여러 위치에 분산되면 의사소통에 장애가 생기고 이 문제는 유선통화로는 해결할 수가 없으며 화상회의로 해결해야 하나, 개인적인 갈등은 해결이 불가능하다.

7.
시스템엔지니어링을 적용한
수명 예측과 시험

시스템엔지니어링 프로세스는 초기에는 전형적인 시스템엔지니어링 패키지로 생각되지 않았던, 하드웨어 위주의 역무에 성공적으로 적용조정, 투입되었다. 우주왕복선(STS: Space Transportation System) 프로젝트의 수명 예측 및 시험 역무는 정밀시험대 설계, 제작 및 통합 수명시험장치 조립을 위시하여 상당한 분량의 수명 시험을 필요로 하였다. 이러한 기술 역무의 성공적 수행 여부는 성능 요건 만족뿐 아니라 비용 및 일정의 통제에 좌우된다. 여기에 시스템엔지니어링 프로세스를 적용 조정하여 역무를 조직적으로 수행하기 위한 훌륭한 골격을 제시할 수 있음을 입증하였다.

프로젝트 초기에 각 역무들을 시스템엔지니어링 프로세스에 대응시켰다. 문제를 체계적으로 공략하고 해결하는 데 통상적으로 적용되어온 업무들을 수행하는 데는 표준적인 과정이 매우 훌륭한 템플릿 역할을 했다. 이 통상적 업무를 몇 개 예로 들면 다음과 같다.

○ 요건의 검증, 정의, 개발, 지정, 통합
○ 위험 분야의 파악, 평가, 관리 및 완화
○ 기능, 구성요소, 인터페이스, 기술성능측정(TPM), 효과성척도(MOE) 등

이러한 적용 조정된 시스템엔지니어링 업무들은 각 역무별 성능, 비용 및 일정 요소들과 연관성이 있다. 아래의 <표 7-9>는 수명예측팀이 각 시스템엔지니어링 업무

기업의 생존을 위한 시스템 콘셉트 개발 방법론

에 투입한 실제 시간을 인용한 것이다. 여기서 주지할 점은 몇몇 역무들 간에는 상당한 분량의 중첩이 있었다는 것이다(역무 305, 308, 309 및 310, 역무 403, 404 및 409). 시스템엔지니어링에 할애한 총 21주는 수명 예측 및 시험 총 투입 시간의 20%에 해당하는 것이다.

〈표 7-9〉 우주왕복선 수명 예측팀의 시스템엔지니어링 업무 투입시간

역무 번호	시스템엔지니어링 역무	소요시간(주)
106	기술적 위험도 평가	6.0
107	기술성능측정(TPM) 변수 정의	0.4
202	위험도 관리	5.4
203	기술변수 추적	0.2
305	환경 및 설계 제약 정의	2.4
307	효과성 척도(MOEs) 정의	0.2
308	성능 요건 정의 및 도출	1.0
309	요건 검증	0.5
310	요건 통합	1.6
401	시스템 상태, 형태 정의	0.4
403	기능적 인터페이스 정의	1.0
404	성능 요건을 기능에 배분	1.0
407	고장모드 및 영향 분석(FMECA)	1.0
409	기능 통합	0.2
	합계	21.3

기술, 비용 및 일정 분석, 정책 결정 그리고 결과는 고객에게 제시되지는 아니하는 시스템엔지니어링 노트에 기록되었다. 이러한 비공식 시스템엔지니어링 문서를 모든 수명 예측, 시험 팀원들이 유지하였다. 이 때문에 모든 팀원 간에 정보와 요건을 실시간에 파악, 전달, 검토하는 데에 중점을 두어야 했다. 이는 주로 회의, 회의 자료를 통해서 비공식적으로 이루어졌는데 팀원들이 항상 최신 정보를 파악하여 더 높은 생산성을 유지할 수가 있었다.

결론적으로 적용 조정된 시스템엔지니어링 프로세스는 모든 역무들을 짜임새 있게 성공적으로 수행할 수 있는 훌륭한 골격을 제공하였다. 이 팀의 활동에 대해서 고객은 매우 만족했으며 이 팀은 우주왕복선 사업 공로상 수상에 핵심적인 역할을 하였다.

기업의 생존을 위한 시스템 콘셉트 개발 방법론

8.
SEMP 적용 및 조정에 대한 결론

　위 사례들을 통해서 각 프로젝트들이 일반적인 단순화된 SEMP(Systems Engineering Management Plan)로는 예측하기 어려운 고유의 요구사항들을 가지고 있음을 알 수 있다. 물론 공통적인 요소들도 존재한다. 양자 모두의 경우, 프로세스의 도입을 프로젝트 관리층으로부터 승인받기 위해서는 선정된 프로세스의 이득을 신속하게 제시할 수 있어야만 했음에 유의해야 한다. 다시 말하자면, 시스템엔지니어링 업무에 재원을 투입하여 현저한 이득을 얻을 수 있음을 제시하는 데 집중을 해야 한다. 이러한 상황은 시스템엔지니어링 예산이 매우 제한적인 대부분의 소규모 프로젝트나 완성단계의 프로젝트에서 발생될 수가 있다.

제8장

시스템엔지니어링
상세 프로세스 및 조정

시스템엔지니어링은 어떻게 보면, 시스템의 궁극적 목표에 대한 비전을 부분적으로 제공하는 작업이라고도 할 수가 있다. 그 비전은 최종 사용자의 만족도를 고려해야만 한다. 혹 모든 요건을 충족시켰다고 하더라도 최종 사용자가 불만족스러워한다면 실패작이다.

　시스템엔지니어링 프로세스는 [그림 8-1]에 도시하였다. 각 행위별 역무(task)들은 번호를 부여하여 첫째로 조정(tailoring)과 프로젝트 계획 수립이 용이하도록 하고, 둘째로 역무를 업무분류체계(WBS: Work Breakdown Structure)로 투영시키며, 셋째로 시스템엔지니어링 방법 및 도구와 연계시키는 데에 사용한다.

1.
프로세스 입출력

시스템엔지니어링 프로세스는 여러 가지 입력을 지닌다. 사용자요건서(URD: User Requirement Document)는 최종 사용자 관점에서의 수요, 희망, 욕구, 기대 등을 수록하고 있다. URD는 또한 다양한 사용자들, 각 사용자 유형별 특성 및 한계, 개발 대상 시스템 또는 제품의 사용 시나리오를 기술하고 있다. URD 요건은 때로는 기술적 용어로써 규정되지 않는다. 요건 및 아키텍처 정의 하부프로세스의 목표는 이들 비기술적 요건을 개발팀을 위하여 기술 요건으로 변환하는 것이다.

다른 이해관계자들의 요건도 설계상의 결정 행위를 유발할 수 있다. 이러한 요건들은 제조, 기업의 정책, 기업 표준, 법률, 정부 규제, 자치단체 건축 기준, 시험 공학, 운송 설비 등 다양한 요소로부터 나올 수 있다.

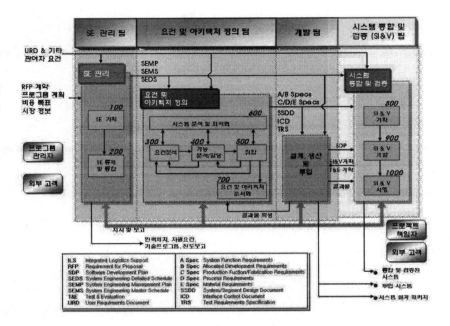

[그림 8-1] 시스템엔지니어링 프로세스

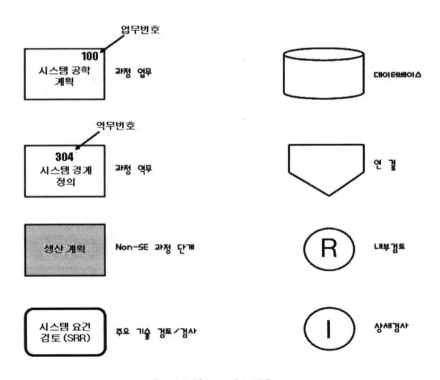

[그림 8-2] 프로세스 기호

기업의 생존을 위한 시스템 콘셉트 개발 방법론

이외에도 시스템엔지니어링 프로세스에 대한 다양한 구동요소들이 있다. 정부 조달 사업에서는 제안요청서(RFP: Request for Proposal)가 사용된다. 다른 기업 또는 정부조달기관과의 계약서도 사용된다. 어떤 프로젝트는 거대 사업의 일부로서 이 모사업의 자체 프로그램을 반드시 따라야 한다. 영업부서는 비용목표치, 경쟁사 자료, 유사 결과물의 기술적 내용을 제공할 수도 있다. 시스템엔지니어링 프로세스의 결과물은 프로젝트의 특성에 좌우된다.

○ 결과물은 완전 통합 및 승인된 시스템일 수도 있다. 이러한 시스템은 보다 큰 시스템의 통합을 위하여 차 상위 수준에서 사용되거나 고객, 사용자 인수 시험을 위해서 사용될 수 있다.
○ 어떤 프로젝트의 경우에는 결과물이 시스템의 실제 투입까지 관여한다. 이 경우 결과물은 완전히 투입된 시스템이다. 따라서 사용자에게 인계하기 이전에 일종의 현장인수시험을 실시해야 할 경우도 있다.
○ 또 다른 경우에는 결과물이 단지 설계 패키지로서 다른 조직, 생산 분야, 투입분야에서 사용하거나 자체 내 미래의 다른 프로젝트에서 사용한다.

2.
시스템엔지니어링 관리 프로세스

시스템엔지니어링 하부프로세스의 목적은 시스템엔지니어링 프로세스와 개발팀 활동을 적절히 계획, 통제하여 개발 역무가 효과적이고 효율적으로 달성되는 것을 확인하는 데 있다. 시스템엔지니어링 관리 하부프로세스는 품질, 비용, 위험도, 성능의 적절한 균형을 유지할 수가 있어야 한다. [그림 8-3]은 시스템엔지니어링 관리 하부프로세스의 주요 업무들을 보여주고 있다.

시스템엔지니어링 계획 업무들은 모든 계획 업무 간의 조정과 통합을 통하여 시스템엔지니어링 활동을 선도한다. SEMP는 모든 기술 업무의 통합을 위한 함축된 관리계획이다. SEMP 및 전문분야 기술 계획의 집행 상황은 시스템엔지니어링 관리자가 프로젝트 전 과정에서 감시, 관리 및 감사를 수행한다.

시스템엔지니어링 통제 및 통합 업무에는 다음과 같은 중요 역무들이 포함되는데 이들은 초기 계획 입안 시 시스템엔지니어링 프로세스에 반영된다.

○ 설계목표비용(DTC: Design-To-Cost) 감시
○ 위험도 관리
○ 기술성능측정(TPM, Technical Performance Measurement)
○ 형상 관리(CM: Configuration Management)
○ 자료 관리(DM: Data Management)

○ 기술 검토 및 감사

○ 절충 스터디 및 효과 분석

○ 수명주기비용(LCC: Life Cycle Cost) 분석

○ 기술 분야 통합

　현실 세계의 많은 제약들 속에서 아주 다양한 부서, 기능, 특기, 프로세스를 상대로 치밀한 계획, 정성스러운 관리 그리고 협조 속의 통합을 거쳐야만 사용자와 고객의 수요를 성공적으로 만족시킬 수가 있는 가능성이 높아지는 것이다.

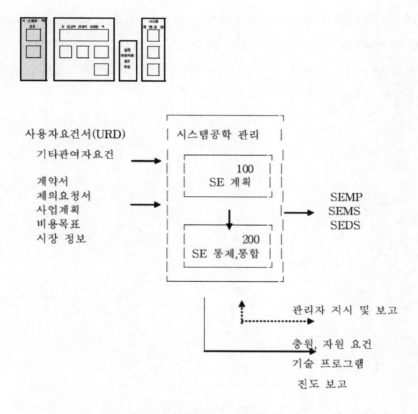

[그림 8-3] 시스템엔지니어링 관리 하부프로세스

　계획의 재정립이 필요할 때마다 계획업무와 통제통합 업무가 반복적으로 발생하게 된다. 이러한 두 가지 업무들은 "Plan the work, then work the plan"이라는 구호와

일맥상통한 것이다. 또한 소위 PDCA 접근 방식 즉, 계획(plan), 집행(do), 점검(check), 조치(act) 방식과 일치한다.

1) 시스템엔지니어링 계획 업무

시스템엔지니어링 계획은 프로젝트의 목표를 달성하기 위한 시스템엔지니어링 프로세스를 어떻게 수행, 통제할 것인지를 결정한다. 특정 프로젝트에 대한 시스템엔지니어링 프로세스의 적용조정은 각 프로젝트 고유의 범위, 복잡도 그리고 프로젝트의 단계에 좌우된다. 이러한 적용조정 작업은 SEMP(Systems Engineering Management Plan)에 문서화된다. SEMP는 시스템 결과물이나 프로세스의 수명주기에서 필요한 기술 활동들을 어떻게 관리, 집행하는지에 대한 지침을 제공한다. [그림 8-4]는 시스템엔지니어링 계획 역무들을 보여주고 있다.

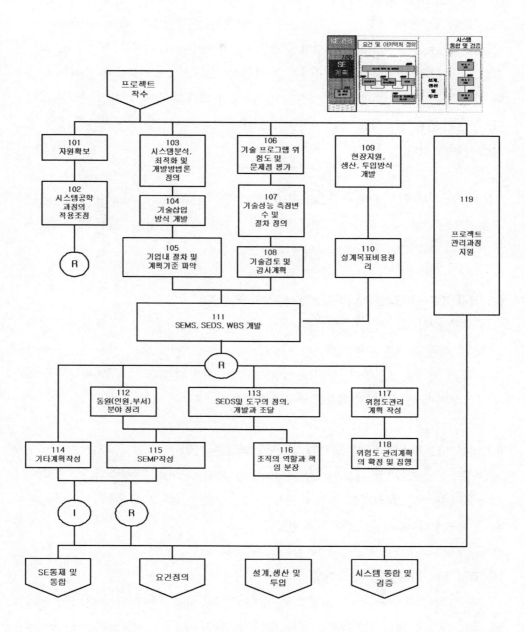

[그림 8-4] 시스템엔지니어링 계획 역무

(1) 역무 101 자원 확보

프로젝트 전반에 대한 초기 계획 시 시스템엔지니어링관리자(SEM: Sytems Engineering Manager)를 선임하여 통합제품팀을 구성할 책임을 부여한다. 향후 프로젝트 참여가 예상되는 각 분야의 대표자들은 가급적 조속히 통합제품팀에 참여해야 한다. 이렇듯 조속하고 효과적인 팀 구성이 바로 통합 제품 및 공정 개발의 관건인 것이다. 우선은 필요 전문성을 지닌 인원을 선발하여 다분야 협동팀을 구성하는 것에 역점을 두어야 한다.

또한, 이 역무에는 개발에 필요한 시설, 장비 및 기술을 도출하고 필요할 경우에는 프로젝트를 위한 사용허가를 사전에 얻는 것이 포함된다. 여기에는 특허권, 판권, 팀 인원 구성, 사용의향 통보, 기술보안협정이 포함된다.

(2) 역무 102 시스템엔지니어링 프로세스의 적용조정

특정 프로젝트에 대한 시스템엔지니어링 프로세스의 적용조정은 각 프로젝트 고유의 범위, 복잡도 그리고 프로젝트의 단계에 좌우된다. 일반적으로 적용조정을 통해서 업무의 범위를 정의한다. 동시에 위험도 관리, 형상 관리도 시스템엔지니어링 프로세스 전반에 반영시키기 위해서 적용조정을 한다.

(3) 역무 103 시스템 분석, 최적화 및 개발 방법론 정의

위험도 관리, 효과성 척도(MOEs: Measures of Effectiveness), 절충스터디의 범위와 절차를 결정한다. 효과적인 분석에 필요한 특수 기법, 절차, 도구를 모두 정의한다. 모사 및 모형화(modeling) 계획을 수립한다.

(4) 역무 104 기술삽입 방식 개발

기술 삽입이 적기에 적절한 수준으로 이루어지도록 계획해야 한다. 여기에는 첫째로 대안 접근, 둘째는 사전계획된 제품 개선(P3I: Preplanned Product Improvement), 셋째로 기타 방식이 포함되는데 이들을 통해서 신기술의 이점을 활용, 시스템의 수요를 충족시킨다. 초기 기술평가를 실시하여 요건 및 아키텍처 정의 하부프로세스의 기술적 제약을 도출해낸다.

(5) 역무 105 기업내 절차 및 계획기준 파악

프로젝트에 적용할 기업내 정책들과 절차들을 결정한다. 조직 내에서 유사한 문제를 다루고 있는 다른 프로젝트들을 파악한다. 또한 프로젝트 또는 결과물 관련 시장에 영향을 줄 수가 있는 영업전략과 영업계획을 파악한다.

(6) 역무 106 기술 프로그램 위험도 및 문제점 평가

위험도 평가 프로세스를 통해서 위험도 초기 평가 결과를 입수하여 시스템엔지니어링 관리에서 역점을 두어야 할 기술적 위험 분야를 파악한다. 도출된 고위험도 부분을 관리하기 위한 완화대책을 수립한다.

(7) 역무 107 기술성능측정 변수 및 절차 정의

시방서 및 계약 요건 준수 여부를 평가하기 위하여 프로젝트 기간 중 관리자가 유의해야 하고, 추적해야 할 변수들을 기술적 위험도들과 기술적 우선순위에 입각하여 결정한다. 이들 기술변수(TPs: Technical Parameters)들은 효과성 척도(MOEs) 및 성능 척도(MOPs: Measures of Performance)와 연계되어야만 한다.

(8) 역무 108 기술 검토 및 감사 계획

내부, 외부 기술 검토 및 감사의 목적, 범위, 횟수, 시기 및 형식을 정의한다. 이는 프로젝트 범위 및 계약 요건에 근거를 두어야 한다.

(9) 역무 109 현장지원, 생산, 투입 방식 개발

현장지원, 생산, 투입 업무를 어떻게 프로젝트에 통합시킬 것인지를 결정한다. 이를 위해서는 적합한 인원이 요건/아키텍처 정의팀 및 개발팀에 활발히 참여하여야 한다.

시스템 및 관련 결과물들의 인도 계획을 수립하고, 각 인도 과정에서의 주안점들을 파악한다.

(10) 역무 110 설계목표비용 정립

개발 이전 또는 개발 중에 엄격한 비용목표를 확립하여야 한다. 운영 능력, 성능, 수명주기 비용, 일정 간의 현실을 감안한 절충을 통해서 시스템 비용(조달, 운영, 지원 및 폐기)을 비용목표에 맞도록 통제한다. 비용은 주요 설계변수 및 개발 과정(설계, 현장지원, 생산, 투입)의 내재되는 요인으로 지속적으로 관리된다.

(11) 역무 111 SEMS, SEDS, WBS 개발

기술 업무 관련 공정은 사건지향적인 SEMS(Systems Engineering Management Schedule)에서 정의된다. SEMS는 각 주요 업무별 공정에 대해서는 달성기준을 (예: 완료해야 할 특정 분석, 도면, 프로토타입 결과물 등) 상세히 정의한다. SEMS를 보조하기 위하여 구체적인 날짜 월/주/일별 SEDS(Systems Engineering Datails Schedule)를 작성한다.

WBS(Work Breakdown Structure)는 SEDS 상의 역무들과 일치되도록 보완하여야 한다. WBS는 아키텍처 블록 다이어그램과(ABD: Architecture Block Diagram)과 일치되어야 한다. 대부분의 경우 WBS의 최상위 구조는 고객에 의하여 제시된다. WBS는 시스템 아키텍처 및 시방서를 완전히 반영하여야 한다.

(12) 역무 112 동원(인원/부서) 분야 정의

계획된 기술 업무들에 필요한 충원 수준을 산정한다. 각 역무 및 업무별로 필요한 지식, 숙련도, 능력 수준을 설정한다.

(13) 역무113 SEDE 및 도구의 정의, 개발과 조달

프로젝트에 적합한 개발환경(자동화 도구 포함)을 정의한다. 필요하다면 프로젝트 내 모든 부문이 필요로 하는 도구를 개발 또는 조달한다. 정보관리 시스템 요건과 기존의 정보관리 시스템 요소들을 사용하기 위한 요건들을 정의한다. SEDE(Systems Engineering Development Environment)를 활용하기 위해 필요한 훈련을 정의하고 계획을 수립한다.

(14) 역무 114 기타 계획 작성

부문별 기술계획, 현장지원계획 등 계약에서 요구하는 계획들을 작성하거나 조정한다.

(15) 역무 115 SEMP 작성

전 단계의 역무들의 결과는 프로젝트 내부 및 기업 내부의 완전한 협조를 통해서 SEMP(Systems Engineering Management Plan)에 문서화한다.

(16) 역무 116 조직의 역할과 책임 분장

모든 요건을 만족시키기 위한 통합적 접근으로서 결과물과 공정을 개발할 팀들을 만든다.

이 팀들은 통합제품팀(IPTs)과 기타 팀들로 구성된다. 팀들 간의 계층구조(여러 팀으로 구성된 팀)는 시스템 아키텍처와 부합되어야 한다. 이들 팀 중 일부는 아주 특수한 역무를(예: 내부, 외부 인터페이스 도출 및 정의) 위해서 한시적으로 운영된다. 일반적으로 각 형상품목(CI) 하나의 IPT가 존재한다.

WBS 요소들은 모두 IPT에 완전하게 대응되어야 한다. 이상적으로는 WBS 요소들과 IPT들 간의 일대일 대응을 이루어 팀들이 공유하는 WBS 요소들이 없어야 한다. 그렇지 않으면 책임 소재가 불명확해진다.

제3자 검사 조정자를 선임하여 과정 중 품질검사(In-Process Quality Inspection) 과정의 이행을 책임지도록 하며 프로젝트별 점검표를 개발하고 제3자 검사 척도를 수집한다. 제3자 검사 척도는 개발 중 발생하는 문제의 근본요인을 밝혀내어 과정의 현저한 개선을 이루는데 필수적인 수단이다.

시스템 개발을 위하여 시스템엔지니어링 책임기술자를(CSE: Chief System Engneer) 선임한다. CSE는 시스템 전반에 대한 지도자이며 구축자 역할을 수행한다. CSE는 시스템엔지니어링관리자(SEM)와 동일인일 수도 있다.

(17) 역무117 위험도관리계획 작성

적절한 위험도 관리 절차와 템플릿을 정의하고 이를 프로젝트 위험도관리계획에 문서화한다.

(18) 역무118 위험도관리계획의 확정 및 집행

적용조정을 거쳐서 위험도관리계획에 문서화된 위험도 관리 프로세스에 따라 위험도 관리를 개시한다.

(19) 역무119 프로젝트 관리 프로세스 지원

프로젝트 내의 모든 기술적 업무들을 조정하기 위해서 프로젝트의 기술적 관점들과 프로젝트 관리 프로세스 전반의 인터페이스를 시스템엔지니어링 계획 프로세스에서 도출한다. 여기에는 외부 고객이나 협력업체와의 기술적 인터페이스가 포함된다.

2) 시스템엔지니어링 통제 및 통합 업무

시스템엔지니어링 통제 및 통합 업무에는 첫째로 다른 시스템엔지니어링 프로세스 역무들과 둘째로 설계, 생산, 투입, 현장 지원 등 개발 프로세스를 안내, 조정하며 집중시키고 이들 간의 균형을 유지하기 위한 관리역무들이 포함된다. 여기에는 위험도 관리, 기술 프로그램 진도 평가, 문서 통제 그리고 다양한 업무의 통합이 포함된다.

시스템엔지니어링 통제 및 통합 업무([그림 8-5] 참고)는 SEMP에 기술한 시스템엔지니어링적 접근을 프로세스화한 것이다. 시스템엔지니어링 통제 및 통합의 목적은 시스템엔지니어링 역무들이 적절한 시스템엔지니어링 계획과 통제 그리고 적절한 개발팀 운영을 통해서 효과적으로, 효율적으로 달성되는지를 확인하는 데 있다.

시스템엔지니어링 통제 업무를 통해서 기술 프로그램을 관리하며 설계, 생산, 투입 계획과 집행을 지속적으로 지원한다. 설계목표비용을 산정하며 이를 검토, 관리한다. 기술 프로그램이 지니는 위험도 역시 산정, 검토, 관리하여야 하며, 형상 관리(Configuration Management), 기술 관리(Technical Management), 절충 스터디(Trade-off Study), 그리고 효과성 분석을 문서화하는 가운데 기술적 기준안(baseline)과 이에 대한 어떠한 변경도 추적을 한다.

시스템엔지니어링 통합 업무에는 다양한 기술 분야 및 제품개발팀들 사이를 조정(tailoring)하는 것이 포함된다. 시스템엔지니어링 통제 및 통합 업무에는 다음과 같은 중요 역무들이 포함되는데 이들은 초기 계획 시 시스템엔지니어링 프로세스에 반영된다.

○ 위험도 관리 프로세스

○ 기술성능측정 프로세스(위험도 변화, 변수의 추가 또는 삭제에 의한 기술성능측정 보완)

○ 형상 관리 프로세스

○ 자료관리 프로세스

○ 기술 검토 및 감사 프로세스

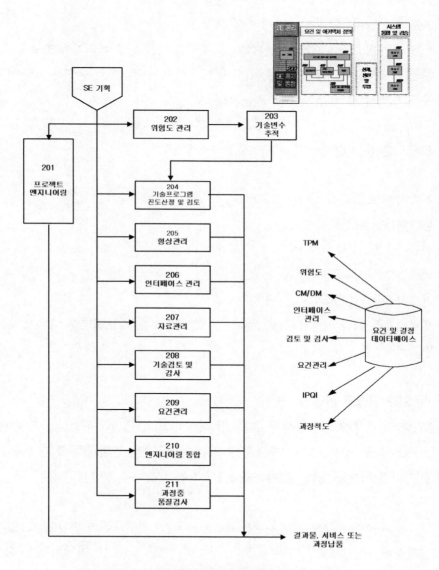

[그림 8-5] 시스템엔지니어링 통제 및 통합 역무

(1) 역무 201 프로젝트 엔지니어링

이 역무에는 시스템엔지니어링관리자(SEM)의 관리 업무들이 포함되는데 이들은 다음과 같다.

○ 필요한 수준의 인원, 장비, 시설 유지
○ 시스템엔지니어링 역무 관련 비용과 일정 관리
○ 프로세스 참여자들과 PM 간의 업무 조정
○ 모든 분야에 대한 과정 척도를 검토, 조정하고 이를 상부 관리자에게 보고
○ 다른 프로젝트에서 사용할 수 있도록 프로젝트 수행 중 얻은 교훈을 문서화
○ 다른 프로젝트들에서 얻은 교훈을 적용

프로젝트 엔지니어링에는 다음의 업무들이 포함된다.

○ 지속적인 프로세스 개선을 주도
○ 통합제품팀을 주도
○ 필요시 개발 계획을 수정
○ 외부 고객과의 기술적 접촉
○ 필요시 SEMP 및 SEMS를 수정
○ 프로젝트를 위한 기술정책 및 절차를 확립, 유지하고 프로젝트 참여자 및 팀 훈련을 조정

(2) 역무 202 위험도 관리

위험도 관리 프로세스를 통해서 위험도를 파악하고, 잠재적인 위험원을 파악한다. 즉, 프로젝트 목표 달성에 악영향을 줄 수 있는 행위, 사건, 결과물들을 파악하고 이들 위험도의 발생 확률 또는 영향을 축소시키기 위한 조치를 개발해낸다.

이 역무를 통하여 위험도 유발자를(risk driver), 연관 위험도들의 민감도 그리고 관련 기술활동에 대한 영향을 도출해낸다. 기술적 위험도의 도출 및 감시에는 DOD 4245.7M(Transition from Development tp Production)을 지침서로써 사용할 수가 있다.

위험도 평가 시에는 협력업체나 공급자의 품질을 고려해야 한다.

(3) 역무 203 기술 변수 추적

기술변수(Technical Parameter)의 추적 기술성능측정(Technical Performance Measurement)의 일환이다. TPM 활동은 기술 진도, 변수의 변동, 제한치의 변동 또는 목표의 변동을 근거로 하여 변수 상태를 갱신한다.

(4) 역무 204 기술 프로그램 진도 산정 및 검토

TPM(Technical Performance Measurement) 실시 결과 및 SEMS/SEDS 기준을 적용하여 프로젝트 전반에 대한 진도를 평가하고 결과를 PM 및 기타 관계자들과 검토한다.

(5) 역무 205 형상 관리

형상 관리(CM) 업무에는 통제(시방서, 인터페이스 통제 문서, 도면 등을 이용한) 대상 결과물과 공정 도출, 변경 통제(기술사항변경제안서 등을 통한) 그리고 현황 평가가 포함된다. 형상 관리에는 EIA 649나 다른 적절한 기업 또는 산업계 표준을 적용해야 한다.

이 역무에는 형상통제위원회(CCB: Configuration Control Board) 구성 및 운영이 포함된다. 시스템엔지니어링 관리자가 통상적으로 CCB를 주재한다.

(6) 역무 206 인터페이스 관리

인터페이스 관리 업무에는 인터페이스 정의, 통제, 호환성 평가, 그리고 인터페이스 통제 실무그룹(ICWG: Interface Coordination Working Group)을 통한 조정이 포함된다. 또한 이 역무에는 협력업체와의 인터페이스 관리가 포함된다.

(7) 역무 207 자료 관리

자료 관리(DM) 업무는 프로젝트에서 필요로하는 기술 자료의 개발, 통제, 제공을 지원한다. 또한 전산망, 단말기, 데이터베이스, 자료실, 통신 링크 그리고 기타 공유 자원의 사용을 포함한 정보관리를 지원한다.

(8) 역무 208 기술 검토 및 감사

시스템엔지니어링 분야는 설계, 생산, 투입 과정에서 수 종류의 검토와 감사를 실시할 책임을 지닌다. 검토 및 감사는 SEDS(Systems Engineering Details Schedule)에 기술된 대로 설계의 완전성, 추적성, 요건 적합성을 판정할 수 있는 특정 시점에서 실시된다. 각 검토 및 감사 역무의 출력 기준은 SEMS(Systems Engineering Master Schedule)에 규정되어야 한다.

각 검토 및 감사 역무는 설계 과정의 이정표로서 고유의 목표를 지닌다. 개발이 진전될수록 이들 목표는 더욱 상세해지고 확고해진다.

이 역무의 중요 요소들은 다음과 같다.

○ SEMS의 달성 기준을 충족시키는지 확인한다.
○ 검토 원칙과 절차를 확립한다.
○ 내부 검토 계획의 적합성과 적절한 실행을 확인한다.
○ 요건을 확립하고 형상 관리 통제에 반영시킨다.
○ 모든 관련 기술 분야에 대한 검토가 이루어지는지를 확인한다.
○ 항목, 기능, 하부시스템 그리고 형상품목간의 상호작용과 인터페이스가 제대로 유지되는지를 입증한다.
○ 요건들이 적절히 분해되고 배분되었으며 추적성이 유지되는지를 확인한다.
○ 개발을 계속하기 위한 조치 필요 사항들을 도출한다.
○ 검토 대상 항목에 대한 자체위험도 평가와 아울러 시스템 전반에 대한 위험도를 평가한다.
○ 지원, 생산, 시험 및 투입에 대한 가능성을 적절히 반영하였는지를 확인한다.

(9) 역무 209 요건 관리

기술적 결정 사항들과 요건에 대한 내력을 데이터베이스화하여 향후 참고 자료로 사용한다. 이 데이터베이스는 요건 추적성을 유지하는 1차적인 수단이다. 모든 결과물과 공정 요건은 이 데이터베이스에 수록, 유지되어야 한다.

이 데이터베이스의 보고서로서 요건추적 매트릭스(RTM: Requirements Traceability

Matrix)를 개발한다. RTM은 요건들을 하부시스템, 형상품목 그리고 기능별 분야에 대응시킨다. RTM은 정기적으로 발행하여 최신 요건 및 요건 배분 상황을 알려야 한다.

추적이 필요한 기술 예산을 파악한다. 기술적 여유도(Technical Margin)를 관리하기 위한 원칙과 방식을 개발해 낸다. 위험도 평가 결과를 반영하여 필요하다면 여유도를 적절하게 조정한다.

배분된 요건들과 합성 역무의 결과가 상호 일치하며 WBS상의 업무 패키지로서 추적이 가능한지를 확인하며 필요시 WBS를 수정한다. 임무설명서(SOW), 조직분해구조(OBS) 그리고 아키텍처 블록다이어그램이 일관성 있게 유지됨을 확인한다. 또한 비용분해구조(CBS, Cost Breakdown Structure)를 통해서 비용 목표가 준수되고 있음을 확인한다.

(10) 역무 210 엔지니어링 통합

다양한 기술 부서들 간의 업무 조정과 개발 역무들의 통합을 수행한다. 여기에는 통합 제품 개발 방식 및 제품개발팀 방식을 적용하는 것이 포함된다. 모든 기술팀들에서 특수 분야가 적절히 활동하고 있음을 확인하고 이 특수분야 역무들의 범위와 수행 시기를 정의한다.

시스템 통합 실무 그룹(SIWG: System Integration Working Group)과 실패검토 위원회(FRB: Failure Review Board)을 구성하고 운영한다. 모든 기술 계획 작성을 조정한다.

(11) 역무 211 프로세스 진행 중 품질검사

이 책의 결과물점검표에 표시된 대로 모든 문서들에 대한 프로세스 진행 중 품질검사(In-Process Quality Inspection)를 시행한다. 기본적으로 IPQI 과정은 요건과 비교하여 문서 또는 실물을 점검하는 것이다. 일반적으로 IPQI는 제3자들이 시행한다. IPQI 과정에서 발견된 주요 결점들을 대상으로 근본요인분석(root cause analysis)을 실시하여 프로세스 개선 방안을 도출한다.

3.
요건 및 아키텍처 정의 하부프로세스

　요건과 아키텍처 정의 하부프로세스([그림 8-6] 참고)를 통해서 질서 있게 반복적으로 문제를 정의하고 해법을 개발할 수가 있다. 요건 분석으로 문제의 범위와 만족시켜야 할 변수들을 정의한다. 기능 분석으로 시스템 고유 환경에서의 시스템이 의도하는 거동을 기술한다. 이들 요건과 기능에 의해서 문제영역이 정의되며 해결영역은 합성 역무를 통해서 정의된다.

　합성에서 요건 분석까지의 검증루프를 통해서 해결영역이 문제영역에 정확히 대응하는가를 확인한다. 시스템 분석 및 최적화는 여러 대안들의 효과에 대하여 분석하고 향후 개발 대상의 범위를 좁히는 일이다. 최종 선정된 대안에 대한 요건은 요건 및 아키텍처 문서화 역무를 통해서 시방서 및 인터페이스 문서에 기록된다.

　요건들은 시스템 결과물 및 관련 프로세스(제조, 검증, 투입, 적용, 폐기 등)에 대해서 모두 정의한다.

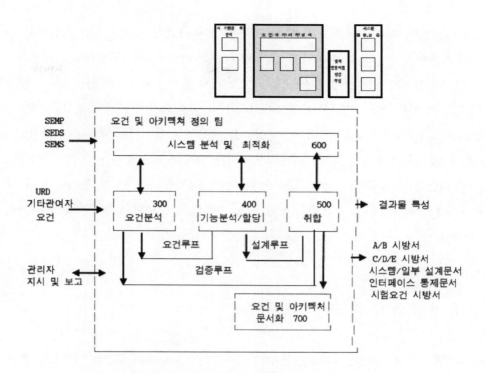

[그림 8-6] 요건과 아키텍처 정의 하부프로세스

새로운 기능이 나타나면 이 기능을 정량화하기 위하여 새로운 도출 요건들을 정의할 필요가 있다. 기능 분석에서 요건 분석까지의 궤환 루프는 이러한 역무들의 상호연관과 반복 특성을 시사하고 있다.

취합(합성)을 통해서 요건에 맞는 아키텍처의 후보 대안들 또는 제품/공정 설계를 정의한다. 이 프로세스를 순차적으로 반복하여 각 시스템 개념별로 한두 개의 설계개념들을 합성한다. 이 하부프로세스에서는 기술 평가, 예측 및 선정이 필요하다. 이 결과는 위험도 산정 및 관리로 입력된다. 도출한 기술적 제약 사항들은 생산가능성과 지원가능성 평가에 입력된다.

프로젝트의 각 단계에서 설계는 도면 및 구매 시방서가 완료될 때까지 매우 더 상세한 수준으로 진화된다. 합성과 기능분석 사이의 궤환 루프를 통해서 설계 정책 결정에 따른 세부 기능들(특히 하부 수준에서)의 추가 또는 재배치를 확인한다. 취합(합성)에서 요건으로의 궤환 루프는 제안된 해법이 요건에 적합한지를 검증 및 확인할 필요가 있음을 시사한다.

시스템엔지니어링 프로세스는 모든 기술 요건이 서로 일치하고 상위 요건에서 추적이 가능함을 확인한다. 시스템엔지니어링은 모든 설계 문서를 통제하고 감사한다.

시방서, 아키텍처 및 설계 문서, 인터페이스 정의 문서, 시험 요건서들은 모두 개발팀 업무에 입력된다. 개발팀은 그들의 결과물 특성을 요건/아키텍처 정의팀으로 전달하며 요건/아키텍처 정의팀은 이 특성들을 사용하여 아키텍처 절충 스터디(Trade-off)나 시스템 효과성 분석에 사용한다. 이러한 업무들을 수행하는 요건 및 아키텍처 정의팀은 모든 분야의 전문가로 구성하여야 프로세스에 가치가 부여될 수가 있다. 따라서 설계, 제조, 품질보증, 구매, 투입, 시험, 기타 분야의 전문가들이 참여해야 된다.

1) 요건 분석 업무

시스템 수준의 요건은 제의요청서, 계약서, 임무설명서(SOW), CDRL/SDRL, 사용자 요건서(URD), 기술 시방서, 기타 문서들을 사용하여 개발한다. 이들 요건에는 생산, 투입, 시험, 현장지원 그리고 운영 성능 요건들이 포함된다. 개발팀원들은 여기에 부가하여 도출요건의 근거를 제공해야 한다.

요건/결정 데이터베이스를 구축하고 유지한다. 시스템 임무는 고객 또는 프로젝트가 제시한다. 운영 및 지원 개념을 정의 또는 재정의하여 운영개념서(OCD: Operational Concept Documents)에 문서화한다.

요건은 시스템 수명주기에서의 모든 기능, 하부기능들에 대하여 동시에 개발된다. 요건 분석을 통하여 각 요건의 중요도와 민감도를 파악한다. [그림 8-7]은 이 업무 내의 역무들을 도시한 것이다.

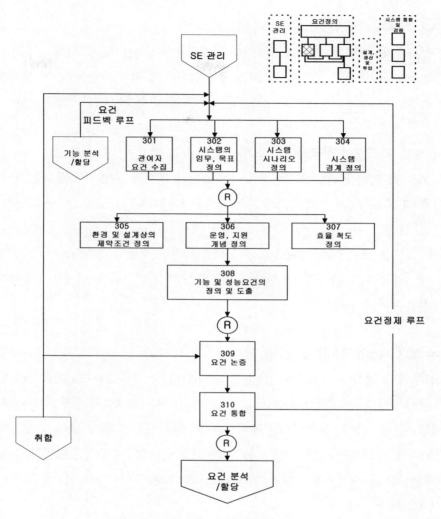

[그림 8-7] 요건 분석 업무

(1) 역무 301 이해관계자 요건 수집

이해관계자들을 파악하고 가능한 한 항상 대화하여 이들이 원하는 것, 필요로 하는 것, 기대하는 것을 알아낸다. 이들 요건 간의 상대적 중요도를 알 수가 있도록 요건을 정량화한다.

각 요건별 기존 결과물에 대한 현재의 만족도를 평가한다. 이 결과를 자기가 속한 조직의 사업목표와 연관시키고 경쟁 제품들과 비교한다. 이 요건들의 상대 평가 결과를 순위를 매기고 정규화한다.

고객과 사용자의 부류, 그리고 각 부류의 특성을 정의한다. 이들 고객과 사용자들은 역무 308에서 기술한 시스템의 일차기능에 연관된다. 품질함수기법(QFD)과 분석적 계층과정(AHP: Analytical Hierarchy Process)는 이 역무를 수행하기 위한 방법들이다.

(2) 역무 302 시스템의 임무, 목표 정의

역무 301에서 정의한 필요성을 사용하여 시스템의 목적과 운영 개요에 대한 완전한 정의를 내린다. 동시에 위협요소와 가용 플랫폼을 정의한다.

목표로 하는 시장 분야를 정의한다. 이 시장 및 관련 제품에 연관되는 사업 분석 사례를 발굴해낸다. 그다음에 각 시장에 해당되는 핵심 변수들을 결정하기 위하여 사례 분석을 추가로 실시한다.

(3) 역무 303 시스템 시나리오 정의

시스템에 대한 예상 시나리오를 정의한다. 직면하게 될 외부로부터의 자극들과 각 자극에 대한 대응을 블랙박스 관점에서 정의한다. 이 시나리오들의 발생 확률과 시스템 영향도를 감안하여 우선순위를 부여한다. 시스템 시험 원리 및 접근 방식은 이 시나리오들에 근거하여야 한다. 시험 사례들을 이들 시나리오로부터 개발한다. 기능 실패유형분석(Functional Failure Mode Analysis) 또한 이들 시나리오에 근거하여 실시한다.

목표 시장에서의 '성공 기준'을 결정하기 위한 사업 모형을 정의한다.

(4) 역무 304 시스템 경계 정의

시스템의 목적 또는 임무를 달성하는데 개재되는 내외부 요건들과 시스템 경계를 정의한다.

시간과 공간 관점에서 시스템 경계를 정의한다. 외형적 경계는 무엇이며 시스템이 주요 임무 수행이나 목표 추구를 개시하는 시점이 언제이며, 시스템(구성 요소 포함)을 언제 폐기할 것인가를 정의한다.

(5) 역무 305 환경 및 설계 상의 제약 조건 정의

비용 제약 조건을 포함하여 시스템 성능이나 설계를 제한 또는 정의하는 제약 조건들을 파악하고 이들을 문서화한다. 설계목표비용을 반드시 정립한다. 설계목표비용의 계층구조는 비용분해구조(CBS)에 문서화한다.

설계 제약 조건에는 전력, 중량, 치수 등과 같은 비기능적 조건들이 포함되어야 한다. 환경적 제약 조건은 모든 시스템 시나리오에(역무 303)와 모든 일차기능(역무 308)에서 정의되어야 한다.

(6) 역무 306 운영, 지원 개념 정의

설계에 영향을 주는 운영 및 현장지원 접근 방식과 제약 조건들을 확인하고 문서화한다. 지원 개념의 도출은 현장지원분석(LSA: Logistics Support Analysis) 과정의 일환이다. 운영개념서(OCD: Operational Concept Document)에 이러한 개념들을 문서화한다.

(7) 역무 307 효과 척도 정의

운영 요건들을 충족시키기 위해서 가장 중요한 성능변수들을 파악, 문서화하고 설계에 영향을 주는 이들 변수 간의 연관성을 도출한다. 시스템의 가치(효용성)를 평가하기 위하여 효과성 척도(MOEs)를 운영자 수준에서 사용한다. 이들 MOEs를 기술 진도 평가를 위해서 시스템엔지니어링 통제팀에 제공한다.

(8) 역무 308 기능 요건 및 성능 요건의 정의 및 도출

기능 분석과 배분의 근거가 되는 기능 요건을 정의하고 도출한다. 기능 요건은 최상위 수준의 시스템 임무 또는 목표와 다음에 열거한 시스템의 1차 기능에 근거를 두어야 한다.

○ 개발

○ 생산

○ 시험

○ 투입

○ 운영

○ 지원

○ 훈련

○ 폐기

설계 업무와 과정 개발(생산, 투입 등)의 근거가 되는 기능 요건을 도출하고 정의한다. TPM(Technical Performance Measurement)을 통하여 추적할 필요가 있는 기술 변수들을 도출한다. 기술 변수들은 종종 성능 척도(MOPs: Measures of Performance)로 불리기도 한다.

(9) 역무 309 요건 논증

기술 요건들이 사용자요건서, 상위 수준 시방서, 기타 관여자 요건들과 완전히 일치함을 확인한다.

(10) 역무 310 요건 통합

요건들이 시스템 성능과 설계에 잘 반영되고 있는지를 확인한다. 부가적으로, 모든 시스템엔지니어링 배분 예산이 일치하는지 확인한다. 예산 배분 시에는 기술적, 성능적 제약 이외에 비용 제약성을 감안하여야 한다. 이 역무는 문제영역을 다룬다.

기능 분석 및 배분 업무로 진입하기 전에 모든 과거 역무들을 반복하여 요건을 적절히 개량한다.

2) 기능 분석 및 할당 업무

시스템 요소는 일단 기능 분석을 통하여 필요성을 정당화하지 않고서는 정의 또는 조달될 수가 없다. [그림 8-8]은 기능 분석 관련 역무들을 보여 주고 있다.

요건 분석에서 정의된 시스템 목표를 분석하여 시스템에서 요구되는 거동을 정의한다. 이러한 분석은 다음과 같은 기법들을 이용하여 수행한다.

- 기능 흐름 블록 다이어그램(FFBD)
- 시간선(timelines)
- 자료 흐름 다이어그램
- 상태/형태(State Mode) 다이어그램
- 거동 다이어그램
- 기타 다이어그램 기법

기능 할당 역무는 요건, 기능, 시스템 요소 간의 추적성을 확립한다. 요건은 기능에 할당되며 거기에 예산이 배분된다. 기능 할당 상황은 요건 할당서(RAS: Requirements Allocation Sheet)에 문서화될 수도 있다.

기능 흐름도를 활용하려면 시스템 수명주기의 모든 업무들을 고려해야 하며, 표현방법에 있어서는 업무순서와 인터페이스가 적절히 반영되어야 한다. 기능 블록에 정보를 수록할 때는 기능을 '어떻게' 달성할 것인지를 모색하기에 앞서서 '무엇이' 필요한가에 관심을 두어야 한다.

추가되는 정의들로 인해서 한 번에 표현하기에는 너무 자세할 경우에 대비하여 다이어그램 기법은 충분한 확장이 가능하게끔 신축성을 지녀야 한다. 역무나 기능을 '어떻게' 수행할 것인지와 더불어 필요 자원을 도출해 낼 수 있는 하부 수준까지 점진적이고 체계적으로 작업해 나가는 것이 목표이다.

외부 및 내부 기능 인터페이스를 포함한 기능 간 관계 및 상호 의존성을 정의하기위해서 기능은 동시적으로, 반복적으로 도출한다. 다른 시스템엔지니어링 프로세스역무의 결과를 기능의 추가적인 분해와 상위 수준 기능을 만족시키기 위한 대체 하부기능들을 정의하는 데 사용한다.

기능 분석 및 할당을 달성하기 위해서는 가능한 한 자동 모사 도구들을 사용하여야 한다. 이 업무 전반에 걸쳐서 현장지원분석(LSA: Logistics Support Analysis)을 실시해야 한다. 제조, 검증 및 지원을 위한 프로세스 요건들은 공장 모사 및 지원 모사를 통해서 얻어낼 수도 있다.

모사를 통하여 도출한 요건들을 포함하여 모든 요건들은 그 근원과 함께 문서화해야 한다.

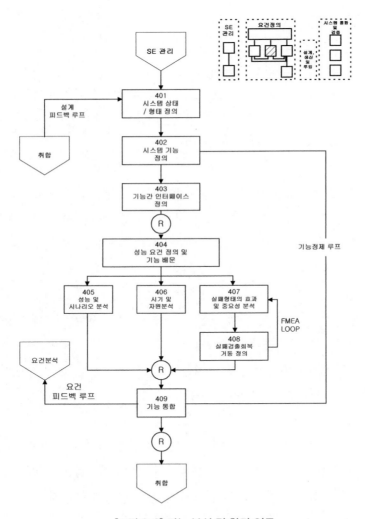

[그림 8-8] 기능 분석 및 할당 업무

(1) 역무 401 시스템 상태/형태 정의

시스템에서 기대되는 환경과 사용 의도를 분석하여 시스템이 겪게 될 상태와 형태를 정의한다. 상태와 형태는 임무 개요 및 운영 개념과 일치해야 한다. 예를 들어서 시운전 시에는 온도의 변화로 인하여 물리적 상태가 변화될 수가 있다. 생산과 투입을 포함한 수명주기 업무를 첫째, 흐름도와 둘째, 시스템 수준 및 계속되는 아키텍처 내 하부시스템 수준들에서의 출력 기준으로 정의하여야 한다. 이때 요건 및 아키텍처 하부과정을 반복하여야 한다.

(2) 역무 402 시스템 기능 정의

시스템이 반드시 수행해야 할 기능 관점에서 시스템의 운영 거동과 지원 거동을 도출한다. 이 역무에는 기능 흐름 분석, 통제 흐름 분석 또는 자료 흐름 분석과 같은 것들이 포함된다. 외부 시스템의 거동을 정의하여 외부 인터페이스를 완전히 규정하는 작업이 종종 필요하다.

기능 및 기능 간 인터페이스는 기능 흐름 블록 다이어그램의 기능 일람표나 기능 수목에 문서화될 수 있다. 필요한 역무, 조치, 업무들을 정의할 수 있도록 동사를 사용하여 각 기능을 기술한다.

(3) 역무 403 기능 간 인터페이스 정의

각 기능의 개시 및 종료 상태와 입출력을 정의한다. 이를 통해서 기능들 내에서 모든 상태의 변동을 완전히 정의하고 필요 입력 및 출력을 제공함을 확인할 수가 있다. 기능을 배분하기 이전에 완전성과 일치성을 확보하기 위해서 시스템 기능성을 검토한다.

시스템이 고객의 소유물이나 조직 구조 내의 다른 시스템들과 상호작용을 일으킬 경우에는 특수한 인터페이스를 필요로 할 수가 있다. 예를 들어서, 기존의 운송, 취급 장비로 인하여 설치 문제나 최대 중량, 체적, 치수 등 설계 제한성을 초래할 수가 있다.

(4) 역무 404 성능 요건 정의 및 기능 배분

정의된 각 기능들이 얼마나 잘 성능을 발휘해야 하는지를 결정한다. 요구되는 시스템 성능에 의해서 각 기능의 성능을 도출해야 한다. 필요한 기술 예산을 산정한다. 배분 과정을 보조하기 위해서 성능 배분 모형을 작성한다. 역무 수행 중의 의사 결정 및 절충 스터디 기록은 추적성 유지를 위해서 기능배분서에 문서화할 수도 있다.

(5) 역무 405 성능 및 시나리오 분석

기능 설명서를 사용하여 모형화한 거동을 분석, 정적, 동적 일치성과 실현성을 확인한다. 이때 모형화 및 모사 도구를 가능한 한 최대로 사용하여 각 시스템 요소들과 시스템 전반의 기대 성능을 평가하는 것을 돕도록 한다. 이 모형들은 역무 601에서 작성된다.

각 시스템 시나리오에 대하여 시스템 거동을 분석한다. 각 시스템 영향 요인에 대한 시스템 응답을 분석한다. 기능 아키텍처를 통하여 실현 경로를 정의한다. 이 경로들은 향후 검증 과정에서 적절한 기능이 수행되고 있는지를 확인하는데 사용될 수가 있다.

(6) 역무 406 시기 및 자원 분석

기능 설명서와 시스템 제약 조건을 이용하여 시간 및 자원 활용 관점에서, 시스템 거동을 분석하여 시기 요건 및 내부 실현성에 적합한지를 확인한다.

(7) 역무 407 실패 형태의 효과 및 중요성 분석

특정 실패로 인한 기능상의 결말에 대해서 분석한다. 이 역무는 실패 형태 효과 및 중요성 분석(FMECA: Failure Mode Effects and Criticality Analysis)과 연계하여 필요시 신뢰도 정비 기술자가 수행한다. FMECA 수행을 지원하기 위해서는 통상적으로 해당 운영 개요 및 임무 개요가 필요하다. 이 역무의 결과는 결함 수목(Fault Tree)이나 실패 형태 및 중요성 분석/결함 모드 및 효과성 분석(FMEA: Failure Mode and Effects Analysis) 표에 문서화할 수가 있다.

(8) 역무 408 실패검출회복 거동 정의

비정상 조건에 대처하기 위해서 기능적 정의를 수정한다. 운영 실패 상태로부터 회복되기 위해서는 정비 기능이 필요하게 될 수도 있다. 실패 형태 효과 및 중요도(결함 모드 및 효과성)에 입각하여 새로운 거동을 재차 분석한다.

(9) 역무 409 기능 통합

정의된 효과성 척도(MOEs)대로 모든 기능들이 총괄적으로 각각 최적의 시스템 성능을 발휘하고 시스템 요건을 만족시킴을 확인한다. 이 역무를 하위 수준의 기능들에 대해서 반복한다.

시스템 및 하부시스템 간의 모든 인터페이스(물리적, 기능적, 자료 형식, 지원, 치수 등)가 정의되었는지를 확인한다.

3) 합성(취합) 업무

합성(취합) 업무 [그림 8-9]는 기능 요건과 성능 요건을 만족시키는 결과물의 아키텍처를 정의한다. 최저 수준에서 합성이란 시스템 요소에 대한 축조(built-to) 요건을 정의하여 개발팀이 설계를 하도록 하는 것이다. 이 업무 중에 형상품목이 정의된다. 아키텍처의 각 수준에서 설계 요건, 프로세스 요건, 물리적 형상 및 인터페이스들을 검증하여 기능 요건을 만족시킴을 확인한다.

합성(취합)은 시스템 요소들을 정의하고 이들을 개량하며 기능 요건을 만족시키는 물리적 형상의 시스템으로 통합시킨다.

대체 형상배치 또는 아키텍처를 개발하고 요건 대비 평가를 한다. 타당한 대안을 마련하기 위한 절충 스터디를 지원할 목적으로 프로토타입 또는 모형은 하나 이상의 아키텍처에 대해서도 제작할 수가 있다.

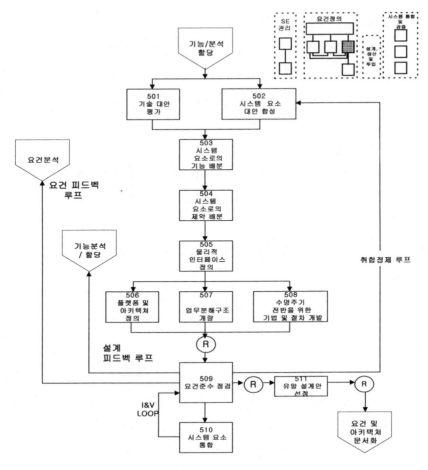

[그림 8-9] 합성(취합) 업무

(1) 역무 501 기술 대안 평가

문제 해결을 위해서 적용 가능한 기술들을 평가한다. 이때 기술삽입계획을 참고하여 모든 가능성을 반영하여야 한다. 가능성 있는 시스템 개념 및 선택안들을 도출한다. 투입 시점에 적합한 기술 수준을 판정하기 위하여 기술 변화 추이를 검토한다.

(2) 역무 502 시스템 요소 대안 합성

상향식(bottom-up) 접근방식으로, 기능 요건들의 논리적 집합별로, 시스템 요소 대안들을 정의하고 개량한다.

(3) 역무 503 시스템 요소로의 기능 배분

어떤 기능이 어떠한 시스템 요소들에 의해서 발휘되는지를 알아낸다. 각 기능에 관련되는 성능을 적절한 시스템 요소로 배분한다.

(4) 역무 504 시스템 요소로의 제약 배분

시스템 요소에 직접 적용되되 거동 기능에는 적용되지 아니하는 제약들을 알아낸다. 이 제약에는 전력, 체적, 중량, 치수 등 비기능적 요건들이 포함된다.

(5) 역무 505 물리적 인터페이스 정의

시스템 요소들 간의 기계, 전기, 신호, 전력 등 기타 인터페이스를 정의한다. 또한 시스템과 외부 세계 간의 모든 인터페이스를 알아낸다. 이들 인터페이스들을 인터페이스 통제문서 또는 다른 인터페이스 협약에 문서화한다.

시스템의 모든 요소들과 이들 요소 간의 상호작용, 그리고 고객 환경을 구성요소별로 다이어그램 형식으로 표현한다. 여기에는 기존의 현장지원 장비들이 포함된다. 가장 전형적인 작성 양식은 개요 블록 다이어그램이다(SBD: Schematic Block Diagram).

(6) 역무 506 플랫폼 및 아키텍처 정의

결과물의 플랫폼을 정의한다. 플랫폼은 이미 사용자의 자산으로 존재할 수도 있고 결과물의 산출물과 더불어 제공될 수도 있다. 이 플랫폼은 동일한 청사진의 결과물에 대해서는 공통적일 수도 있다.

결과물의 구조와 결과물들 간의 상호작용, 결과물과 환경과의 상호작용 관점에서 각 아키텍처를 정의한다. 역무 303의 시나리오들을 다양한 시스템 형상배치에 대하여 대응시켜본다.

시스템 요소들의 계층구조적 관계는 아키텍처 블록 다이어그램(Architecture Block Diagram)에 문서화해야 한다. 이 ABD에는 하드웨어와 소프트웨어의 청사진, 문서, 데이터, 시설, 특수 시험 장비 등이 포함되어야 한다.

개발 중인 시스템에 영향을 주는 외부 요소들을 포함하여 외부 ABD를 작성한다. 여기서 외부 요소들은 제2장에서 기술한 시스템 보조 결과물들로서 개발, 생산, 투입, 시험, 지원, 훈련, 폐기에 관련된 것들이다. 외부 ABD에는 시스템에 현저한 영향을 줄 수가 있는 모든 하드웨어, 소프트웨어, 시설, 인력, 데이터 그리고 서비스들이 포함되어야 한다.

(7) 역무 507 업무분해구조 개량

선정한 아키텍처 및 분해(decomposition) 작업을 아키텍처 블록 다이어그램과 기본 구획에 의거하여 역무분해구조(WBS) 형식으로 변환시켜서 작업계획 수립, 비용/일정 파악 및 통제에 사용하도록 한다. 이 역무를 통해서 기존의 WBS를 추가로 합성된 시스템 요소들을 고려할 수 있도록 확장시킬 수가 있다.

(8) 역무 508 수명주기 전반을 위한 기법 및 절차 개발

수명주기 비용분석에 적합한 모형과 변수들을 개발한다. 시스템이 어떻게 생산, 검증, 투입, 운영, 정비, 폐기되는지를 정의한다. 훈련 등 현장지원 절차를 정의한다.

필요한 보조 결과물들과 이들의 주요 특성들을 모두 알아낸다. 최종 결과물들에 의해서 보조 결과물들에 부과되는 요건들을 정의한다. 또한 보조 결과물들로 인하여 최종 결과물들에 부과되는 제약들을 알아낸다.

(9) 역무 509 요건 준수 점검

모든 기능 요건 및 성능 요건들이 시스템 요소에 대응되어 있는지를 확인한다. 아키텍처의 각 수준에서 시스템 요소들이 요건과 제약을 만족시키는지를 확인한다.

요건 준수 여부는 시스템 및 비용 효과 분석, 모사, 시범, 검사 또는 시험으로써 점검할 수가 있다. 역무 601에서 얻는 모형이나 프로토타입을 사용할 수도 있다.

(10) 역무 510 시스템 요소 통합

상향식으로 점진적으로 시스템 요소들을 최종 사용자가 원하는 기능을 지니는 품목으로 통합한다. 각 수준에서의 설계 요건, 물리적 형상배치, 물리적 인터페이스들을 검증하여 기능 요건과 성능 요건을 만족시킴을 확인한다.

여기에 기술한 통합 업무들은 시스템 요소들이 실제로 통합되는 것은 아니라는 관점에서는 논리적이라고 할 수가 있다. 실제 통합은 시스템 통합 미검증 시에 이루어진다. 통합은 CAD도구, 모사도구 등의 분석 도구나 기법을 사용하여 수행한다.

(11) 역무 511 유망 설계안 선정
절충 스터디 결과를 활용하여 시스템 요소 대안들로부터 균형 있는 시스템 해법 도출이 가능한 시스템 요소들을 선정한다. 설계안 선정은 시스템 통합 및 검증 계획과 조화되어야 한다.

4) 시스템 분석 및 최적화 업무

시스템 분석 및 최적화 업무([그림 8-10] 참고)는 다음에 열거한 사항들에 필요한 위험도, 진도, 정책 결정 메커니즘을 제공한다.

- ○ 설계 능력 평가
- ○ 기술 요건 및 설계목표비용 대비 진도 평가
- ○ 대안 조치 입안 및 평가

또한 고객 요건을 만족시키도록 전체 시스템을 진화시킨다. 효과성 분석에는 다음 역무들이 포함된다.

- ○ 생산기술 분석
- ○ 시험, 검증 분석
- ○ 투입, 설치 분석
- ○ 운영 분석

○ 지원 가용성 분석

○ 훈련 분석

○ 폐기 분석

○ 환경영향 분석

○ 수명주기 비용 분석

업적에 근거한 진도 측정 및 측정 기준은 SEMS(Systems Engineering Master Schedule)에 문서화되어 있으며 기술성능측정, 기술 검토, 감사 등을 포함한다.

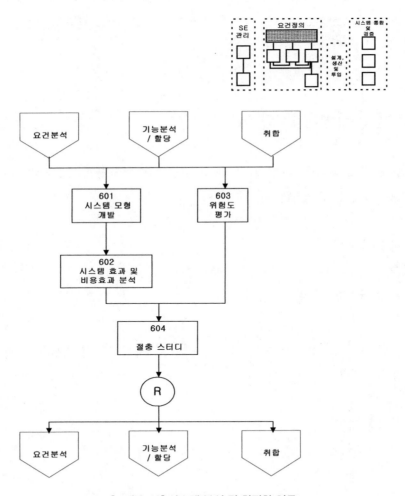

[그림 8-10] 시스템 분석 및 최적화 업무

기업의 생존을 위한 시스템 콘셉트 개발 방법론

(1) 역무 601 시스템 모형 개발

시스템의 기대 거동을 파악하기 위하여 모형을 개발하여 사용자의 수요와 기대를 적절히 만족시키는지를 확인한다. 모형은 논리모형일 수도 있고 실물모형일 수도 있다. 모형은 기대 외의 거동을 발견하여 개발 기간을 단축하고, 기지의 또는 미지의 개발 위험도를 완화시키기 위해서 사용한다.

각 모형으로 풀어야 할 질의사항들을 정의한다. 만약에 모형을 잠재 고객이나 사용자를 대상으로 한 시범에 사용할 경우에는 그 시범의 목표를 정의한다. 허용 가능한 모델의 거동을 정의한다. 모형 자체 또는 모형을 사용할 시험, 분석 결과에 요구되는 충실도를 정의한다. 모형의 사용자 및 용도를 정의한다.

시스템 기능이 지니는 고유 특성에 대하여 모형을 개발한다. 여기에는 다음에 열거하는 사항들 또는 기타 사항들이 포함된다. 다음에는 시스템 모형을 논증하여 분석 및 모사 결과가 타당함을 확인한다.

- 운영(효과 척도 같은)
- 지원 가용성
- 신뢰도
- 정비성
- 생산
- 훈련
- 폐기
- 시험/검증
- 투입/설치
- 환경 비용 및 수명주기 비용 분석(설계목표비용 포함)

이 모형들에는 다음과 같은 유형들이 포함될 수가 있다.

- 실물 프로토타입

- ○ 수학 공식
- ○ 모사 모형
- ○ 실물 모형
- ○ 축소 모형
- ○ Breadboards
- ○ Brassboards
- ○ CAD 도구의 Wire-frame이나 Solid model
- ○ Executable code frame

(2) 역무 602 시스템 효과 및 비용 효과 분석

논증된 모형을 사용하여 제안된 해결 방안이나 도출 요건들을 분석한다. 제약 조건에 대한 민감도를 분석한다. 이 분석들을 통하여 첫째로 해결 방안을 구동하는 변수를 도출하고, 둘째로 입력 자료나 가정의 불확실성에 대한 이 변수들의 민감도를 파악하는 것을 지원한다. 이러한 시스템 효과 및 비용 효과 분석의 목적은 다음과 같다.

- ○ 임무 목표/요건, 성능 목표/요건 도출을 지원
- ○ 성능을 기능에 배분하는 것을 지원
- ○ 해결 대안들을 선정하는 기준을 제공
- ○ 설계가 고객 요건을 만족시킴을 분석으로 확인
- ○ 인원, 결과물, 프로세스에 대한 검증을 지원

(3) 역무 603 위험도 평가

제시된 요건(생산성 요건, 지원 가용성 요건 포함), 기능 또는 해법에 대하여 위험도 분석을 실시하여 절충 스터디에 사용하거나 문제위험도 분석 결과 보완에 사용한다. 계획된 이득 달성 상의 위험도를 진화하는 요건들과 계약상의 요건들을 참작하여 산정한다.

(4) 역무 604 절충 스터디

결정 기준을 확립하고 대안들을 기준과 대비하여 평가한다. 결정 기준에는 고객이 제시한 효과성 척도 또는 비용 및 운영 효과 분석(COEA: Cost and Operational Effectiveness Analysis) 관련 대안들이 반드시 포함되어야 한다. 점수 산정 시에는 민감도 분석을 감안한 가중치를 부여할 수가 있다. 그러나 최종 결정은 점수에만 좌우되는 것은 아니며 다른 인자들을 감안할 수도 있다. 절충 스터디(Trade-off)의 계층구조를 설정하고 절충 영역을 간소화하기 위해서는 의사결정 수목 분석(Decision Tree Analysis)을 이용한다.

5) 요건 및 아키텍처 문서화 업무

합성 업무에서 도출한 요건의 모음들은 기능, 할당 및 생산 기준과 아래에 열거한 문서들을 작성하는 데 기본자료로 사용된다.

- A 시방서: 시스템/시스템 일부 시방서
- B 시방서: 개발 시방서
- C 시방서: 결과물 기능/제작 시방서
- D 시방서: 공정 시방서
- E 시방서: 재료 시방서
- 시스템 및 시스템 설계 문서(SSDD)

J-Std-016은 다음에 열거한 종류를 포함하여 소프트웨어 시방서들을 정의하고 있다.

- 소프트웨어 요건 시방서(SRS)
- 인터페이스 요건 시방서(IRS)
- 소프트웨어 설계서(SDD)
- 인터페이스 설계서(IDD)

○ 소프트웨어 제품 시방서(SPS)

기타 작성해야 하는 문서의 종류는 다음과 같다.

○ 인터페이스 통제 문서(ICD)
○ 시험 요건 시방서(TRS)
○ 요건 추적 매트릭스(RTX)
○ 요건 검증 매트릭스(RVM)
○ 도면
○ 기술 매뉴얼
○ 훈련용 자료

[그림 4-6]은 여러 가지 시방서들의 작성시기를 보여주고 있다. [그림 8-11]은 이 역무들을 보여주고 있다.

요건 및 아키텍쳐 관련 문서들은 MIL-STD-961D를 적용하여 작성할 수도 있는데 이 표준은 여러 형식의 시방서에 대하여 정의하고 작성 실무를 다루고 있다.

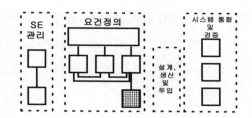

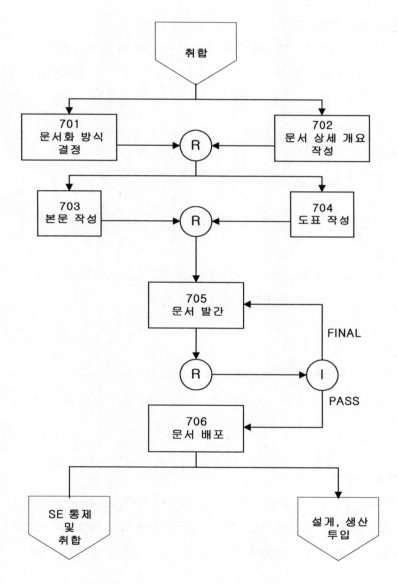

[그림 8-11] 요건 및 아키텍처 문서화 업무

(1) 역무 701 문서화 방식 결정

문서 사용자의 요구를 파악한다. 자료항목설명서(DIDs: Data Item Description)와 조직 내 표준 양식을 지침자료로 사용한다. 또한 유사한 문서 사례를 수집하여 참고한다.

(2) 역무 702 문서 상세 개요 작성

프로젝트가 필요로 하는 방식으로 표준 양식을 채택한다. 상세 개요를 검토하여 문서 사용자 요건, DIDs, 조직 내 표준 양식을 적용하였는지 확인한다. 문서화에 필요한 모든 입력들을 파악한다.

(3) 역무 703 본문 작성

문서 본문 초안을 작성하여 문서 사용자(내·외부)들의 검토를 받고 의견을 반영하여 수정한다.

(4) 역무 704 도표 작성

요건 및 아키텍처 검증 하부과정에서 생산한 자료들로부터 도표를 작성하여 문서 사용자(내·외부)들의 검토를 받고 의견을 반영하여 수정한다.

(5) 역무 705 문서 발간

문서 요소들을 통합하고 편집한다. 검토 결과를 반영하고 문서를 발간한다. In-Process Quality Inspection 과정을 적용하여 제3자 검토를 실시하고 검토 결과를 문서에 반영시킨다.

(6) 역무 706 문서 배포

시스템엔지니어링 관리자 및 필요 관리자들의 서명을 받아서 형상 관리 데이터베이스에 입력하고 배포를 실시한다. 자료관리팀은 발송 표지에 프로젝트 책임자의 서명을 받은 후 계약 요건에 의거 고객에게 문서를 배포하고 내부 사용자 및 자료실에도 배포한다.

4.
시스템 통합 및 검증 하부프로세스

    넓은 의미에서 시스템 통합 및 검증([그림 8-12] 참조)은 개발자나 시험자들이 하나의 결과물을 최소 단위에서 전체 시스템에 이르기까지 통합하고 검증하는데 관계되는 모든 업무를 의미한다. 어떤 개발 방법이 프로젝트에 적용되건 간에 어떻게, 언제, 누가 결과물을 이의 최종 인도 형태로 합성하며 요건을 만족시킴을 검증하는지 정의한 전반적인 마스터플랜에 의해 개발이 진행되어야 한다.

    시스템엔지니어링 프로세스에서 시스템 통합 및 검증이란 프로젝트 내에서 결과물(들)이 거의 완성될 즈음에 실시하는 모든 통합, 검증 업무를 의미한다. 임무설명서(SOW)에 정의되어 있듯이 하드웨어이건, 소프트웨어이건, 공정이건 결과물은 고객의 승인을 얻기 위해서 반드시 통합 후 요건에 맞음을 검증하여야 한다. SEMP(Systems Engineering Management Plan)는 제품과 공정들이 어떻게 개발, 통합되는지를 상위 수준에서 정의한다. SEDS(Systems Engineering Detail Schedule)는 제품, 서비스, 공정이 언제 통합, 검증되는지를 정의한다.

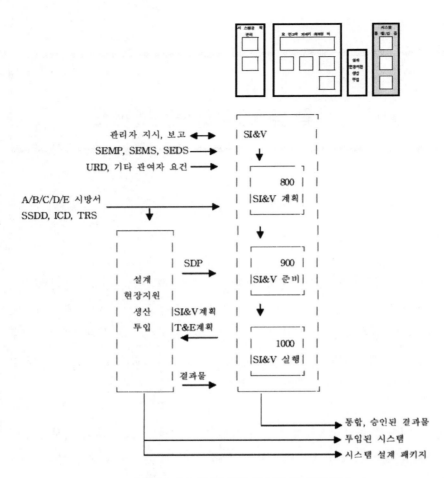

[그림 8-12] 시스템 통합 및 검증 하부프로세스

소프트웨어 개발 계획(SDP)은 종종 소프트웨어 개발팀이 작성하여 시스템 통합 및 검증 하부프로세스에 제공한다. SDP는 소프트웨어를 어떻게 하드웨어와 통합시키는지를 기술한다.

시험평가기본계획(TEMP: Test and Evaluation Master Plan)은 고객이 계약자의 제품이나 서비스를 평가하는데 적용할 전반적인 시험, 평가 계획을 정의하기 위해서 고객으로부터 제공받을 수도 있다.

모든 시스템 통합 및 검증 업무는 시스템엔지니어링 프로세스에서 도출된 요건들에 의해서 구동된다. 요건은 요건 추적 매트릭스(RTM)를 통해서 시방서의 계층구조에 걸쳐서 적용 대상 시스템 요소들에 대응된다. 요건 검증 매트릭스(RVM)는 모든 요건들을 해당 검증 방법으로 대응시킨다. 분석, 검사, 시험 절차 및 방법의 선정이 검증 업무의 핵심이다.

기본시험평가계획(MTEP: Master Test and Evaluation Plan)은 요건을 해당 시험 범주로 대응시켜 시험 프로그램의 전 범위를 기술한다. 시험 범주의 예로는 시스템 인수 시험, 신뢰도 성장 시험, 내환경 시험, 생산 전 인증 시험 등을 들 수가 있다.

1) 시스템 통합 및 검증계획 업무

시스템 통합 및 검증 계획 업무([그림 8-13] 참조)는 여러 가지 계획들을 입안하는 것이다. 이 계획은 실시할 시스템 통합 및 검증 업무 전체 즉, 개발 단계 수준의 시험에서 결과물 최종 인수 시험까지의 모든 통합과 검증 요소들을 정의한다. 또한, 시스템 인증, 생산 전 인증, 투입 전 인증, 현장 인수를 포함한 각 검증 범주별 특수 요건에 초점을 맞춘 고유 계획을 필요로 한다. 전체적인 시스템 통합 및 검증 프로그램은 통상적으로 시스템 통합 및 검증 계획서(SI&V Plan)에서 정의하고 있다.

각 계획별로 다양한 하부시스템들을 최종 제품이나 서비스로 통합 검증하는데 필요한 환경을 규정하고, 준수해야 검증 접근 방식을 확립하며, 수행해야 할 상부 수준의 절차를 정의한다. 시스템 통합 및 검증은 매우 중요한 대고객 업무이므로 프로그램 실시 이전에 고객으로부터 계획을 승인받을 필요가 자주 있다.

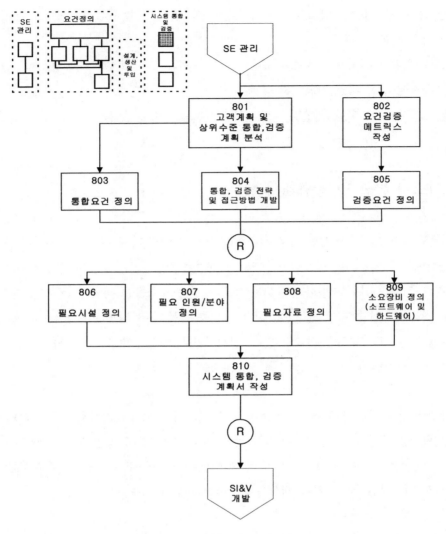

[그림 8-13] 시스템 통합 및 검증계획 업무

(1) 역무 801 고객 계획 및 상위 수준 통합, 검증 계획 분석

고객 요건, 프로젝트 관련 계획, 각종 문서(기술 제안서, 협력업체 훈련 협약 포함)를 분석한다. 시험 요건은 TEMP 형태로 또는 간단하게 임무설명서의 일부로 제시된다. 이 문서들로부터 시험, 평가의 핵심 사항들을 파악할 수가 있어야 한다. 이 핵심 사항들이 모든 개발 업무를 구동하게 된다.

프로젝트에 협력업체들이 참여하는 경우에는 협력업체별로 고유 계획을 작성하기 위한 프로젝트 계획을 협력업체들에게 제공해야 한다. 전체 프로젝트 지침, 시스템/장비 요건과의 일치성을 확인하기 위해 협력업체 계획을 검토해야 한다. 모든 프로젝트 관련 문서를 수집 및 검토하고, 시스템 통합 및 검증 계획을 작성해야 한다.

(2) 역무 802 요건 검증 매트릭스 작성

요건 및 아키텍처 정의 하부과정에서 제공되는 요건 추적 매트릭스(Requirement Traceability Matrix)를 사용하여 요건 데이터베이스의 출력 형태로 요건 검증 매트릭스(Requirements Verification Matrix) 를 작성한다. RVM은 각 요건에 대하여 검증 방법(시험, 분석, 검사, 사례 참조)을 부여하며 요건 검증후에는 문서화된 결과를 확인란에 참조표시하도록 한다. 시스템 요소들을 포함하여 전 시스템에 대해 한 개의 RVM이 존재할 수도 있고 각 시스템 요소별로 한 개의 RVM이 존재할 수도 있다.

어떤 경우에는 RTM과 RVM을 단순 조합하여 요건 검증 추적 매트릭스(RVTM: Requirements Verification Traceability Matrix)를 작성하기도 한다.

(3) 역무 803 통합 요건 정의

최종 통합된 결과물을 논증하기 위해서 통합 요건을 정의한다. 이는 선행관계 점검표 형태를 취할 수 있다. 점검표의 각 단계들은 시스템 인증, 생산 전 인증, 생산 인증, 투입 전 인증, 현장 인수 등 다른 시험 범주들을 참조하거나 참고 조립 도면을 참조하는 가운데 통합 절차를 구성할 수 있다.

(4) 역무 804 통합, 검증 전략 및 접근 방법 개발

다음과 같은 쟁점들을 정리하기 위하여 통합, 검증 전략, 접근 방법을 개발한다.

○ 시험 또는 분석
○ 입출력 구동(black-box) 또는 논리 구동(white-box)
○ 전면 시험 또는 최소/공칭/최대 시험
○ 합성 자료 또는 현실 자료

또한 필요 시설, 인원/부서, 자료 및 장비(하드웨어 및 소프트웨어) 요건을 개발한다.

(5) 역무 805 검증 요건 정의

최종 통합된 결과물을 논증하기 위해서 검증 요건을 정의한다. 이는 선행관계 점검표 형태를 취할 수 있다. 점검표의 각 단계들은 시스템 인증, 생산 전 인증, 생산 인증, 투입 전 인증, 현장 인수 등 다른 시험 범주들을 참조하거나 참고 조립 도면을 참조하는 가운데 통합 절차를 구성할 수 있다.

(6) 역무 806 필요 시설 정의

소프트웨어나 하드웨어 개발 환경, 실험실 시험 환경, 형상 통제 환경 조성을 위한 필요 시설을 정의한다. 소프트웨어 개발은 사용자 인터페이스 통신망을 지닌 호스트 컴퓨터를 필요로 하는 반면 하드웨어 개발은 설계 통제용 컴퓨터를 필요로 한다. 소프트웨어 및 하드웨어 개발은 결과물을 시험하고 통제하기 위한 실험실 환경과 형상 관리 환경을 필요로 한다.

(7) 역무 807 필요 인원/분야 정의

결과물의 설계, 개발, 시험, 그리고 고객 인도를 위한 필요 인원 및 분야를 정의한다. 여기에는 시스템엔지니어링팀, 소프트웨어 및 하드웨어 개발팀, 시험팀, 소프트웨어 결과물 관리자, 시설관리자, 그리고 품질보증 기술자가 포함된다.

(8) 역무 808 필요 자료 정의

고객이 결과물을 수용하는 메커니즘으로서 결과물 시험을 위한 모사 및 모사자료, drivers, 시험 실시 등에 필요한 자료들을 정의한다. 이들 자료는 입력자료가 현실 속에 존재하지 않을 때 결과물의 기능성과 성능을 판정할 수 있도록 한다.

(9) 역무809 소요 장비(소프트웨어 및 하드웨어) 정의

통합과 시험을 위한 장비(소프트웨어 및 하드웨어) 요건을 정의한다. 여기에는 시험 대상 목표 하드웨어 또는 응용 소프트웨어, 그리고 여러 층에서의 통합과 검증을 지원하는 보조 하드웨어와 소프트웨어가 포함된다.

(10) 역무810 시스템 통합, 검증 계획서 작성

시스템 통합 및 검증 계획서를 작성한다. 시스템 통합 및 검증 계획서 목적은 다음과 같다.

○ 모든 개발 하부시스템을 도출
○ 주계약자 및 협력업체가 수행하는 모든 통합, 검증 업무를 도출
○ 각 분야별로 입안이 필요한 모든 계획을 도출하고 계획 간 관계를 정의
○ 각 계획별 요건 배분
○ 시스템 통합 및 검증 공정 수립(모든 시스템 통합 및 검증 업무의 단계별 시점 포함)
○ 소요 자원 도출
○ 위험 분야 및 예비 자원 도출
○ 고객 입회 요건 도출

2) 시스템 통합 및 검증 준비 업무

시스템 통합 및 검증 준비는 네 종류의 역무들로 구성된다([그림 8-14] 참고).

○ 통합 대상인 다양한 하부시스템들에 할당된 기능 및 성능 요건을 검증할 수 있는 특정 방법을 정의한다. 이 방법들로써 시험 대상 기능, 검증 대상 요건, 준수해야 하는 일반 절차, 시험 합격 기준을 도출해낸다. 요건 검증 매트릭스는 요건을 실제 시험에 대응시킨 결과를 반영하여 수정한다. 설계 조직으로부터 각 하부시스템을 인수하기 위한 기준을 설계자들과 함께 정의, 점검하여 결과물이 시스템 통합팀에 인계될 시점에서 설계자들이 이해하고 있었던 건전성 요구 수준을 확인한다.
○ 통합이나 검증 역무를 수행할 환경을 정의하고 확립한다. 이의 예로는 시설, 특수 공구, 요구되는 시험 조건을 달성하기 위한 소프트웨어나 하드웨어, 시스템을 구동하기 위한 자료를 들 수가 있다.
○ 각각의 검증 업무에 대하여 단계별 상세 절차를 정의한다. 다구찌 실험설계법과

같은 절차를 적용하여 불필요한 시험회수를 최소화할 수 있을 것이다. 전형적인 시험 절차는 각 시험에 대한 실제 진행 순서와 시험 대상 결과물로부터 기대되는 응답을 기술한다. 고객을 위한 정식 시험을 실시할 때 이 절차서는 시험이 정확히 실시되었음을 확인하기 위한 점검표 구실을 한다.

○ 상기 정보를 문서화하고 시스템 통합 및 검증 프로그램에 대한 고객의 승인을 획득한다. 일반적으로 시험 시방서는 실행 예정인 시험 내용, 시험에 필요한 환경 그리고 합격 기준을 상세히 기술한다. 시험 절차 관련 문서는 상세 절차를 수록하고 있다. 실제 시험 개시 이전에 고객으로부터 이들 문서들을 반드시 승인받아야 하는 경우가 자주 있다.

기업의 생존을 위한 시스템 콘셉트 개발 방법론

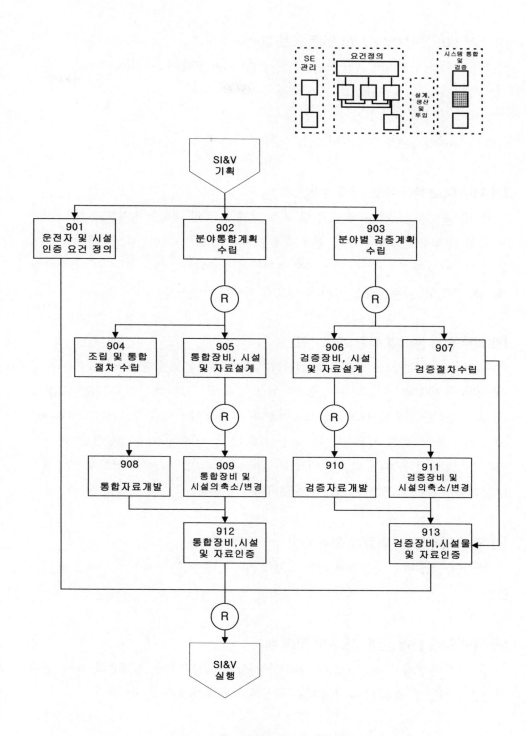

[그림 8-14] 시스템 통합 및 검증 준비 업무

(1) 역무 901 운전자 및 시설 인증 요건 정의

다음 사항을 인증하기 위한 요건을 도출한다. 기록과 품질 관리를 고려해야 한다.

○ 정식 시험과 시범이 실시되는 시설
○ 정식 시험과 시범을 실시할 인원

(2) 역무 902 분야 통합 계획 수립

시스템 하드웨어, 소프트웨어, 시설, 자료 및 인원 통합 계획을 수립한다. 이 계획에는 통합 과정을 어떻게, 어디서, 언제 수행하는가가 포함되어야 한다. 또한 이 계획에는 통합 과정, 시설, 인원에 대한 인증 요건들이 포함되어야 한다. 각 분야(예: 전기 설계, 기계 설계, 안전재해 분석 등)에 대한 별도의 계획이 있을 수도 있다.

(3) 역무 903 분야별 검증 계획 수립

시스템에 부과된 모든 요건들을 검증하기 위한 계획을 수립한다. 이 요건들은 정식 시방서, 인터페이스 통제문서, 인터페이스 협약 등을 문서화한다. 요건은 기업 또는 사업 조직별 표준 문서(예: 기업 로고 표준 등)에 수록되어 있을 수도 있다. 계획에는 시험 원리, 실행 계획, 시험 및 시험 인원 인증 요건, 시험 및 기타 검증을 위한 필요 시설을 포함시켜야 한다. 또한 분석(예: stimulator, 시나리오 자료)이나 검사(예: 사내 표준 IPQI 과정)를 통한 검증 접근 방식들을 포함시켜야 한다.

(4) 역무 904 조립 및 통합 절차 수립

시스템을 조립하고 통합하기 위한 절차를 수립한다. 이는 시방서에 문서로 작성할 수도 있다.

(5) 역무 905 통합 장비, 시설 및 자료 설계

시스템을 통합하기 위해 필요한 장비 및 시설들을 지정 또는 설계한다. 자료 수집 방법을 설계한다. 조립 및 통합 장비를 구동하기 위한 자료를 준비한다.

(6) 역무 906 검증 장비, 시설 및 자료 설계

시스템을 검증하기 위해 필요한 장비 및 시설들을 지정 또는 설계한다. 자료 수집 방법을 설계한다. 인터페이스나 시스템 시나리오를 모사하기 위해서 필요한 자료를 준비한다. 시험 장비를 구동하기 위한 자료를 준비한다.

(7) 역무 907 검증 절차 수립

시스템을 위한 단계별 상세 검증절차를 수립한다.

(8) 역무 908 통합 자료 개발

인증이나 조립 시스템을 위한 계획을 수립하고 도면을 작성한다.

(9) 역무 909 통합 장비 및 시설의 축조/변경

시스템 통합을 위한 장비 및 시설들을 축조 및 변경한다. 이 역무에는 기존 시설에 대한 변경 또는 새로운 시설물의 구입이나 축조가 포함될 수가 있다.

(10) 역무 910 검증 자료 개발

통합 대상 시스템에 대한 시험 항목(test case)들을 개발한다. 이 역무는 임무 개요 및 시스템의 예상 시나리오에 근거해야 한다.

(11) 역무 911 검증 장비 및 시설의 축조/변경

시스템 검증을 위한 장비 및 시설들을 축조 및 변경한다. 이 역무에는 기존 시설에 대한 변경 또는 새로운 시설물의 구입이나 축조가 포함될 수가 있다. 사용할 모든 검증 장비들의 교정 상태를 확인한다.

(12) 역무 912 통합 장비, 시설 및 자료 인증

인증을 통해서 조립 절차, 통합 시설 및 요원들이 모든 적용 요건들, 정책 및 절차에 부합하는지를 확인한다.

(13) 역무 913 검증장비, 시설물 및 자료 인증

인증을 통해서 검증 절차, 시험 시설 및 요원들이 모든 적용 요건들, 정책 및 절차에 부합하는지를 확인한다.

3) 시스템 통합 및 검증 실행 업무

일단 시스템 통합 및 검증 관련 절차, 시험 환경, 시험용 특정 소프트웨어 및 하드웨어, 그리고 결과물이 준비되면, 시스템 통합 및 검증 실행이 시작된다([그림 8-15] 참고). 각 검증 단계에서의 주안점은 결과물이 요구되는 기능을 얼마나 잘 수행하는지를 확인하기 위한 적절한 자료를 얻는 것이다.

통상적으로, 시스템 통합은 결과물의 결함을 발견하고 제거하는 데 초점을 맞추고 있는 반면 시스템 검증은 결과물이 고객(고객의 요건)을 만족시킴을 고객에게 시연을 보이는 데 초점을 맞추고 있다.

시험은 TAAF(Test Analyze and Fix)식으로 접근하여 실시할 수도 있다. 시험 실패 사항은 고장 보고 및 시정조치 시스템(FRACAS: Failure Reporting and Corrective Action System)을 사용하여 기록, 분석을 할 수도 있다. 필요시에는 재시험을 실시한다.

시스템 통합 및 검증 실행 업무는 각 검증 범주별로 검증 업무 결과를 요약한 보고서를 발간함으로써 종결된다. 통상적으로 이 보고서에는 검증결과에 대한 품질인증이 포함되어 있다.

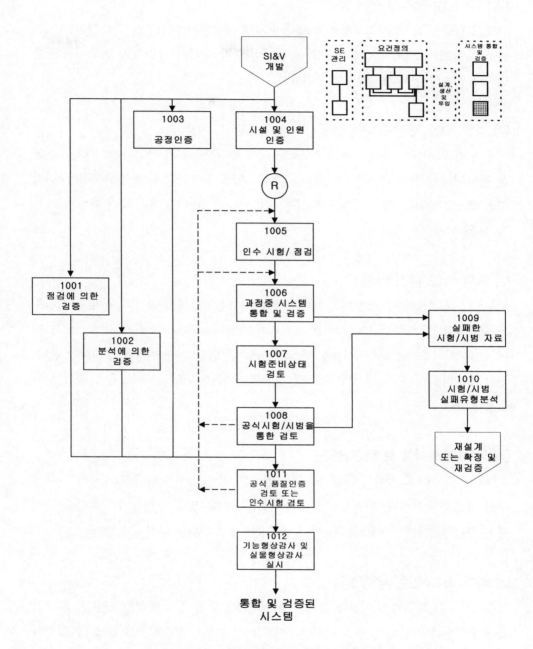

[그림 8-15] 시스템 통합 및 검증 실행 업무

(1) 역무 1001 점검에 의한 검증

요건 검증 매트릭스(RVM)에서 'I(Inspection)'에 해당되는 요건들을 만족시킴을 점검을 통하여 검증한다. 개발자를 포함한 점검팀은 각 항목이 요건들을 만족시킴을 확인하기 위해서 공식 검토회의를 개최한다.

(2) 역무 1002 분석에 의한 검증

요건 검증 매트릭스(RVM)에서 'A(Analysis)'에 해당되는 요건들을 만족시킴을 분석을 통하여 검증한다. 적용하는 절차가 없다는 면에서는 점검과 매우 유사하다. 단지 전산 프로그램이나 실수 점검표를 읽는 것이 아니라 참여자들은 서면 시험 항목들을 사용한다.

(3) 역무 1003 공정 인증

시스템 통합 및 검증 공정이 존재하고 실행 가능한지를 입증하기 위하여 공정 인증을 실시한다. 이 업무는 RVM의 'T(Test)' 요건 및 'D(Demonstration)' 요건에 관련된 것이다. 어떤 경우에는 공정 인증을 반드시 시설 및 인원 인증 이전에 실시해야 한다. 생산 관련자들이 향후 시스템 통합 및 검증에 참여할 경우에는 이들을 인증에 참여시켜야 한다.

(4) 역무1004 시설 및 인원 인증

시설이 갖추어져 있어서 통합 및 시험 업무를 지원할 수 있음을 입증하기 위하여 시설 인증을 실시한다. 운전원이 준비되어(훈련 이수 등) 있음을 입증하기 위하여 운전원 인증을 실시한다. 필요하다면 이때 생산준비상태 검토를 실시해야 한다.

(5) 역무 1005 인수 시험/점검

결과물들을 통합하기 이전에 결과물들이 시스템 통합 및 검증팀의 인수 기준에 적합한지 확인하기 위하여 인수 시험 및 점검을 실시한다. 인수기준은 통합 및 시험팀이 제정하여 인수 이전에 결과물 제공자의 합의를 받아야 한다.

(6) 역무 1006 과정 중 시스템 통합 및 검증

통합의 여러 수준에서 개재될 수 있는 결함들을 발견하고 제거하기 위해 과정 중 시스템 통합 및 검증을 실시하여 결과물의 기능성을 확인한다. 이를 위해서는 모든 하부시스템들이 통합될 때까지 점진적인 하부시스템 조립 확대 및 점검이 필요하다.

이 역무를 통해서 시험 계획서 및 절차서에 정의된 모든 조건에서도 시스템이 기능을 발휘함을 검증한다. 결함을 발견하고 시정한 이후에는 시정조치로 인하여 기존 결과물이 손상을 입지 아니했음을 확인하기 위해서 회귀시험(regression test)이 필요하다.

(7) 역무 1007 시험준비상태 검토

시스템 통합 및 검증팀이 공식적인 시험 착수 준비가 되었음을 입증하기 위해 시험준비상태 검토를 실시한다. 이 역무에는 통합시험 절차, 시험 결과, 변경요청서 발행이 실제 시험 프로그램미치는 영향을 파악하기 위한 평가가 포함된다. 시험결과를 고객과 공유하되 어떤 기능을 철저히 시험했으며 어떤 기능을 적정 수준으로 시험했음을 알려야 한다.

(8) 역무 1008 공식 시험/시범(시연)을 통한 검증

공식 시험 또는 시범을 통하여 결과물 수용성을 검증해야 한다. 여기서 공식 검증이 필요한 요건은 RVM에서 'T(Test)' 또는 'D(Demonstration)'로 명시된 요건들이다. 고객이 승인한 시험 시방서 및 절차서에 정의된 모든 시험을 실행하여 수용성을 확인한다.

공식 시험에서는 고객의 참여나 입회가 있을 수도 있다. 또한 품질 관련 조직이 모든 시험 결과 자료에 서명하여 시험에 참여했음을 확인해야 한다.

(9) 역무 1009 실패한 시험/시범 검토

실패한 시험/시범 항목들에 대한 사실 규명회의에서 과정 중 시험 또는 공식 시험/시범에서 생성된 변경요청서들(Change Request)에 대해 토론하고 해결책을 마련한다.

통상적으로 이는 시정조치 과정의 첫 단계이다.

(10) 역무 1010 시험/시범 실패유형분석

시험/시범(시연) 실패(결함)유형분석(Failure Mode Analysis)을 통하여 모든 변경요청서들의 근본 원인을 파악하고 이 문제들을 해결하기 위한 시정조치를 제시한다.

(11) 역무 1011 공식 품질인증검토 또는 인수시험검토

공식적인 품질인증검토 또는 인수시험검토를 통해서 시험 결과로 판정한 결과물의 실제 성능이 하드웨어 개발 시방서, 소프트웨어 요건 및 모든 인터페이스 요건 시방서를 만족시킴을 검증한다.

(12) 역무 1012 기능형상감사 및/또는 실물형상감사 실시

결과물 개발이 만족스럽게 완료되었음을 논증하기 위하여 기능형상감사(Functional configuration Audit) 및 실물형상감사(Physical configuration Audit)를 실시한다. FCA는 결과물이 규정된 성능, 기능 특성을 달성하였는지를 검증한다. PCA는 결과물 생산 기준을 정립하기 위하여 결과물에 대해서 실시하는 최종 검사이다. 하드웨어에 대해서는 도면, 시방서, 데이터, 시험 결과를 상세히 감사하며 소프트웨어에 대해서는 설계 문서 목록 및 매뉴얼을 상세히 감사한다. 타당할 경우에는 FCA와 PCA를 결합 실시할 수도 있다. 종종 예비 PCA를 시험준비상태 검토 이전 또는 직후에 실시하는 경우도 있다. 이 경우에는 시험 대상에 대하여 정확히 파악할 수가 있어서 더욱 효과적인 형상 통제가 가능하다.

제9장

프로세스 적용 조정

이 책에서 설명한 프로세스는 모든 제품 개발 프로젝트에 적용될 수 있다. 이 프로세스는 실제 적용을 할 때마다 프로젝트별 고유 요건, 프로젝트의 단계 또는 계약 구조에 알맞게 조정을 해야 한다. 불필요한 비용을 초래하며 공정이나 제품에 부가가치를 창출하지 아니하는 역무들은 배제하여야 한다. 적용 조정은 삭제, 변경 또는 추가의 형태로 이루어진다. 특정 역무에 대한 적용조정은 역무의 상세 정도, 필요한 업무량, 기대 자료에 대한 지식을 필요로 한다.

적용조정은 프로세스의 범위와 심도에 대하여 실시된다. 범위 측면에서의 적용조정은 프로젝트의 성격 및 프로젝트의 단계(예: 새로운 범용 하부시스템의 개발로 인하여 영향을 받는 시스템의 종류 및 개수, 평가의 종류 및 회수, 검토의 종류 및 회수)에 좌우된다.

심도 측면에서의 적용조정에는 계약상의 목표를 만족시키는 결과물을 구현, 생산하는 데 필요한 과정의 심도 결정이 포함된다. 업무의 심도는 각 프로젝트 고유의 복잡성, 불확실성, 시급성, 위험도 감수 의지에 따라 다양할 것이다. 선정, 적용 조정하다 요건 및 역무 내용은 프로젝트 책임자가 제의문서를 작성하거나 응찰자가 제안요청서에 회신하는 데 사용할 수 있다.

1.
고려 사항

    계약상의 활동이나 시스템엔지니어링 프로세스 입력들의 목표는 프로세스 적용의 범위와 심도에 따라 좌우된다. 적용 심도 및 필요한 업무량 정의를 지원하기 위해서 다음에 열거하는 입력사항들을 시스템엔지니어링 프로세스 적용 이전에 반드시 파악해야 한다.

○ 계약 이행에 필요한 시스템 정의의 심도: 예를 들어서 개념 모색 중에는 각 시스템 대안들에 대한 완전한 기능 분해가 항상 필요한 것은 아니다. 그러나 비용, 일정, 성능 목표 및 관련 위험도 산정에 신뢰도를 주기 위해서는 충분한 심도가 필요하다. 신기술의 적용과 관련되는 분야에서는 다른 심도가 필요할 수도 있다.

○ 시스템 수명주기 각 1차 기능의 임무와 시나리오 중 검토 대상

○ 계층 구조적으로 정리된 효과 측정군. 계층구조 최상위 수준의 모든 측정 척도의 상대적 중요도 설정

○ 제약이 존재할 가능성이 높으나 정량적 데이터가 없는 분야에 적용할 알려진 제약 및 요건들(또는 내부적으로 결정)

○ 기반 기술 및 이들 기술 사용상의 한계 기준

○ 주요 위험도(예: 예산, 자원, 위협요소) 존재 부문에 관련된 인자들을 포함한 시스템 성공 필수 인자들

2.
일반 지침

　제1장 6절에서 정의한 시스템엔지니어링의 핵심 구성요소들은 적용조정 후에도 존재해야 한다. 만일 이들 핵심 구성요소 중 하나라도 사용하지 않으려면 그렇게 함으로써 야기되는 위험도를 프로젝트가 허용할 수 있도록 조심해야 한다.

　적용 조정한 프로세스 조차도 프로젝트가 사용할 수 있다고 믿지 아니하는 특수한 상황에서도 이 책에서 정의한 원리들을 프로젝트에 적용하여 위험도를 경감하고 제품과 공정의 품질을 증진시킬 수가 있다.

　특정 프로젝트에 대하여 적용조정을 완수하는 것이 과정 담당자의 의무이다. 프로젝트의 시스템엔지니어링 프로세스 정의에 착수하기 위해서는 관리적 요건(Program-matic, 즉 임무설명, 일정, 재원 등)과 기술적 요건(기능, 성능)을 확보해야 한다. 이 요건들이 시스템엔지니어링 하부프로세스와 이들의 단계 정의를 주도한다. 또한 이 요건들은 시스템과 구성요소들의 중요성을 판정하는 지침이 된다.

　다음에는 필요 역무들을 도출하고 각 역무별 업무량을 파악한다. 적용조정의 마지막 단계는 필요한 역무들을 기준으로 프로세스 업무들의 단계를 정립하는 것이다. 프로젝트 일정은 역무 단계 정립의 지침이 된다.

　이 책에서 기술한 기본적인 시스템엔지니어링 프로세스는 복잡성이나 규모에 상관없이 어떠한 개발 프로젝트(신개발, 수정, 제품 개선을 포함)에도 적용이 가능하다. 그러나 일부 역무들은 각별한 적용조정을 필요로 할 수도 있다.

예를 들어서 전례가 없는 신개발 프로젝트의 개념모색 단계에서는 형상관리감사나 변경통제를 위한 공식 메커니즘이 필요가 없을 것이다. 그러나, 기존의 시스템 또는 외국의 시스템을 수정하려는 의도의 개념모색 단계에서는 인터페이스 제약 검증 등에 형상관리감사나 변경통제를 위한 공식 메커니즘이 필요할 것이다.

개념 모색 단계에서의 기술성능측정은 핵심 기술 목표나 수요 정당화에 관련된 정책결정 척도를 추적 파악하는 정도로 축소될 수도 있다. 비록 핵심적인 성공 척도들을 최상위 수준에서 추적 파악하는 것이 권고는 되지만 기반연구 프로젝트(technology project)에서는 기술성능측정을 필요로 하지 않을 수도 있다.

3.
심층적 고려 사항

기술 활동에 의한 최종 결과물에서 기대되는 상세 사항들을 반드시 파악하여 시스템엔지니어링 프로세스 실행에 반드시 적용할 심도를 결정한다. 예를 들어서 기능 분석 및 합성은 특정 조달 단계나 활동에서는 '충분히 상세한 심도'로 실행하여 별도 고려에 적합한 기술적 위험도가 존재하는 분야를 도출하여야 한다.

'충분히 상세한 심도'는 계약 활동의 목표에 따라서 결정된다. 예를 들어서, 개념 모색 및 정의 단계에서의 '충분히 상세한 심도'는 수요에 대한 개념적 해결책을 제공하고, 핵심 기술 요건을 도출하기 위해서 요건(전례가 없는 시스템에 대해서는)에 의해서 결정된다. 엔지니어링 개발 및 생산 개발 단계에서의 '충분히 상세한 심도'는 상세설계 업무를 개시할 수 있는 시스템 정의의 최하부까지 확장된다. 조달의 전 과정에서 상세도는 변할 수가 있다. 그 이유는 기준 시스템이 특정 수준의 상세도를 지니는 반면에 제품이나 공정의 개선 또는 기타 수정이 다른 수준의 상세도를 지니는 경우가 있기 때문이다.

4.
SEMP의 적용 조정

　　SEMP(Systems Engineering Management Plan, 시스템엔지니어링 관리계획서) 작성 요건은 각 프로젝트별로 상이할 수가 있다. 따라서 의도한 시스템엔지니어링 프로세스대로 고유의 작성 요건을 정의하여 SEMP를 적용조정해야 한다. 예를 들어서 기술성능 측정이 기반연구 프로젝트에서 실행되지 아니하면 SEMP로부터 이 종류의 계획 관련 요건들을 삭제한다. 만약에 기술삽입을 고려하지 아니한다면 관련 요건들을 삭제한다.

5.
특수분야 및 기능별 분야 역무

특수분야(신뢰성, 유지보수성, 안전성, 현장지원, 훈련, 폐기 등) 역무 및 기능별 분야(기계, 전기, 소프트웨어 등등) 역무를 시스템엔지니어링 프로세스에 통합시켜야 한다. 일반적으로 적용조정(적용조정 지침)의 필요성은 고객의 입력과 시스템엔지니어링 프로세스를 통해 기대되는 결과에 의해서 생긴다. 도출된 역무들은 개발 프로세스에서 검토해야 할 몇몇 중요한 분야에 대한 고려사항들을 시사한다. 요건이 정의됨에 따라 적절한 표준(예: EIA 632, IEEE 1220)에 규정된 역무들을 검토하고 선정하여 계획된 시스템엔지니어링 업무에 통합시킨다.

지원업무는 항상 개재되는 인자이므로 현장지원과 같은 어떤 역무들은 조달 및 수명주기 전반에 걸쳐 적용된다. 이들 역무에 대한 적용조정은 프로젝트의 복잡성과 실제 적용 여건에 따라서 다양할 수가 있다. 프로젝트에 따라서 어떤 역무는, 심지어는 모든 역무들이 삭제될 수도 있다. 또한 이 역무 수행에 필요한 특수 분야 기술자들은 시스템과 조달 수명주기 간 균형을 유지하며 하부시스템 개발에 투입된 다분야 협동팀의 일원(핵심 인원 및 외부인원)일 수도 있다.

6.
적용 조정의 문서화

　시스템엔지니어링 프로세스의 적용조정 결과는 이 적용 조정된 프로세스를 따라야 하는 모든 이해관계자들을 위해서 문서화해야 한다. <표 9-1>의 작업양식을 적용조정에 사용할 수가 있다. 어떤 경우에는 계약서 조항이 시스템엔지니어링 프로세스 문서화 방법을 규정하는 수도 있다. 적용조정된 프로세스를 문서화하기 위한 몇몇 제안들은 다음과 같다.

　○ 프로세스, 역무, 생산문서에 대한 명확한 설명을 시스템엔지니어링관리계획서
　　(SEMP)에 문서화할 수도 있다.
　○ 적용조정을 공식 문서화할 필요가 없는 경우에는 이 책에 표시를 하며 문서화
　　를 대체할 수도 있다.
　○ 특정 프로젝트에 필요한 심도 사례로서 문서 템플릿(document templates)을 개발
　　할 수도 있다.
　○ 달성해야 하는 역무들과 생산해야 하는 문서들을 명확히 보여주는 일정 수립
　　도구를 이용하여 프로세스 모형을 개발할 수가 있다.

<표 9-1> 적용조정 양식

역무번호	역무 내용	WBS 요소	OBS 요소	SEDS 역무번호
100	**시스템엔지니어링 계획**			
101	자원 확보			
102	시스템엔지니어링 프로세스의 적용조정			
103	시스템 분석, 최적화 및 개발 방법론 정의			
104	기술삽입 방식 개발			
105	기업내 절차 및 계획기준 파악			
106	기술 프로그램 위험도 및 문제점 평가			
107	기술성능측정 변수 및 절차 정의			
108	기술 검토 및 감사 계획			
109	현장지원, 생산, 투입 방식 개발			
110	설계목표비용 정립			
111	SEMS, SEDS, WBS 개발			
112	동원(인원/부서) 분야 정의			
113	SEDE 및 도구의 정의, 개발과 조달			
114	기타 계획 작성			
115	SEMP 작성			
116	조직의 역할과 책임 분장			
117	위험도관리계획 작성			
118	위험도관리계획의 확정 및 집행			
119	프로젝트 관리 프로세스 지원			
200	**시스템엔지니어링 통제 및 통합**			
201	프로젝트 엔지니어링			
202	위험도 관리			
203	기술 변수 추적			
204	기술 프로그램 진도 산정 및 검토			
205	형상 관리			
206	인터페이스 관리			
207	자료 관리			
208	기술 검토 및 감사			
209	요건 관리			
210	엔지니어링 통합			
211	프로세스 진행 중 품질검사			

표 9.1 적용조정 양식(계속)

역무 번호	역무 내용	WBS 요소	OBS 요소	SEDS 역무번호
300	**요건 분석**			
301	이해관계자 요건 수집			
302	시스템의 임무, 목표 정의			
303	시스템 시나리오 정의			
304	시스템 경계 정의			
305	환경 및 설계 상의 제약 조건 정의			
306	운영, 지원 개념 정의			
307	효율 척도 정의			
308	기능 및 성능 요건의 정의 및 도출			
309	요건 논증			
310	요건 통합			
400	**기능 분석/배분**			
401	시스템 상태/형태 정의			
402	시스템 기능 정의			
403	기능간 인터페이스 정의			
404	성능 요건 정의 및 기능 배분			
405	성능 및 시나리오 분석			
406	시기 및 자원 분석			
407	실패 형태의 효과 및 중요성 분석			
408	실패검출회복 거동 정의			
409	기능 통합			
500	**합성**			
501	기술 대안 평가			
502	시스템 요소 대안 합성			
503	시스템 요소로의 기능 배분			
504	시스템 요소로의 제약 배분			
505	물리적 인터페이스 정의			
506	플랫폼 및 아키텍쳐 정의			
507	업무분해구조 개량			
508	수명주기 전반을 위한 기법 및 절차 개발			
509	요건 준수 점검			
510	시스템 요소 통합			
511	유망 설계안 선정			

표 9-1 적용조정 양식(계속)

역무 번호	역무 내용	WBS 요소	OBS 요소	SEDS 역무번호
600	**시스템 분석 및 최적화**			
601	시스템 모형 개발			
602	시스템 효과 및 비용 효과 분석			
603	위험도 평가			
604	절충 스터디			
700	**요건 및 아키텍처 문서화**			
701	문서화 방식 결정			
702	문서 상세 개요 작성			
703	본문 작성			
704	도표 작성			
705	문서 발간			
706	문서 배포			
800	**시스템 통합 및 검증 계획 업무**			
801	고객 계획 및 상위 수준 통합, 검증 계획 분석			
802	요건 검증 메트릭스 작성			
803	통합 요건 정의			
804	통합, 검증 전략 및 접근 방법 개발			
805	검증 요건 정의			
806	필요 시설 정의			
807	필요 인원/분야 정의			
808	필요 자료 정의			
809	소요 장비(소프트웨어 및 하드웨어) 정의			
810	시스템 통합, 검증 계획서 작성			

기업의 생존을 위한 시스템 콘셉트 개발 방법론

표 9.1 적용조정 양식(계속)

역무 번호	역무 내용	WBS 요소	OBS 요소	SEDS 역무번호
900	**시스템 통합 및 검증 준비**			
901	운영자 및 시설 인증 요건 정의			
902	분야 통합 계획 수립			
903	분야별 검증 계획 수립			
904	조립 및 통합 절차 수립			
905	통합 장비, 시설 및 자료 설계			
906	검증 장비, 시설 및 자료 설계			
907	검증 절차 수립			
908	통합 자료 개발			
909	통합 장비 및 시설의 축조/변경			
910	검증 자료 개발			
911	검증 장비 및 시설의 축조/변경			
912	통합 장비, 시설 및 자료 인증			
913	검증장비, 시설물 및 자료 인증			
1000	**시스템 통합 및 검증 실행**			
1001	점검에 의한 검증			
1002	분석에 의한 검증			
1003	공정 인증			
1004	시설 및 인원 인증			
1005	인수 시험/점검			
1006	프로세스 진행 중 시스템 통합 및 검증			
1007	시험준비상태 검토			
1008	공식 시험/시연을 통한 검증			
1009	실패한 시험/시연 검토			
1010	시험/시연 실패유형분석			
1011	공식 품질인증검토 또는 인수시험검토			
1012	기능형상감사 및/또는 실물형상감사 실시			

용어집

A Spec: Common name for the System Specification or Segment Specification as defined by MIL-STD-961.

Acceptance: The process of proving that a product, process or material is acceptable to the customer. Acceptance may be done in the factory or on site. Usually the acceptance requirements are documented in the C/D/E specifications. Also, the act of an authorized representative of the government by which the government, for itself, or as an agent of another, assumes ownership of existing identified supplies tendered, or approves specific services rendered, as partial or complete performance of the contract on the part of the contractor.

Allocated Baseline: The initially approved documentation describing a Configuration Item's (CI) functional and interface characteristics that are allocated from those of a higher level CI ; interface requirements with other CIs ; design constraints ; and verification required to demonstrate the achievement of specified functional and interface characteristics. Consists of the Type B specifications that define functional requirements for each CI. Normally established at the Preliminary Design Review (PDR), but no later than the Critical Design

Review (CDR).

Architecture: The highest-level concept of a system in its environment. An architectural description is a model-document, product or other artifact- to communicate and record a system's architecture. An architectural description conveys a set of views each of which depicts the system by describing domain concerns.

B Spec: Common name for the Development Specification as defined by MIL-STD-961. This specification type has several subtypes. B1 is for a prime item. B2 is for a critical item. B3 is for a non-complex item. B4 is for a facility or ship modification. B5 is equivalent to a Software Requirements Specification and its associated Interface Requirements Specifications. A Functional Specification is a special version of a B Spec which lists the requirements for a particular functional discipline. See further definition below.

C Spec: Common name for the Product Specification as defined by MIL-STD-961. This specification type has several subtypes. C1 is for a prime item. C2 is for a critical item. The C1/C2 specs have further subtypes of C1a/C2a for Product Function (form, fit and function only) and C1b/C2b for Product Fabrication. C3 is for a non-complex item fabrication. C4 is for an inventory item. (A C4 spec is used for notifying a government agency that a pre-existing item will be used on a particular system.) C5 is equivalent to a Software Product Specification. See further definition below.

Chief Systems Engineer(CSE): The CSE is the lead engineer and chief architect for the entire system. This may be the same person as the Systems Engineering Manager (SEM).

Concept Exploration and Definition: The government acquisition phase where system concepts of operation and support are developed and explored. One of these concepts is chosen for further study and definition during the Demonstration and Validation phase. Sometimes called Phase 0.

Concurrent Engineering(CE): A systematic approach to the development of products and their related processes that considers all aspects of the product life cycle from the outset, including: technical performance; cost; schedule ; producibility: testability; reliability; operability; maintainability ; affordability.

Configuration Item(CI): An aggregation of hardware/software, or any of its discrete portions, which satisfies an end use function, and is designated by the Design/Development organization or the customer for configuration management. CIs may vary widely in complcxity, size and type.

Configuration Management(CM): A discipline of applying technical and administrative direction and surveillance to (a) identify and document the functional and physical characteristics of a configuration item, (b) control changes to those characteristics, and (c) record and report change processing and implementation status.

Cost Account Manager: A person responsible for the cost and schedule performance of a work package associated with a Work Breakdown Stmcture (WBS).

Cost and Operational Effectiveness Analysis(COEA): An analysis of the costs and operational effectiveness of alternative materiel systems to meet a mission need and the associated project for acquiring each alternative.

Cost Breakdown Structure (CBS): In accomplishing a life-cycle cost analysis, one needs to develop a CBS, or cost tree, to facilitate the initial allocation of costs (top- down) and the subsequent collection of costs on a functional basis(CBS) (bottom-up). The CBS must include the consideration of all costs and is intended to aid in providing overall cost visibility.

Critical Design Review (CDR): This review is conducted for each configuration item when detail design is essentially complete. The purpose of this review is to: (a) determine that the detail design of the CI under review satisfies performance and engineering specialty requirements of the hardware configuration item (HWCI) development specifications, (b) establish the detail design compatibility among the CI and other items of equipment, facilities, software, and personnel, (c) assess configuration item risk areas on technical, cost, and schedule basis, and (d) review the preliminary hardware product specifications. For a computer software configuration item (CSCI), this review will focus on the determination of the acceptability of the detailed design, performance, and test chamcteristics of the design solution, and on the adequacy of the operation and support documents.

Customer: The recipient or beneficiary of the outputs of the process work efforts, or the purchaser of its products and services. The customer may be either internal or external to the organization or company.

D Spec: Common name for the Process Specification as defined by MIL-STD- 961. See further definition below.

Demonstration and Validation(Dem/Val): The government acquisition phase where one or more of the system concepts from the Concept Exploration and Definition phase is developed enough to demonstrate and validate that the concept is ready for Engineering and Manufacturing Development(EMD). Dem/ Val is sometimes referred to as Phase 1.

This phase is now called "Program definition and Risk Reduction" to emphasize a different focus for this phase.

Deployment Readiness Review(DRR): DRR is intended to determine the status of completion of specific activities required for deployment go-ahead decisions. DRR occurs incrementally during EMD, addressing all areas of concern in the Deployment Plan, with early stages devoted to gross level deployment concerns and progressing to a more detailed level as the design matures. DRR is complete when both contractor and government have verified that all activities required to support a deployment go-ahead decision have been completed.

Design-To-Cost(DTC): Management concept wherein rigorous cost goals are established during development. The control of system costs for the entire life cycle (development, manufacturing, verification, deployment, operation, support, training and disposal) to meet these DTC goals is achieved by practical trade-offs between operational capability, Performance, costs, and schedule. Cost, as a key design parameter, is addressed on a continuing basis and as an inherent part of the development and production process.

Development Specification(B Spec): A document applicable to an item below the system level which states performance, interface and other technical requirements in sufficient detail to permit design, engineering for service use, and evaluation. Sometimes known as a Part I specification.

E Spec: Common name for the Material Specification as defined by MIL-

STD-961. See further definition below.

Engineering and Manufacturing Development(EMD): The government acquisition phase where the system design is fully developed in preparation for full scale production and deployment. Usually follows the Demonstration and Validation phase. EMD is sometimes referred to as Phase 2. Formerly known as Full Scale Development(FSD).

Exit Criteria: Project accomplishments that must be satisfactorily demonstrated before an effort or project can progress further in the current development phase, or transition to the next development phase. Exit criteria may include such factors as critical test issues, the attainment of projected growth curves and baseline parameters, and the results of risk reduction efforts deemed critical for the decision to proceed further. Exit criteria supplement minimum required accomplishments and are specific to each development phase.

Formal Qualification Review(FQR): The objective of the FQR is to verify that the actual performance of the configuration items of the system, as determined through test, comply with the hardware Development Specification, Software Requirements and Interface Requirements Specifications, and to identify the test report(s)/data which document results of qualificationtests of the configuration items. When feasible, the FQR is combined with the FCA at the end of configuration item/subsystem testing, prior to PCA. If sufficient test results are not available at the FCA to insure the configuration items will perform in their system environment. the FQR is conducted (post PCA) during System testing, whenever the necessary tests have been successfully completed to enable certification of configuration items.

Full Scale Development(FSD): Previous name for Engineering and Manufacturing Development(EMD) phase.

Function: A task, action or activity that must be performed to achieve a desired outcome. A capability of the system or system element. May be static or dynamic.

Functional Analysis/Allocation: Examination of a defined function to identify all the subfunctions necessary to the accomplishment of that function. The subfunctions are arrayed in a functional architecture to show their relation-ships and interfaces (internal and external). Upper-level performance require-ments are flowed down and allocated to lower-level subfunctions.

Functional Configuration Audit(FCA): A formal audit to validate that the development of a configuration item has been completed satisfactorily, and that the configuration item has achieved the performance and functional characteristics specified in the functional or allocated configuration identifica-tion. In addition, the completed operation and support documents shall be reviewed.

Inspection: A formal or informal meeting of peers to inspect a document or other item for errors. Peer inspections should be performed in accordance with the In-Process Quality Inspection(IPQI) process document.

Logistics Support Analysis(LSA): The selective application of scientific and engineering efforts undertaken during the government aquisition process, as part of the SE process, to assist in: causing support considerations to influence design; defining support requirements that Me related optimally to design and to each other; acquiring the required support; and providing required support during the operational phase at minimum cost.

Logistics Support Analysis Record(LSAR): A formal tool under MIL-STD-1388-2A that uses records/forms to document operations and maintenance requirements, RAM(reliability, availability and maintainability), task analyses. technical data, support/test equipment. facilities, skill evaluation, supply support, ATE(automatic test equipment). TPS(test program/package set), and transportability. LSAR is the basis for training, personnel, supply provisioning and allowances construction, support equipment acquisition, facilities construction and preparation, and for preventative and corrective maintenance.

Master Test and Evaluation Plan(MTEP): A document which identifies for each requirement how and when it will be verified, what level of verification, and the verification method. Requirements for special test equipment, software and facilities will be defined. Detailed test plans and test procedures will be developed based upon the MTEP. Usually the MTEP contains a Requirements Traceability Matrix(RTM).

Material Specification(E Spec): A specification which defines the required qualities or condition of raw or semi-fabricated material used in fabrication.

Measures of Effectiveness(MOEs): Metrics used to quantify the performance of system products and processes in terms that describe the utility or value when executing customer missions. Systems Engineering uses MOEs in a variety of
ways including decision metrics, performance requirements, and in assessments of expected performance. MOEs can include cost effectiveness metrics.

Measures of Performance(MOPs): Similar to MOEs except that MOPs are usually measurable with Technical Parameters(TPs) (such as bandwidth, time, beamwidth, etc.). MOEs can usually only be inferred from complicated models and are never really known until after the system is used in its real environment(such as a real war).

Mode: The condition of a system or subsystem in a certain state when specific capabilities(or functions) are valid. Typical modes in the Ready state, for example, are Normal, Emergency, Surge, Degraded, Reset, etc. Each mode may have different capabilities defined.

Operational Requirements Document(ORD): A government document usually written by the actual or potential system users. It documents the users' objectives and minimum acceptable requirements for successful operational performance of a proposed concept or system. Format has been standardized across all DOD component by DOD Instruction 5000.1 and DOD 5000.2-M.

Non-government customers sometimes write a document of this type, but more often it would be written by a marketing organization to document the perceived needs of the customer.

The ORD is a type of User Requirements Document(URD).

Physical Configuration Audit(PCA): The Physical Configuration Audit (PCA) shall be the formal examination of the as-built version of a configuration item against its design documentation, in order to establish the product baseline. After successful completion of the audit, all subsequent changes are processed by engineering change action. The PCA also determines that the acceptance testing requirements prescribed by the documentation are adequate for acceptance of production units of a configuration item by quality assurance activities. The PCA includes a detailed audit of engineering drawings, specifications, technical data and tests utilized in production of HWCIs, and a

기업의 생존을 위한 시스템 콘셉트 개발 방법론

detailed audit of design documentation, listings, and manuals for CSCIs. The review shall include an audit of the released engineering documentation and quality control records to make sure the as-built or as-coded configuration is reflected by this documentation. For software, the Software Product Specification and Version Description Document shall be a part of the PCA review.

Preplanned Product Improvement(R3I): Planned future evolutionary improvement of developmental systems for which design considerations are effected during development to facilitate future application of projected technology or features. Includes improvements planned for ongoing systems that go beyond the current performance envelope to achieve a needed operational capability.

Preliminary Design Review(PDR): This review is conducted for each onfigumtion item or aggregate of CIs to: (a) evaluate the progress, technical adequacy, and risk resolution of the selected design approach, (b) determine its compatibility with performance and engineering specialty requirements of the development specification, (c) evaluate the degree of definition and assess the technical risk associated with the selected manufacturing methods/processes, (d) establish the existence and compatibility of the physical and functional interfaces among the configuration item and other items of equipment, facilities, software, and personnel. Specifically, this review will focus on (a) evaluation of the progress, consistency, and technical adequacy of the selected top-level design and test approach, (b) compatibility between hardware/ software requirements and preliminary design, and (c) on the preliminary version of the operation and support documents.

Primary Life Cycle Functions: The Primary Life Cycle Functions are those that must be considered when deriving the functional and performance requirements of a system:

1) Development

2) Manufacturing

3) Verification

4) Deployment

5) Operations

6) Support

7) Training

8) Disposition

Process Champion: The agent by which a process is introduced into a project and managed throughout the project's life. (See Appendix D for a summary of the Process Champion's roles and responsibilities in the SE process.)

Process Specification(D Spec): A specification which defines the method by which resources are connected to usable products (through fabrication, solder, assembly, support, etc.).

Product Specification(C Spec): A document applicable to a production item below the system level which states item characteristics in a manner suitable for procurement, production and acceptance. A product specification states (a) the complete performance requirements of the product for the intended use, and (b) the necessary interface and interchangeability characteristics. It covers form, fit and function. .Production specifications are sometimes known as Part II specifications.

Production Readiness Review(PRR): PRR is intended to determine the status of completion of specific activities required for production go-ahead decisions. PRR occurs incrementally during EMD, addressing all areas of concern in the Manufacturing Plan, with early stages devoted to gross level manufacturing concerns and progressing to a more detailed level as the design matures. There is no upper limit to the number of incremental PRRs; PRR schedules relate to major design milestones, but are not specifically related to other Design Reviews. Subcontractors/supplies are included in PRRs. PRR is complete when both contractor and Government have verified that all activities required to support a production go-ahead decision have been completed.

Project Engineering: Performing of the technical program management tasks that are not provided by the Project Management organization. Perform total program management for those projects needing technically knowledgeable personnel.

Qualification: The process of proving that a product or process meets all its requirements. Design qualification verifies compliance to all A Spec and B Spec requirements. Preproduction qualification verifies compliance to all C Spec requirements. Predeployment qualification verifies compliance to all D Spec requirements for deployment.

Quality Function Deployment(QFD): QFD is a technique for identifying customer needs and their relative priority. These needs are mapped to the required technical characteristics. Interaction between the technical characteristics is identified and categorized as to whether there is a positive, neutral or negative correlation. QFD is used to support trade studies and marketing analysis. The QFD information is usually documented in a "House of Quality" format.

Requirements Analysis: The determination of system specific characteristics based on analysis of customer needs, requirements and objectives; missions; projected utilization environments for people, products and processes; and measures of effectiveness. Requirements analysis assists the customers in refining their requirements in concert with defining. functional and performance requirements for the system's primary life cycle functions. It is a key link in establishing achievable requirements that satisfy needs.

Requirements Traceability Matrix(RTM): Requirements Traceability Matrices show the allocation of requirements from the system specification to the CIs, other system elements, functional areas, processes, external systems, etc. The RTM also maps requirements to tests in the MTEP or discipline test plans.

Segment Specification(A Spec): A document which states the technical and mission requirements for a system segment as an entity, allocates requirements to functional areas (or configuration items), and defines the interfaces between or among the functional areas. A segment is a portion of a system and is usually higher than a configuration item.

Software Requirements Specification(SRS): Software Requirements Specification describes in detail the functional, interface, quality factors, special, and qualification requirements necessary to design, develop, test, evaluate and deliver the required Computer Software Configuration Item(CSCI).

Software Specification Review (SSR): A review of the finalized Computer Software configuration Item(CSCI) requirements and the operational concept. The SSR is conducted when CSCI requirements have been sufficiently defined to evaluate the contractor's responsiveness to, and interpretation of, the system, segment, or prime item level requirements. A successful SSR is predicated upon the contracting agency's determination that the Software Requirements Specification(SRS). Interface Requirements Specification(s) (IRS), and Operational Concept Document(OCD) form a satisfactory basis for proceeding into preliminary software design.

Specification: A document intended primarily for use in procurement, which clearly and accurately describes the essential technical requirements for items. materials or services including the procedures by which it will be determined that the requirements have been met. The major types of specification documents (A, B, C, D, & E) Me defined elsewhere in this Glossary.

Standard: Document that establishes engineering and technical requirements for processes, procedures, practices, and methods that have been decreed by authority or adopted by consensus. Standards may also be established for selection, application and design criteria for materiel.

State: The condition of a system or subsystem when specific modes or capabilities (or functions) are valid. Typical states are Off, Start-Up, Ready, On, Deployed, Stored, In-Flight, In-Service, etc.

Statement of Work(SOW): That portion of a contract which establishes and defines all non-specification requirements for contractor efforts either directly or with the use of specific cited documents.

Subsystem: A grouping of items satisfying a logical group of functions within a particular system.

Synthesis: The translation of functions and rquiremens into possible solutions (resources and techniques) satisfying basic input requirements. System element alternatives that satisfy allocated performance requirements are generated. Preferred system element solutions that satisfy internal and external physical interfaces are selected. System concepts, preliminary designs and detailed designs are completed as afunction of the development phase. System elements are integrated into a physical architecture.

System: A composite of subsystems, assemblies, skills, and techniques capable of performing and/or supporting an operational (or non-operational) role. A complete system includes related facilities, items, material, services, and personnel required for its operation to the degree that it can be considered a self-sufficient item in its intended environment.

System Analysis and Optimization: The process of assessing system effectiveness and risks, developing and validating system models, and performing trade studies. Must balance cost, schedule, performance and risk.

System Design Review(SDR): This review shall be conducted to evaluate the optimization, correlation, completeness, and risks associated with the allocated technical requirements. Also included is a summary review of the systems engineering process which produced the allocated technical requirements and of the engineering planning for the next phase of effort. Basic manufacturing considerations will be reviewed and planning for production engineering in subsequent phases will be addressed. This review will be conducted when the system definition effort has proceeded to the point where system functional characteristics are defined and the configuration items are identified.

System Element: The basic constituents that comprise a system and satisfy one or more requirements in the lowest levels of the functional architecture.

System Requirements Review(SRR): The objective of this review is to ascertain the adequacy of the contactor's efforts in defining system requirements. It will normally be conducted during the Concept Exploration or early in the

기업의 생존을 위한 시스템 콘셉트 개발 방법론

Demonstration and Validation Phase when a significant portion of the system functional requirements has been established.

System Specification(A Spec): A document which states the technical and mission rquirements for a system as an entity, allocates requirements to functional areas (or...configuration items), and defines the interfaces between or among the functional areas.

System Verification Review(SVR): A review of the system verification results to ensure that all requirements in the A and B specs have been satisfied.

System/Segment Design Document(SSDD): A document which defines the system or segment design as it evolves. Includes descriptions of hardware, software, and manual operations (of personnel). Also includes system mission and operational concepts. Contains design implementations of B specs. This can be considered as a working document until the C specs have been fully developed. Normally only used on jobs where J-STD-016is invoked, but the SSDD can be a useful document on other projects as weil.

Systems Engineering(SE): Systems Engineering is a comprehensive, iterative process that incorporates the technical efforts of the entire technical team to evolve and verify an integrated and optimally balanced set of product and process designs that satisfy user needs, and provides information for management decision making. Systems Engineering integrates the technical efforts of the technical team to meet project cost, schedule and performance objectives within an optimal design solution that encompasses the product and prcess aspects of an item. Systems Engineering derives a balanced product/process set by trading costs, schedule and risks with performance benefits of solution alternatives.

Systems Engineering Detailed Schedule(SEDS): The detailed, task oriented schedule of the work efforts required to support the events and tasks identified in the SEMS.

Systems Engineering Management Plan(SEMP): The Systems Engineering Management Plan(SEMP) is the primary, top-level technical management document for the integration of all systems engineering activities within the context of, and as an expansion to, the project plan. EIA 632 and IEEE 1220 define the contents of a SEMP.

Systems Engineering Manager(SEM): The person responsible for managing the technical execution of a project. This task may be allocated to the Project Manager (if the project is small enough), the Deputy Project Manager, or to the Chief Engineer. The SEM must be responsible technically for the entire system, including any manufacturing and deployment development, if required. The SEM is not necessarily from a Systems Engineering organization, but must be skilled and experienced in the SE process.

Systems Engineering Master Schedule(SEMS): The Systems Engineering Master Schedule(SEMS) documents the accomplishment criteria for all critical tasks and milestones in the SEMP and the Systems Engineering detailed Schedule(SEDS). The SEMS uses metrics that include Technical Parameters(TPs) and specific success criteria for progress assessment.

The SEMS is supported by the Systems Engineering Detailed Schedule(SEDS). The SEDS identifies the detailed technical tasks required to accomplish each task/event in the SEMS. The SEDS is time-based while the SEMS is event-based.

Tailored SE Process: A variant of the generic systems engineering process which has been adapted to satisfy project-specific requirements.

Technical Parameter(TP): A selected subset of the system's technical metrics tracked in TPM. Critical technical parameters are identified from risk analyses and contract specification or incentivization, and are designated by management. Examples of TPs include: (a) Specification requirements; (b) Metrics associated with technical objectives and other key decision metrics used to guide and control progressive development; (c) Design-To-Cost(DTC) requirements: and (d) Parameters identified in the acquisition program baseline or user requirements documentation.

Technical Performance Measurement(TPM): The continuing verification of the degree of anticipated and actual achievement of technical parameters. TPM is used to identify and flag the importance of a design deficiency that might jeopardize meeting a system-level requirement that has been determined to be critical. Measured values that fall outside an established tolerance band require corrective actions to be taken by management.

Technical Reviews and Audits: Technical Reviews are conducted to assess the degree of completion of technical efforts before proceeding beyond critical events and key project milestones. The schedule and plan for the conduct of technical reviews are included in the contractor's Systems Engineering Management Plan. Reviews are structured within the total system context to (a) demonstrate that the relationships, interactions, interdependencies and interfaces between required items (e.g., a communication interface), system functions, subsystems, configuration items and elements, as appropriate, have been addressed; (b) ensure that requirements are flowed down as required ; and (c) ascertain the status/degree of completion of the product and process solution to those required.

Test and Evaluation Master Plan(TEMP): A document used by a government Contracting Agency to document the overall test and evaluation plan, designed to identify and integrate objectives, responsibilities and schedules for all test and evaluation to be accomplished prior to subsequent key decision points. It is prepared by the government as early as possible in the acquisition process and is updated as development progresses. It is not always made available to contractors, but when it is, it is quite useful in helping to understand the customer's needs and requirements.

Test Readiness Review(TRR): This review is conducted for each CSCI to determine whether the software test procedures are complete, and to assure readiness for formal CSCI testing. Software test procedures are evaluated for compliance with software test plans and descriptions, and for adequacy in accomplishing test requirements. The results of informal software testing and any updates to operational and support documents are also reviewed. A successful review will determine that the software test procedures and informal test results form a satisfactory basis for proceeding into formal CSCI testing.

Test Requirements Sheet(TRS): Test Requirements Sheet is a worksheet that identifies all the requirements that must be demonstrated or verified during the life cycle testing. A Test Requirements Specification is the formatted collection of all the worksheets. The TRS serves as a tool for management to check whether appropriate provisions have been made for verification of all performance/design requirements. It also provides for the identification of test functions for the test cycle of the systems engineering process.

Test Requirements Specification(TRS): See Test Requirements Sheet(TRS)

Test, Analyze and Fix (TAAF): Test, Analyze and Fix(TAAF) is a planned process in which development items are tested under actual or simulated mission profile environments to disclose design deficiencies, and to provide engineering information on failure modes and mechanisms. The purpose of TAAF is to provide a basis for early incorporation of corrective actions and verification of their effectiveness in improving the reliability of equipment.

User .Requirements Document(URD): A document that contains requirements of end users of the system or its products. Usually written by marketing, user research agencies, or some other organization. Sometimes this document is written by the users themselves. The requirements contained therein are often not stated in technical terms and need to be translated into specific domain terminology of the design engineering community by the SE process.

Work Breakdown Structure(WBS): A product-oriented family tree composed of hardware, software, data, facilities and services which result from systems engineering efforts during the development and production of system elements. Displays and defines the product(s) to be developed or produced, and relates the elements of work to be accomplished to each other and to the end product. Provides structure for guiding multi-disciplinary team assignment and cost tracking and control.

약어집

ABD	Architecture Block Diagram
AHP	Analytical Hierarchy Process
ANSI	American National Standards Institute
ASIC	Application Specific Integrated Circuit
ATR	Acceptance Test Review
CAE	Computer Aided Engineering
CALS	Computer-Aided Acquisition Logistics Support
CALS	Continuous Acquisition Life-Cycle Support
CAM	Computer-Aided Manufacturing
CAM	Cost Account Manager
CASE	Computer-Aided Software Engineering
CBS	Cost Breakdown Structure
CCB	Configuration Control Board
CDR	Critical Design Review
CDRL	Contract Data Requirements List
CDS	Concept Description Sheet
CE	Concurrent Engineering
CER	Cost Estimating Relationship
CI	Configuration Item
CIM	ComputerIntegrated Manufacturing
CM	Configuration Management
CO	Change Order
COEA	Cost and Operational Effectiveness Analysis
CPT	Cross-Project or Cross-Product Team
CR	Change Request

CSAR	Configuration Status Accounting Report
CSCI	Computer Software configuration Item
CSE	Chief Systems Engineer
CSR	Change Status Report
CWBS	Contract Work Breakdown Structure
DCS	Design Constraint Sheet
DID	Data Item Description
DM	Data Management
DOD	Department of Defense
DRR	Deployment Readiness Review
DTC	Design-To-Cost
ECN	Engineering Change Notice
ECP	Engineering Change Proposal
EIA	Electronic Industries Association
EIMS	End Item Maintenance Sheet
EMD	Engineering and Manufacturing Development
FAT	Factory Acceptance Test (or First Article Test)
FCA	Functional configuration Audit
FDD	Functional Design Discipline
FFBD	Functional Flow Block Diagram
FMA	Failure Mode Analysis
FMEA	Failure Mode and Effects Analysis
FMECA	Failure Mode, Effects and Criticality Analysis
FPGA	Floating Point Gate Array
FQR	Formal Qualification Review
FRACAS	Failure Reporting and Corrective Action System
FRB	Failure Review Board
FSD	Full Scale Development
H/W	Hardware
HWCI	Hardware Configuration Item

I&V	Integration and Verification
ICD	Interface Control Document
ICWG	Interface Control Working Group
IDD	Interface Design Document
IEEE	Institute of Electrical and Electronics Engineers
ILS	Integrated Logistics Support
INCOSE	International Council on Systems Engineering
ICD	Integrated Product Development
IPPD	Integrated Process and Product Development
IPQI	In-Process Quality Inspection
IPT	Integrated Product Team
IR&D	Independent Research and Development
IRS	Interface Requirements Specification
ISO	International Standards Organization
IV&V	Independent Verification and Validation
KSA	Knowledge, Skills, and Abilities
KSAM	Knowledge, Skills, Abilities, and Motivations
LC	Life Cycle
LCC	Life-Cycle Cost
LSA	Logistics Support Analysis
LSAR	Logistics Support Analysis Record
MOE	Measure of Effectiveness
MOP	Measure of Performance
MR	Modification Request
MTEP	Master Test and Evaluation Plan
NASA	National Aeronautics and Space Administration
O&S	Operations and Support
OA&M	Operations, Administration and Maintenance
OBS	Organizational Breakdown Structure
OCD	Operational Concept Document

기업의 생존을 위한 시스템 콘셉트 개발 방법론

OO	Object Oriented
OOA	Object Oriented Analysis
OOD	Object Oriented Design
ORD	Operational Requirements Document
P3I	Preplanned Product Improvement
PC	Personal Computer
PCA	Physical configuration Audit
PDCA	Plan, Do, Check, Act
PDR	Preliminary Design Review
PHS&T	Packaging, Handling, Storage and Transportation
PM	Project Manager
PMT	Process Management Team
PMTE	Process, Methods, Tools, and Environment
PRR	Production Readiness Review
PS	Production Sheet
QA	Quality Assurance
QFD	Quality Function Deployment
QIT	Quality Improvement Team
RAM	Responsibility Assignment Matrix
RAS	Requirements Allocation Sheet
RFP	Request for Proposal
RRA	Roles, Responsibility, and Authority
RTM	Requirements Traceability Matrix
RVM	Requirements Verification Matrix
RVTM	Requirements Verification Traceability Matrix
SAT	Site Acceptance Test
SBD	Schematic Block Diagram
SBS	System Breakdown Structure
SDD	Software Design Document
SDP	Software Development Plan

SDR	System Design Review (being replaced by SFR)
SDRL	Subcontract Data Requirements List
SE	Systems Engineering
SEDE	Systems Engineering Development Environment
SEDS	Systems Engineering Detailed Schedule
SEM	Systems Engineering Manager
SEMP	Systems Engineering Management Plan
SEMS	Systems Engineering Master Schedule
SI&V	System Integration and Verification
SIWG	SIWG System Integration Working Group
SOW	Statement of Work
SpE	Specialty Engineering
SPS	Software Product Specification
SRR	System Requirements Review
SRS	Software Requirements Specification
SSDD	SSystem/Segment Design Document
SSR	Software Specification Review
SVR	System Verification Review
S/W	Software
T&E	Test and Evaluation
TAAF	Test, Analyze and Fix
TEMP	Test and Evaluation Master Plan
TLS	Time Line Sheet
TP	Technical Parameter
TPM	Technical Performance Measurement
TQM	Total Quality Management
TRR	Test Readiness Review
TRS	Test Requirements Specification (or Sheet)
URD	User Requirements Document
WBS	Work Breakdown Structure

기업의 생존을 위한 시스템 콘셉트 개발 방법론

참고 문헌

A. General Systems Engineering

1. Aslaksen, Erik and Rod Belcher, Systems Engineering. Prentice Hall, 1992.

2. Beam, Walter R., Systems Engineering: Architecture and Design. McGraw Hill, 1990.

3. Belev, G. C., "Guidelines for Specification Development," Proceedings of the Annual IEEE Symposium on Reliability and Maintainability. 1989.

4. Blanchard, B., and W. Fabrycky, Systems Engineering and Analysis, 2nd ed. Prentice Hal1, 1990.

5. Boardman, John, Systems Engineering: An introduction. Prentice Hall, 1990.

6. Chestnut, H., System Engineering Tools. John Wiley, 1965.

7. Chestnut, H., Systems Engineering Methods. John Wiley, 1967.

8. Dandy, G. C. and R. F. Warner, Planning and Design of Engineering Systems. Unwin Hyman, 1989.

9. Drew, D. R., and C. H. Hsieh, A Systems View of Development: Methodology of Systems Engineering and Management. Cheng Yang Publishing Co., No. 4, Lane 20, Gong-Yuan Road, Taipei, ROC, 1984.

10. Electronic Industries Association, System Engineering. SYSB-1, EIA Engi-

neering Bulletin, December 1989.

11. Gheorge, A., Applied Systems Engineering. UMI, 1994 reprint (originally published by Wiley, 1984).

12. Grady, J. O., System Requirements Analysis. McGraw Hill, 1993.

13. Hoban, F. T. and W. M. Lawbaugh, eds. Readings in Systems Engineering. NASA, 1993.

14. Hunger, Jack W., Engineering the System Solution: A Practical Guide to Developing Systems. Prentice Hall, 1995.

15. Machol, R. E., ed., System Engineering Handbook. McGraw Hill, 1965.

16. Mar, Brian, Introduction to the Engineering of Complex Systems. Class Notes, University of Washington, 1994.

17. Meredith, D. D., et al, Design and Planning of Engineering Systems. Prentice Hall, 1973.

18. Ostrofsky, B., Design, Planning and Development Methodology. Prentice Hall, 1977.

19. Purdy, D. C., A Guide to Writing Successful Engineering Specifications. McGraw Hill, 1991.

20. Reilly, Norman B., Successful Systems for Engineers and Managers. Van Nostrand Reinhold, 1993.

21. Sage, A. P., Methodology for Large Scale Systems. McGraw Hill, 1977.

22. Sage, A. P., Systems Engineering. Wiley, 1992.

B. Special Systems Engineering

1. Beam, W. R., Command, Control, and Communications Systems Engineering. McGraw Hill, 1989.

2. Crinnion, John, Evolutionary Systems Development. Plenum, 1991.

3. Gall, John, Systemantics: The Underground Text of Systems Lore, How Sys-

tems Really Work and How They Fail. General Systemantics Press, I 986.

4. Gershwin, Stanley B., Manufacturing Systems Engineering. Prentice Hall, 1994.

5. Quintas, Paul, ed., Social Dimensions of Systems Engineering. Ellis Horwood, 1993.

6. Sage, A. P., Decision Support Systems Engineering. Wiley, 1991.

7. Sage, Andrew P. and James D. Palmer, Software Systems Engineering. Wiley, 1990.

8. Saracco, R., et al, Telecommunications Systems Engineering Using SDL. North Holland, 1989.

9. Schiebe, Michael, et al., eds., Real-Time Systems Engineering and Applications. Kluwer Academic, 1992.

10. Thome, Bernhard, ed., Systems Engineering: Principles and Practice of Computer-based Systems Engineering. Wiley, 1993.

11. Wymore, A. Wayne, A Mathematical Theory of Systems Engineering: The Elements. Krieger, 1977 reprint (original Wiley, 1967).

12. Wymore, A. Wayne, Model-Based Systems Engineering. CRC Press, 1993.

C. Systems Architecting and Architecture

1. Alexander, Christopher, Notes on the Synthesis of Form. Harvard, 1964.

2. Chorafas, Dimitris N., Systems Architecture and Systems Design. McGraw Hill, 1989.

3. Rechtin, E. and Mark Maier, The Art of Systems Architecting. CRC Press, 1996.

4. Rechtin, E., Systems Architecting: Creating & Building Complex Systems. Prentice Hall, 1991.

D. Reference Books and Handbooks

1. AT&T, Design Policy, Design Process, Design Analysis. Reference Guide. AT&T, Draft, December 1989.
2. AT&T, Design Reference Mission Profile, Design Requirements, Trade Studies. Reference Guide. AT&T, Draft. December 1989.
3. AT&T, Design Reviews. Reference Guide. AT&T, Draft. December 1989.
4. AT&T, Front End Process. Reference Guide. AT&T, Draft. December 1989.
5. AT&T, Systems Engineering Process, 2nd ed. AT&T ATS Engineering Standard Process, November 1994.
6. Dorfman, M., and R. H. Thayer, eds., Standards, Guidelines, and Examples on System and Software Requirements Engineering. IEEE Computer Society Press, 1990.
7. Thayer, R. H., and M. Dorfman, eds., System and Software Requirements Engineering. IEEE Computer Society Press, 1990.

E. General Engineering, Concurrent Engineering, and Design Engineering

1. Beakley, G. C., D. L. Evans, and J. B. Keats, Engineering - An Introduction to a Creative Profession, 3rd ed. Maximilian, 1986.
2. Dieter, G. E., Engineering Design: A Materials and Processing Approach. McGraw Hill, 1983.
3. Harper, C. A., ed., Handbook of Electronic Systems Design. McGraw Hill, 1980.
4. Pesterous, Henry, Design Paradigms: Case Histories of Error and Judgment in Engineering. Cambridge, 1994.
5. Petroski, Henry, The Evolution of Useful Things. Knopf, 1992.
6. Pugh, S., Total Design: Integrated Methods for Successful Product Engineer-

기업의 생존을 위한 시스템 콘셉트 개발 방법론

ing. Addison-Wesley, 1991.

7. Shina, S. G., Concurrent Engineering and Design for Manufacture of Electronic Products. Van Nostrand Reinhold, 1991.

8. Shina, S. G., ed., Successful implementation of Concurrent Engineering Products and Processes. Van Nostrand Reinhold, 1994.

9. Woodson, T. T., Introduction to Engineering Design. McGraw Hill, 1966.

F. Systems Engineering Management

1. Augustine, N. R., Augustine's Laws and Major System Development Programs. American Institute of Aeronautics and Astronautics, 1983.

2. Blanchard, B. S., System Engineering Management. John Wiley, 1991.

3. Chase, W. P., Management of System Engineering. John Wiley, 1974.

4. Grady, Jeffrey O., System Engineering Planning and Enterprise Identity. CRC Press, 1995.

5. Lacy, J. A., Systems Engineering Management.. Achieving Total Quality. McGraw Hill. 1992.

G. General Engineering Management

1. Baumgartner, J., Systems Management. UMI, 1994 reprint (originally published by Bureau of National Affairs, 1979).

2. Blanchard, B. S., Engineering Organization and Management. Prentice Hall, 1976.

3. Blanchard, Frederick L., Engineering Project Management. Marcel Dekker, 1990.

4. Bockrath, J. T., Dunham and Young's Contract, Specifications, and Law for

Engineers, 4th ed. McGraw Hill, 1986.

5. Clark, Kim B. and S. C. Wheelwright, Managing New Product and Process Development: Text and Cases. Harvard, 1993.

6. Cleland, D. I. and H. Kerzner, Engineering Tea1n Management. Krieger, 1986.

7. Coutinho, John de S., Advanced Systems Development Management. Krieger, 1984.

8. Dhillon, B. S., Engineering Management : Concepts, Procedures and Models. Technomic, 1987.

9. Fleming, Q. W., Cost/Schedule Control Systems Criteria: The Management Guide to C/SCSC Probus Publishing, 1988.

10. Helgeson, Donald V., Engineer's and Manager's Guide to Winning Proposals. Artech, 1994.

11. Jackson, M. C., Systems Methodology for the Management Sciences. Plenum Press, 1991.

12. Johnson, R. A.,et al, The Theory and Management of Systems, 3rd ed. McGraw Hill, 1973.

13. Karger, D. W., and R. G. Murdick, Managing Engineering and Research. Industrial Press, 1969.

14. Michaels, J. V., and W. P. Wood, Design to Cost. John Wiley, 1989.

15. O'Connor, P. D. T., The Practice of Engineering Management: A New Approach. Wiley, 1994.

16. Peterson, Robert O., Managing the Systems Development Function. Van Nostrand Reinhold. 1987.

17. Turtle, Q. C., implementing Concurrent Project Management. Prentice Hall, 1994.

기업의 생존을 위한 시스템 콘셉트 개발 방법론

H. Integration and Test

1. AT&T, Testing to Verify Design and Manufacturing Readiness. McGraw Hill. 1993.
2. Grady, Jeffrey O., System Integration. CRC Press, 1994.

I. Modeling and Simulation

1. Chapman, W. L., et al., Engineering Modeling and Design. CRC Press, 1992.
2. Ingels, D. M., What Every Engineer Should Know about Computer Modeling and Simulation. Marcel Dekker, 1985.
3. Rivett, P., Principles of Model Building. John Wiley, 1972.

J. Systems Theory, System Science and Problem Solving

1. Ackoff, R. L., The Art of Problem Solving. John Wiley, 1978.
2. Checkland, Peter. Systems Thinking, Systems Practice. Wiley, 1981.
3. De Bono, E., de Bono's Thinking Course. Facts on File Publications, 1985.
4. Forrester, Jay W., Principles of Systems. Productivity Press, 1971.
5. Hall, A. D., A Methodology for Systems Engineering. Van Nostrand, 1962.
6. Hall, A. D., Metasystems Methodology: A New Synthesis and Unification. Pergamon Press, 1989.
7. Jackson, M. C. and P. Keys, eds., Systems Thinking in Action. Journal of the Operational Research Society, Vol. 36, No. 9, September 1985.
8. Jackson, M. C. and Robert L. Hood, Creative Problem Solving: Total Systems Intervention. Wiley, 1991.
9. Luce, R. D., and H. Raiffa, Games and Decisions. John Wiley, 1957.

10. Miels, R., ed., Systems Concepts. John Wiley, 1973.

11. Optner, S. L., Systems Analysis for Business and Industrial Problem Solving. Prentice Hall, 1965.

12. Rubinstein, M. F., Tools for Thinking and Problem Solving. Prentice Hall, 1986.

13. Sandquist, G. M., Introduction to System Science. Prentice Hall, 1985.

14. Singh, M. G.,ed., System and Control Encyclopedia: Theory, Technology, Applications. Pergamon Press, 1989.

15. Von Bertalanffy, L., General Systems Theory. George Braziller, 1968.

16. Warfield, John N., Societal Systems. Intersystems Publications, 1989.

17. Weinberg, Gerald, An Introduction to General Systems Thinking. Wiley, 1975.

18. Weinberg, Gerald, Rethinking Systems Analysis & Design. Dorset House, 1988.

19. Weiner, N., Cybernetics. John Wiley, 1948.

K. Creativity, Critical Thinking, Information Theory and Information Science

1. Adams, James L., Conceptual Blockbusting: A Guide to Better Ideas. W. W. Norton, 1979.

2. Bailey, Robert L.,Disciplined Creativity. Ann Arbor Science, 1978.

3. Dick, Michael J., "High Tech" Creativity. IEEE, 1992.

4. Ruchlis, Hy, Clear Thinking: A Practical Introduction. Prometheus, 1990.

5. Ruggiero, Vincent Ryan, The Art of Thinking: A Guide to Critical and Creative Thought. Harper & Row, 1984.

6. Tufte, Edward R., Envisioning Information. Graphics Press, 1990.

7. Tufte, Edward R., The Visual Display of Quantitative Information. Graphics

Press, 1983.

8. Volk, Tyler, Metapatterns: Across Space, Time, and Mind. Columbia, 1995.

L. Decision Making , Decision Support, and Risk Management

1. Andriole, Stephen J., Handbook of Decision Support Systems. TAP Books, 1989.

2. AT&T, Design to Reduce Technical Risk. McGraw Hill, 1993.

3. AT&T, Moving a Design into Production. McGraw Hill, 1993.

4. Fang, L., et al., Interactive Decision Making : The Graph Model for Conflict Resolution. Wiley, 1993.

5. Goldratt, E. M., (What is this thing called) Theory of Constraints (and how should it be implemented?). North River Press, 1990.

6. Goldratt, E. M., The Goal. North River Press, 1992.

7. Morgan, M. G. and M. Henrion, Uncertainty : A Guide to Dealing with Uncertainty in Quantitative Risk and Policy Analysis. Cambridge,1990.

M. Economic Analysis, Operations Research, Optimization, Trade Studies

1. Banks, J., and W. J. Fabrycky, Procurement and Inventory Systems Analysis. Prentice Hall, 1987.

2. Buffa, E. S., Modern Production and Operations Management, 5th ed. John Wiley, 1987.

3. Chase, R. B., and N. J. Aquilano, Production and Operations Management: A Life Cycle Approach. Richard D. Irwin, 1981.

4. Churchman, C. W., R. L. Ackoff, et al, Introduction to Operations Research, John Wiley, 1957.

5. Erikson, R. A., Measures of Effectiveness in Systems Analysis and Human Factors, Naval Weapons Center, China Lake, CA, September 1986.

6. Fabrycky, W. J., and G. J. Thuesen, Economic Decision Analysis, 2nd ed. Prentice Hall, 1980.

7. Fabrycky, W. J., P. M. Ghare, and P. E. Torgersen, Applied Operations Research and Management Science. Prentice Hall, 1984.

8. Hillier, F. S., and G. J. Lieberman, Operations Research, 4th ed. Holden-Day, 1986.

9. Pike, R. W., Optimization for Engineering Systems. Van Nostrand Reinhold, 1986.

10. Sage, A. P., Economic System Analysis: Microeconomics for Systems Engineering, Engineering Management, and Project Selection. Elsevier Science Publishing Co., 1983.

11. Schmid, H., et al, "CATS : Computer-Aided Trade Study Methodology," IEEE National Aerospace and Electronics Conference, 1987.

12. Stradler, W., Multicriteria Optimization in Engineering and in the Sciences. Plenum Press, 1988.

N. CAE, CAD, CAM, CALS

1. Eisner, H., Computer Aided Systems Engineering. Prentice Hall, 1988.

2. Krouse, J. K., What Every Engineer Should Know About Computer-Aided Design and Computer Aided Manufacturing. Marcel Dekker,1982.

3. Teicholz, E., ed., CAD/CAM Handbook. McGraw Hill, 1985.

O. Software Engineering

1. Brooks, Frederick P., The Mythical Man-Month. Addison Wesley, 1975.

2. Davis, A. M., Software Requirements: Analysis and Specification. Prentice

Hall, 1990.

3. DeMarco, T., Controlling Software Projects. Yourdon Press, 1982.

4. DeMarco, T., Structured Analysis and System Specification. Prentice Hall, 1979.

5. Fairley, R. M., Software Engineering Concepts. McGraw Hill, 1985.

6. Fisher, A. S., Using Software Development Tools. Wiley, 1988.

7. Gehani, N., and A. D. McGettrick, eds., Software Specification Techniques. Addison-Wesley, 1986.

8. Hatley, D., and I. Pirbhai, Strategies for Real-Time System Specification. Dorset House Publishing, 1988.

9. Jirotka, M. and J. Goguen, Requirements Engineering: Social and Technical Issues. Academic, 1994.

10. Martin, J., and C. McClure, Structured Techniques: The Basis for CASE. Revised ed. Prentice Hall, 1988.

11. Pressman, R. S., Software Engineering : A Practitioner's Approach. McGraw Hill, 1982.

12. Sarson, C., Structured Systems Analysis : Tools and Techniques. Prentice Hall, 1979.

13. Vick, C. R., and C. V. Ramamoorthy, eds., Handbook of Software Engineering. Van Nostrand Reinhold, 1984.

14. Ward, P., and S. Mellow, Structured Development for Real-Time Systems. Prentice Hall, 1985.

15. Yourdon, E., Managing the Structured Techniques. Prentice Hall, 4th edition, 1989.

16. Yourdon, E., Modern Structured Analysis. Prentice Hall, 1989.

P. Object Oriented Analysis and Design

1. Coad, P., and E. Yourdon, Object Oriented Analysis. Prentice Hall, 1990.
2. Martin, James and James J. Odell, Object-Oriented Analysis and Design. Prentice Hall, 1992.
3. Martin, James, Principles of Object-Oriented Analysis and Design. Prentice Hall, 1993.
4. Rumbaugh, James, et al., Object-Oriented Modeling and Design. Prentice Hall, 1991.
5. Shlaer, S., and S. Mellor, Object-Oriented System Analysis. Prentice Hall, 1988.
6. Ward, P., How to Integrate Object Orientation with Structured Analysis and Design. IEEE Software, 1989.
7. Wegner, P., "Object Oriented Software Engineering." ACM Tutorial Notes. ACM, 1988.

Q. Defense Documents

1. AR 70-1, Department of the Army, Systems Acquisition Policy and Procedures. 10 November 1988.
2. Defense Systems Management College, Acquisition Strategy Guide. 1984.
3. Defense Systems Management College, Systems Engineering Management Guide, 3rd ed. Fort Belvoir, Virginia, January 1990.
4. Department of Defense, Total Quality Management Master Plan. 1986.
5. DI-E- 1 135, Data Item Description, Telecommunications System Engineering Plan. Department of Defense, 2 May 1977.
6. DI-S-36 18/S-152, Data Item Description, System Engineering Management Plan (SEMP). Department of Defense, 9 February 1970.

기업의 생존을 위한 시스템 콘셉트 개발 방법론

7. DOD 4245.7-M, Department of Defense, Transition from Development to Production. September 1985.

8. DOD-STD-2167A, Military Standard, Defense System Software Development. Department of Defense, 29 February 1988.

9. DOD-STD-2168, Military Standard, Defense System Software Quality Program. Department of Defense, 25 April 1988.

10. FM 770-78, Department of the Army, Field Manual, System Engineering. April 1979.

11. MIL-HDBK-61, Military Handbook, Configuration Management Guidance. (to be published in Fall 1996).

12. MIL-S-83490, Military Specification, Specifications, Types and Forms. Department of Defense, 30 October 1968.

13. MIL-STD-1521B, Military Standard, Technical Reviews and Audits for Systems, Equipments, and Computer Software. Department of Defense, 4 June 1985, plus Notice 1, 19 December 1985.

14. MIL-STD-480B, Military Standard, Configuration Control - Engineering Changes, Deviations and Waivers. Department of Defense, 15 July 1988.

15. MIL-STD-483A, Military Standard, Configuration Management Practices for Systems, Equipment, Munitions and Computer Programs. Department of Defense, 4 June 1985.

16. MIL-STD-490A, Military Standard, Specification Practices. Department of Defense, 4 June 1985.

17. MIL-STD-498, Military Standard, Software Development. Department of Defense, 1995 (will be replaced by J-Std-016 and US 12207).

18. MIL-STD-499A, Military Standard, Engineering Management. Department of Defense, 1 May 1974.

19. MIL-STD-499B, Military Standard, Systems Engineering. Department of Defense, DRAFT, 6 May 1992.

20. MIL-STD-973, Military Standard, Configuration Management. Department

of Defense, July 1992.

21. NAVSO P-6071, Department of the Navy, Best Practices : How to Avoid Surprises in the World's Most Complicated Technical Process; The Transition from Development to Production. March 1986.

22. UDI-E-23974, Data Item Description, Plan, Systems Engineering Management (SEMP). Department of Defense, 10 November 1972.

R. Specialty Engineering, Integrated Logistics Support (ILS) & Configuration Management (CM)

1. Blanchard, B. S., Logistics Engineering and Management. Prentice Hall, 1986.

2. Eggerman, W. V., Configuration Management Handbook. TAB Books, 1990.

3. Fabrycky, W. J., "Designing for the Life Cycle," Mechanical Engineering. January 1987.

4. Green, L. L., Logistics Engineering. John Wiley, 1991.

5. Jones, J. V., Integrated Logistic Support Handbook. TAB Books, 1987.

6. Jones, J. V., Logistic Support Analysis Handbook. TAB Books, 1989.

7. Woodson, W. E., Human Factors Design Handbook. McGraw Hill, 1981.

S. Quality Engineering and Needs Analysis

1. AT&T, Process Quality Management & Improvement Guidelines, Issue 1.1. AT&T Quality Steering Committee, 1988.

2. Clausing, Don, Total Quality Development. ASME Press, 1994.

3. Cohen, Lou, QFD : How to Make QFD Work for You. Addison-Wesley, 1995.

4. DOD 4245.7-M, Transition from Development to Production. Department of

Defense, September 1985.

5. Duncan, A. J., Quality Control and Industrial Statistics, 4th ed. Richard D. Irwin, 1974.

6. Juran, J. M., and F. M. Gryna, eds., Juran's Quality Control Handbook, 4th ed. McGraw Hill, 1988.

7. Juran, J. M., Juran on Quality Improvement : Workbook. Juran Enterprises, 1982.

8. NAVSO P-6071, Best Practices : How to Avoid Surprises in the World's Most Complicated Technical Process. Department of the Navy, March 1986.

9. Phadke, M. S., Quality Engineering Using Robust Design. Prentice Hall, 1989.

10. Priest, J. W., Engineering Design for Producibility and Reliability. Marcel Dekker, 1988.

11. Quality Function Deployment for Product Definition, AT&T Bell Laboratories Quality Technology and Services Center, May 1990.

12. Taguchi, S., Taguchi Methods : Quality Engineering. American Supplier Institute Press, 1988.

T. Industry Standards

1. EIA/IS 632, Systems Engineering. EIA, December 1994.

2. EIA/IS 649, Configuration Management. EIA, August 1995.

3. IEEE 1220, Standard for Application and Management of the Systems Engineering Process. IEEE, December 1994.

4. ISO/IEC I2207, Software Life Cycle Processes. ISO/IEC, February 1995.

5. J-Std-016, Software Development. EIA/IEEE, (to be published in late 1996).